中央财经大学中央高校基本科研业务费专项资金资助
Supported by the Fundamental Research Fund for the Central University. CUFE

 中国对外开放与全球治理研究

中国低端制造业对外直接投资研究：可行性分析与区位选择

马光明　著

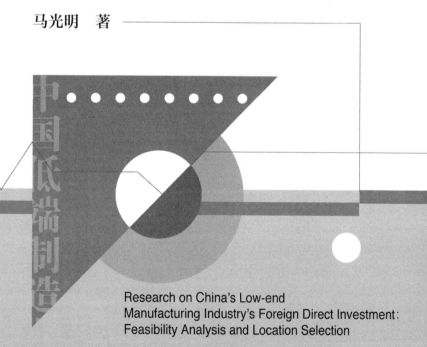

Research on China's Low-end
Manufacturing Industry's Foreign Direct Investment:
Feasibility Analysis and Location Selection

中国财经出版传媒集团

经济科学出版社
Economic Science Press
·北京·

图书在版编目（CIP）数据

中国低端制造业对外直接投资研究：可行性分析与
区位选择/马光明著. -- 北京：经济科学出版社，
2024. 2
（中国对外开放与全球治理研究）
ISBN 978 - 7 - 5218 - 5106 - 9

Ⅰ.①中… Ⅱ.①马… Ⅲ.①制造工业 - 对外投资 -
研究 - 中国 Ⅳ.①F426.4

中国国家版本馆 CIP 数据核字（2023）第 170867 号

责任编辑：王　娟　徐汇宽
责任校对：杨　海
责任印制：张佳裕

中国低端制造业对外直接投资研究
——可行性分析与区位选择
ZHONGGUO DIDUAN ZHIZAOYE DUIWAI ZHIJIE TOUZI YANJIU
——KEXINGXING FENXI YU QUWEI XUANZE
马光明　著
经济科学出版社出版、发行　新华书店经销
社址：北京市海淀区阜成路甲 28 号　邮编：100142
总编部电话：010 - 88191217　发行部电话：010 - 88191522
网址：www. esp. com. cn
电子邮箱：esp@ esp. com. cn
天猫网店：经济科学出版社旗舰店
网址：http://jjkxcbs. tmall. com
北京季蜂印刷有限公司印装
710×1000　16 开　13.5 印张　250000 字
2024 年 2 月第 1 版　2024 年 2 月第 1 次印刷
ISBN 978 - 7 - 5218 - 5106 - 9　定价：58.00 元
（图书出现印装问题，本社负责调换. 电话：010 - 88191545）
（版权所有　侵权必究　打击盗版　举报热线：010 - 88191661
QQ：2242791300　营销中心电话：010 - 88191537
电子邮箱：dbts@ esp. com. cn）

目　　录

第一章

研究背景与思路

中国实行改革开放已经超过 40 年。近半个世纪以来，中国国内经济与国际贸易都取得了令世人瞩目的巨大发展，成长为 GDP 世界第二、货物贸易进出口总值位居世界第一的经贸大国，"中国制造"享誉全球。在这个伟大的经济发展与繁荣进程中，基于大量廉价劳动力的"低端制造业"（定义后述）的发展为中国工业化与经济开放发挥了关键作用。进入 21 世纪以来，伴随中国国内经济基本面和国际经济环境的变化，国内低端制造业的发展开始面临内部和外部双重压力。从内部压力来看，由于国内人民生活水平的提升，制造业劳动力工资、土地价格、能源与原材料价格等各类成本出现显著增长，不利于低端制造业持续发展。从外部压力来看，国际市场针对劳动密集或低增值率加工制成品的反倾销措施已经成为国际贸易保护主义的重要手段，中国低端制造业出口阻碍与日俱增。缺乏核心竞争力的低端制造业产品已经无法为中国继续提升国际地位提供坚实后盾，国内迫切需要制造业转型升级，而原先大量低附加值、低利润、低技术含量的低端制造业已经不适应中国经济发展的进一步要求，需要在全球范围内寻找新的出路。本章将介绍中国低端制造业通过对外直接投资进行产能输出的重要经济政治背景与本书研究思路，包括核心概念界定、必要性、历史机遇，以及本书大致框架。

第一节 核心概念界定

在进行本书研究背景介绍之前，首先对本书研究内容所涉及的几个核心概念，即"低端制造业"与"产能输出与对外直接投资"进行界定。

一、低端制造业

学界对"低端制造业"（low-end manufacturing industry）并没有统一的、标

1

准的定义。我们从已有文献关于低端制造业的定义、描述中抽取了核心内容，结合中国实际，对"低端制造业"进行客观定义。

近年涉及"低端制造业"的定义、标准、具体行业的文献中，很多文献仅是对低端制造业有一个含糊的描述或根本没有定义。因此，我们以"低端制造业""传统制造业"（这里指的是"低端"意义上的传统制造业，而非"具有历史传统优势"意义上的制造业）以及"低端"+"制造业"作为关键词进行搜索，将已有文献中关于"低端制造业"有关的描述与涉及举例的行业进行整理，如表1-1所示。

表1-1   已有文献关于"低端制造业"的定义、描述、行业或行业举例

作者	时间	定义、描述或筛选标准	文献明确提出的具体行业例子
中国科学技术大学杨永福课题组	2002年	依赖于廉价劳动力与原材料；信息知识技术等无形资源投入少	资源采掘、冶金及化工、机械制造、烟草、食品及纺织
王忠明	2007年	劳动密集	无
韩云	2008年	不存在或很少有研发、创新、营销等环节；劳动力工资低；位于国际价值链低端；与加工贸易关联密切	无
韩云	2009年	附加值较低，位于价值链低端；高能耗高污染；与加工贸易关联度高；劳动密集	纺织、服装、家用电器、玩具、化学工业
陈金贤	2010年	产品生产链中处于低附加值的生产环节，无研发设计、无市场营销	代工制造业
韩云、孙林岩	2010年	生产过程两头在外；生产制造处于"微笑曲线"底部；与加工贸易关联显著	加工组装业
焦剑、韩云	2010年	与加工贸易关联密切；劳动投入相对技术/资本密集；附加值率低	无
梁国勇	2010年	附加值低、高能耗高耗材高污染；劳动密集；与加工贸易关系密切	加工组装制造业
原磊、王加胜	2011年	劳动密集、技术投入低，提供价格低廉、质量稳定且标准化的产品；存在核心技术需要进口环节的机械制造业	工程机械制造
何国华等	2012年	依赖廉价劳动力等低成本；与代工/加工贸易关联密切；低附加值；产品同质性强；面向国际市场	半导体、纺织、服装、加工类制造业

续表

作者	时间	定义、描述或筛选标准	文献明确提出的具体行业例子
唐德才等	2012 年	高能耗、高污染和低附加值	钢铁等高能耗制造业
赵玉敏	2012 年	国内增值率低；与加工贸易关联密切	纺织服装、箱包、玩具、鞋；机电产品与高新技术产品的劳动密集环节
钮文新	2013 年	低企业利润；无品牌营销投入	加工代工制造业；鞋袜；钢材水泥
周春山等	2014 年	价值链地位及附加值低；出口导向；生产效率与技术含量低	纺织服装、玩具、食品制造、印刷包装、传统机械与电子设备制造、塑料制品、化学原料及制品业、工艺业
张舒	2015 年	依靠低劳动成本，低附加值、低收益率	纺织业
王磊、魏龙	2017 年	处于国际价值链低端环节，单位产品附加值微薄	制鞋业
闫志俊、于津平	2017 年	工业企业数据库中两位数行业代码为 13 ~ 43 的制造业中不属于新兴产业的制造业	无
郭进、徐盈之、顾紫荆	2018 年	工业生产效率低，且长期被锁定在全球价值链的低端位置，大量从事加工、组装和制造等低增加值环节的生产	无
冯俊华、唐萌	2018 年	依靠廉价劳动力和原材料	纺织、服装、食品加工制造业
吕越、陈帅、盛斌	2018 年	产品在全球价值链中处于低端且对其过度依赖，研发设计薄弱，向高端攀升时易受国际大买家与跨国公司的双重控制与俘获，陷入"低端锁定"	制鞋业、加工贸易行业等 GVC 嵌入度过高的制造业子行业
牛建国、张世贤	2019 年	基于廉价劳动力与原材料；在全球价值链中地位低；贸易附加值低	纺织业、服装服饰、制鞋业
张宝兵、袁华萍	2020 年	在全球价值链分工体系中，处于价值链底端的产业群，具有科技含量较低，劳动密集的特征	纺织、造纸、服装
胡大立、殷霄雯、胡京波	2020 年	被锁定于全球价值链的低端环节，产品附加值低，利润低，核心利益被跨国公司俘获	制鞋业、电子/IT 产品代工行业

续表

作者	时间	定义、描述或筛选标准	文献明确提出的具体行业例子
丹尼尔·特莱福勒 （Daniel Trefler）	1999 年	基于低廉劳动力成本；生产中有典型劳动密集环节；出口导向	电子元器件、机械、金属制品、交通设备、化工制品、橡胶与塑料、家具、纺织、服装、皮革、造纸
米尔伯格（Milberg）	1999 年	基于加工贸易方式，低增值率，有劳动密集环节	IT 产品、机械设备等有劳动密集环节的高科技出口品
拉蒂（Lardy）	2005 年		
高登·马修 （Gordon Mathew）	2007 年	产品廉价；主要向国外市场销售	移动电话、家具、手表、建筑材料、汽车零部件、装饰品
拉惹·拉西亚 （Rajah Rasiah）	2009 年	基于低工资与廉价劳动力；出口导向	电子元器件制造

　　纵观已有文献对于"低端制造业"的定义或描述，我们发现以下几个方面的描述最为频繁地出现，构成了我们定义筛选"低端制造业"的基础。几个关键词包括：（1）国内附加值低，位于全球价值链底端，且向上攀升困难，被"低端锁定"；（2）劳动密集或具有劳动密集生产环节；（3）出口导向，产品面向国际市场；（4）与加工贸易方式关联性高。

　　以上描述之间的逻辑联系不难分析，我们可以将低端制造业分为以下两种类型。

　　1. 第一类低端制造业。

　　要素投入劳动密集制造业：要素投入中具有典型劳动密集特性，劳动投入对资本、技术投入的比例比其他制造业更多。文献中列举的典型子行业是纺织、服装、玩具、鞋类等。

　　2. 第二类低端制造业。

　　具有劳动密集环节的低国内增值率制造业：即虽然产品本身投入资本与技术成分不少，其成品在一般意义上也属于技术或资本密集制成品，但其大量价值集中于进口成分，国内主要从事的是劳动密集的加工组装环节，国内增值率低。例如很多文献中列举了计算机等 IT 产品、电子产品等。

　　无论是哪种类型，大多已有文献都明确指出，这些子行业在生产过程中都与加工贸易联系紧密，也具有显著的外向型特点。

　　综上所述，基于整理归纳已有各类研究文献的定义，并结合本书研究重点，本书涉及的低端制造业指的是要素投入劳动密集的外向型制造业，或是生产过程中有显著劳动密集环节的低国内增值率外向型制造业，且两类都是与加工贸易关联性强的外向型制造业子行业，下文简称"要素投入劳动密集制造业""有劳动密集环节的低增值率制造业"两类。此两类制造业生产过程与产品竞争力高度依赖于大量廉价劳动力，主要产品面向国际市场进行销售；生产过程中抑或资本与技术投入低，所需固定资产和高端设备较少；抑或主要从事非劳动密集产品的劳动密集生产环节，以零部件加工组装为主。两类制造业都较少涉及产品设计与营销环节，制成品一般具有价格低且同质性相对较高等特点。具体而言，纺织服装、鞋帽、玩具制造业等子行业是中国第一类低端制造业（要素投入劳动密集制造业）的典型代表。而电子设备、计算机等高技术产品则是第二类低端制造业（有劳动密集环节的低增值率制造业）的典型代表，其虽然在投入上具有大量高科技成分，但由于大量投入基于进口，并非国内生产，仅在国内进行低附加值的加工组装作业环节，因此也具有显著的劳动密集环节和外向性，也应归入低端制造业。[①] 在低端制造业与对外贸易的关联性上，改革开放40多年来，我国低端制造业企业在进出口贸易中大量采用加工贸易这一贸易方式，企业利用廉价劳动成本优势将零部件加工为制成品出口至欧美等国际市场。加工贸易占中国总贸易额比重曾一度达到60%以上，是近年来中国贸易规模迅速增长、成为世界第一贸易大国的重要贡献力量，同时为国内提供了大量外汇储备积累和劳动力就业机会。因此某制造业子行业与当地加工贸易或代工模式发展关联度也可以成为判断其是否为低端制造业的另一参考依据（何国华等，2012；马光明和刘春生，2016）。

　　另外，少部分研究也提到了另一层含义上的第三类低端制造业，即"高污染、高能耗、高成本"的"三高"制造业，以有色金属/黑色金属冶炼加工业、化学原料和化学制品、非金属矿物制品业等行业为代表，具体到产品层面为钢材、水泥、电解铝等。显然这类"低端制造业"与上文定义的两类低端制造业属于不同产业，其发展面临的问题、影响因素与未来发展途径均有所区别。首先，在面临问题方面，"三高"制造业主要面临的问题大多是生产过程中的"三高"负面特性与经济政治体制导致的产能过剩（杨立勋，2019；程俊杰，2015，2016；程俊杰和刘志彪，2015；徐业坤和马光源，2019）。而"低附加值外向型劳动密集制造业"由于其产品多为重复消费的生活必需品，并不存在产能过剩或需求不足，其面临的问题则是利润空间小、成本上升和生产持续性、选择最优生产地点问题。其次，在影响因素上，影响前两类低端制造业发展的因素多为各地劳动力成本、人口密集度、劳动力受教育程度、人口城市化程度等"劳动者"因素层面（后文将详细探讨），而"三高"制造业发展的主要影响因素则是地区资

[①]　关于中国具体低端制造业子行业的筛选与分类，本书第三章将有详细的测算分类过程。

源与能源禀赋、政府环保规制与费用严格与否、资本丰裕程度等（邓健和张玉新，2016）。最后，在解决方法方面，中国"要素投入劳动密集制造业"与"有劳动密集环节的低增值率制造业"的发展途径，应是转型升级以及在全球范围内通过对外直接投资向更合适的国家地区进行产能输出与转移，这样可以在提升国内制造业增值率与转型升级的同时，帮助产能输入国解决就业与工业基础问题，得到双赢的局面。而"三高"制造业的发展途径则是在能源与原材料使用方面开源节流、降低能耗，在防治环境污染上进行技术升级，减小排放，同时积极加强环境规制立法（秦炳涛和葛力铭，2018）、"碳排放交易"或"排污权"交易等制度层面设计（张小蒂和罗堃，2008），而不能如同"污染天堂"假说般，采取"三高"行业对外直接投资的方式向外转移污染产业（Andre & Daniel，1997），更不符合中国在国际交往中一贯坚持的"和平合作、开放包容、互学互鉴、互利共赢"核心理念。——因此，基于此类"低端制造业"在面临问题、影响因素与发展途径上与前两类均存在显著区别，为了让本书研究分析内容的重点更为集中，本书研究的低端制造业限定在前两类，即"要素投入劳动密集制造业""有劳动密集环节的低增值率制造业"。

二、产能输出与对外直接投资

所谓产能输出，指的是将一国某产业或产品的生产能力通过出口贸易、或通过对外直接投资在外国投资设厂进行产品或服务生产等方式转移出去的国际经济合作形式（张先锋等，2017），其主要的两种输出方式是出口产品和对外直接投资，多由"产能过剩"或"生产成本上升"两种背景引起（刘满凤等，2019；宣烨，2019）。出口是产能输出的一种方式，指通过国际贸易将国内产品销售至国外，属于间接转移产能，且一定时间内特定产品过度的出口贸易一定程度上可能对目标国家相关产业的产出与就业产生冲击，可能造成贸易纠纷、引发贸易战。而产能输出的第二种方式则是通过对外直接投资，直接将产品与服务的生产转移到国外的产能直接转移。此举不易引发贸易顺差与贸易争端，还可增加当地就业，帮助东道国建立更加完整的产业体系与制造能力，增加东道国政府税收（仲鑫和马光明，2010）。随着中国企业近年经济实力与国际经贸经验的积累，尤其是2007年、2008年金融危机后，通过对外直接投资转移各行业产能已是各国对外经贸合作的重要组成部分。由于中国低端制造业面临的问题主要不是产能过剩，而是国内劳动力等生产成本上升导致的国内产能可持续性与贸易保护问题（后述），无法通过出口产品解决，因此本书研究内容中涉及的产能输出，特指通过对外直接投资直接转移产能。

综上所述，结合本书对"低端制造业"与"产能输出/对外直接投资"概念的界定，本书主要研究的问题是通过对外直接投资，输出中国低端制造业产能的可行性与区位选择问题。

第二节 中国低端制造业对外直接投资的必要性

进入 21 世纪以来，伴随中国国内经济基本面和国际经济环境的变化，国内低端制造业的发展正同时面临内部和外部双重压力。从内部压力来看，由于国内人民生活水平的提升，制造业劳动力工资、土地价格、能源与原材料价格等出现显著增长，不利于低端制造业的持续发展。以劳动力工资为例，根据国际劳工组织（ILO）统计，2000～2018 年，中国制造业月平均工资由 83 美元/月上涨至接近 900 美元/月，低端制造业的劳动力成本优势开始逐渐丧失。富士康、阿迪达斯、歌乐、三星等不少跨国企业已经陆续开始向印度、越南等生产成本更低的东南亚国家转移。同时，国内人口增速降低、人口老龄化趋势的逐步显现也为劳动密集制造业未来的劳动供给蒙上了阴影。从外部压力来看，国际市场针对劳动密集制成品的反倾销措施已经成为国际贸易保护主义的重要手段，中国外向型劳动密集制造业出口阻碍与日俱增。据 WTO 统计，1995～2017 年中国遭受各国发起反倾销调查案件数量达到 1269 起，高居世界第一，占世界总额的 23.0%，远超第二位韩国的 417 起。雪上加霜的是，作为中国第一大出口市场，美国特朗普政府 2018 年 9 月 24 日针对中国出口美国 2000 亿美元商品的增税名单中已经涉及服装、鞋帽、器械零件等劳动密集制成品领域，更使得我国此类制成品对外出口举步维艰。面对以上压力，中国低端制造企业亟须在全球范围内通过对外直接投资输出产能、重新配置生产地点，合理规避贸易壁垒，进而实现成本利润最优化。

另外，淘汰和升级国内附加值与利润低、行业带动能力弱的低端制造业，发展"先进制造业"，已经是世界各国包括发达资本主义国家正在采取的工业发展大势。例如，美国国家科学与技术委员会于 2011 年 6 月和 2012 年 2 月相继启动的《先进制造业伙伴计划》和《先进制造业国家战略计划》，并设置了这一国家战略计划的四大原则（完善先进制造业创新政策、加强"产业公地"建设、优化政府投资、明确利益相关者与目标）和五大目标（加快对中小先进技术企业的投资、提高劳动力技能、建立公共与私营部门以及产学研之间的合作伙伴关系、调整优化政府对先进技术产业的投资、加大公共与私人对先进制造业的研发投资力度）；2013 年，美国发布了《美国制造业创新网络》（NNMI），联邦政府耗资

10 亿美元，依托美国的研究型大学和大型企业的研究机构，在第一阶段设立 15 个与先进制造业密切相关的研究机构，等等。可见强大如美国，也必须随时维持制造业在国民经济和世界制造业中的先进位置，不进则退。

在此背景下，我国政府与领导人对于国内制造业的升级换代越来越重视。2015 年《政府工作报告》的主要规划目标以及时任国务院总理李克强在各次重要会议与发言中都提到"规模以上制造业研发经费内部支出占主营业务收入比重""规模以上制造业每亿元主营业务收入有效发明专利数"等提升制造业创新能力的指标，及"制造业质量竞争力指数""制造业增加值率""制造业全员劳动生产率"等提升制造业质量效益的指标。另外，习近平主席 2017 年 10 月在党的十九大报告中也明确强调"要加快建设制造强国，加快发展先进制造业，推动互联网、大数据、人工智能和实体经济深度融合，在中高端消费、创新引领、绿色低碳、共享经济、现代供应链、人力资本服务等领域培育新增长点、形成新动能""要促进我国产业迈向全球价值链中高端，培育若干世界级先进制造业集群"，等等。2019 年 12 月，习近平主席在中央经济工作会议上也强调 2020 年应"提升制造业水平，发展新兴产业""要健全体制机制，打造一批有国际竞争力的先进制造业集群，提升产业基础能力和产业链现代化水平"，等等。

以上重要文件与方案对国内制造业向先进化、高级化发展指出了明确的发展方向，更是引发了我国仍广泛存在的低端制造业"何去何从"的问题。除了在国内尽快进行转型升级，或是在国内跨省区位转移至劳动力等成本较低的中西部省份以外（中国低端制造业的国内区位转移正在进行，后文详述），我国广泛存在的劳动密集、低附加值、低利润、低技术含量的低端制造业是否可以考虑通过对外直接投资，将产能输出至更为合适的国家，其各方面投资可行性如何、如何选择重点投资目标国等，便是本书将深入探讨的问题。

第三节 本书研究思路与逻辑结构

本书研究的内容与思路结构设置如下。

一、研究背景与核心概念界定

如前所述，本书依据大量已有文献，对"低端制造业"这一核心概念进行了界定与分类，并在此基础上分析了中国低端制造业通过对外直接投资转移产能的必要性与历史机遇。

二、理论基础

本书从国际贸易与分工理论、国际直接投资理论、产业集聚与产业转移理论等领域的经典理论中梳理了对低端制造业对外直接投资可行性、投资模式等方面有所借鉴的部分，作为本书的理论基础。

三、中国低端制造业筛选与国内发展情况

本书依据前文对两类低端制造业的定义，综合运用直接法（直接考察制造业各子行业要素投入结构、国内增值率与外向程度）和间接法（考察各子行业就业人数比重与当地加工贸易比重的相关性），从中国近 30 个制造业子行业中筛选出考察期内的 6 个低端制造业子行业，并从总体及分类别角度展示这些低端制造业子行业 2006～2018 年在全国范围内的发展与跨区转移的趋势。

四、可行性分析

在分析了低端制造业定义、理论基础与国内发展状况后，本部分重点分析中国低端制造业进行对外直接投资转移产能的可行性。我们综合运用大量中国省级数据、制造业行业数据、国际宏观数据、微观企业数据等资料，以理论分析与实证研究的方法，分别从"投资行业可行性""投资主体可行性"两个层面着手，分别分析"为什么是低端制造业（而不是其他行业）对外投资可行""为什么是中国（而不是其他国家）低端制造业对外投资可行"的问题。

五、中国低端制造业对外投资区位选择研究

在与中国签署较多相关经贸合作协议且数据较为充足的 131 个经贸伙伴国家范围内，本书进行中国低端制造业对外投资的区位选择分析，以筛选出最具有投资低端制造业潜力的重点投资目标国。具体而言，首先，作为区位选择的初步筛选依据，我们以中国省级面板数据的实证研究分析影响低端制造业发展的主要因素（以经济因素为主）。其次，本书利用前文得出的 5 个影响低端制造业发展的经济因素构建"低端制造业投资指数"，以各国相应指标与中国进行对比，进行重点投资候选国的筛选。最后，得出推荐的低端制造业对外投资

目标国家。

本书研究思路与逻辑结构如图1-1所示。

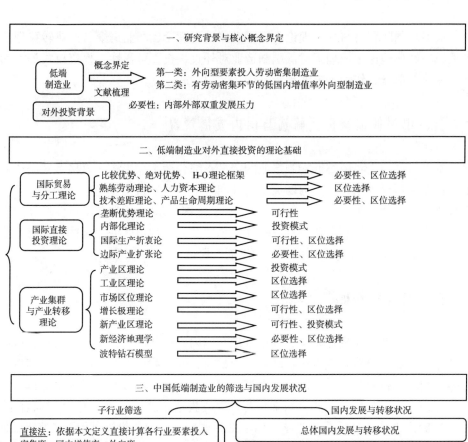

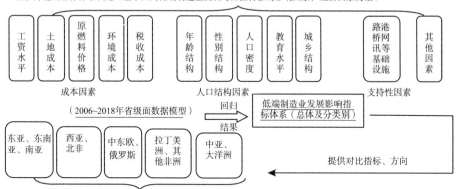

图 1-1　本书研究思路与逻辑结构

第二章

低端制造业对外直接
投资的理论基础

本书探讨的是中国低端制造业通过对外直接投资进行产能输出，从而在全球进行生产资源优化配置的可行性分析与区位选择问题。从理论支持角度来看，在此领域国际贸易与分工理论、国际直接投资理论、产业集群与产业转移理论等经典理论均能为本书提供包括必要性、可行性、投资模式在内的理论基础与分析框架；本章将简要梳理较为经典的国际贸易与分工理论、国际直接投资理论、产业集群与产业转移理论关于低端制造业对外投资的基本观点，并总结其各自对于中国低端制造业对外直接投资的启示与借鉴。

第一节　国际贸易与分工理论

国际贸易与分工理论大多围绕"国际贸易和分工为什么会产生"这一逻辑主线开展，并进而用来解释国际生产分工与贸易模式，由此可以用来解释与支持低端制造业在全球范围内通过对外投资进行资源配置，从而进行全球分工与贸易的行为。相关国际贸易与分工理论分为静态与动态两大类。

一、静态贸易与分工理论

国际贸易与分工理论的最早提出者、著名经济学家与哲学家亚当·斯密（Adam Smith）在其1776年的著作《国民财富的性质和原因的研究》中认为分工可以提高劳动生产率，因为分工能增加劳动力对自己工作的熟悉程度，提高专业化水平，提升生产效率，同时有助于发明、改进、使用效率更高的生产工具。每个人从事某产品的专业化生产，再进行交换，可以提高所有人的福利水平。此思想成为古典国际贸易理论中"绝对优势"理论的基础，即如果外国产品比国内生产成本绝对地低，则应专业化生产本国具有绝对优势的产品，通过贸易去交换他国具有比较优势的产品，从而双方均能获利。① 李嘉图（David Ricardo）1817 年在经典著作《政治经济学及赋税原理》中进一步发展了斯密的分工与贸易论，提出了"比较优势"的概念。李嘉图认为，即使一国在所有产品上都处于绝对劣势，而另一国在所有产品上都处于绝对优势，分工与贸易仍能够产生。只要它们在同种产品生产上的优、劣势程度有所差异，即各国都存在生产某种产品（相对于另一种产品）的比较优势，则各国可以生产并出口具有相对优势的产品，进口存在相对劣势的产品，则双方均可以获得贸易利益。②

在此基础上，由瑞典经济学家赫克歇尔（E. Heckscher，1919）与其学生俄林（B. Ohlin）于 1933 年共同提出的 H－O 理论（亦称要素禀赋理论），则进一步分析了两国比较优势产生的根源，他们认为各国要素禀赋的差异导致了要素价格的差异，从而产生了由要素价格决定的商品价格的绝对和相对差异，这又进一步决定了一国的绝对优势和比较优势，从而决定了各国的贸易与分工模式，即各国应专业化生产和出口丰裕生产要素密集的产品，同时应进口稀缺生产要素密集的产品。

进一步，英籍波兰经济学家雷布津斯基（Rybczynski，1955）则考察了一国要素禀赋的变化对于该国生产与贸易模式的影响，指出"一个国家的要素禀赋与比较优势不是一成不变的"这一重要观点，将基于比较优势的 H－O 国际分工理论框架动态化，并发现在商品相对价格不变的前提下，一种生产要素数量的增长导致密集使用该要素部门的产量增加，而另一部门的生产与出口减少，这就是著名的"雷布津斯基定理"。

显然，依据斯密、李嘉图与 H－O 理论的框架，高度依赖廉价劳动力的外向型低端制造业生产就应该在劳动力禀赋丰裕，即拥有大量而密集廉价劳动力的国家与地区进行，低端制造业产能国际投资的目标国也应是这些国家，并将制成品与其他拥有相对技术资本密集要素禀赋的国家生产的产品进行交换。另外需要注意的是，雷布津斯基定理指出各国拥有的资源禀赋与比较优势并非一成不变，一国可能经由资本、技术投入的累积由劳动丰裕国家变为资本与技术丰裕国家，其应该生产与出口的产品也将由劳动密集的低端制造业转向技术密集的先进制造业，而低端制造业也应转移至其他廉价劳动力更为丰裕的国家地区承接生产，成为新的低端制造业产品生产基地。这为我国低端制造业产能的对外输出提供了必要性方面的理论基础。

---

① Adam Smith. An Inquiry into the Nature and Causes of the Wealth of Nations［M］. New York：Penguin Random House，1994.

② 大卫·李嘉图. 政治经济学及赋税原理［M］. 郭大力，王亚南，译. 江苏：译林出版社，2011.

然而，以 H-O 理论为代表的国际贸易与分工理论框架是仅仅基于各国要素禀赋状况的静态分析，未能考虑技术进步、劳动力素质差异、产品生产与销售的市场生命周期等现实情况，从而在预测两国分工与贸易模式时存在极大的局限性，典型的例子是俄裔美国经济学家里昂惕夫（W. Leontief，1953）根据 1947 年美国 200 个行业的生产与贸易数据，发现作为资本禀赋密集的美国竟然生产与出口劳动密集型产品，而进口资本密集型产品，此发现即为著名的"里昂惕夫反论"（Leontief paradox）。为了解决以上缺陷，古典贸易与分工理论随之进一步完善，涌现了"熟练劳动理论""人力资本理论""技术差距理论""产品生命周期理论"等学说，其中不少可以对低端制造业投资的区位选择提供有用思路：

例如为了解释"里昂惕夫反论"，美国学者基辛（D. B. Keesing）基于对美国 1960 年的人口普查，提出了"熟练劳动理论"（skilled labor theory）。他认为各国劳动者都可以划分为熟练劳动和非熟练劳动两大类。前者包括科学家、工程师、厂长或经理、技术员、制图员、机械工人、其他专业人员和熟练的手工操作工人等。后者则是不熟练与半熟练工人。通过对 14 个国家的进出口商品结构的统计，发现资本丰裕的国家倾向于出口熟练劳动密集型商品，而资本稀缺的国家多出口非熟练劳动密集型商品，从而解释了"里昂惕夫反论"。类似的，美国经济学家凯南（P. B. Kenen）提出的"人力资本理论"（human capital theory），他认为各国劳动力禀赋的比较不能仅仅考虑数量与规模，还需要考察劳动力的质量，即劳动力的熟练程度，而劳动力熟练程度又是由该国的人力资本投资决定的。这意味着考虑各国的比较优势与劳动力禀赋，从而预测其生产与出口模式时必须考虑劳动力的人力资本状况。由于美国对劳动力投入了较多技术培训，专业与通识教育等人力资本投入，个体劳动者技能较高，从而拥有更多的熟练技术劳动力，因此美国出口产品含有较多的熟练技术劳动，符合比较优势。[①]

对于本书的研究而言，此两代较为类似的静态贸易与分工理论，一方面明确指出了一国如果拥有大量劳动力禀赋，便拥有了发展外向型低端制造业的比较优势，应当通过直接投资将生产力转移至这些国家进行生产与贸易；另一方面也说明，低端制造业所依赖的"劳动力"禀赋绝不仅仅是一国劳动力数量、密度、是否廉价本身，还必须考虑该国劳动力的人力资本，例如熟练程度、整体受教育水平如何等。即使是低端劳动密集制造业，当地劳动力若在廉价、密集的基础上，拥有尽可能令人满意的人力资本，则其劳动力禀赋才是最理想的。

---

① 萨尔瓦多. 国际经济学（第 10 版）[M]. 杨冰等，译. 北京：清华大学出版社，2011.

二、动态贸易与分工理论

在解决绝对优势、比较优势与 H－O 理论国际分工框架的静态性缺陷方面，美国学者波斯纳（M. U. Posner）、弗农（R. Vernon）、格鲁伯（W. Gruber）等提出了"技术差距理论"（theory of technological gap）。他们认为，除了劳动、资本与人力资本以外，技术作为前期资本与科研的投入，也应该作为一种独立的生产要素，且各国生产技术水平差距非常明显。这就导致技术要素丰裕的国家（通常也是资本丰富的发达国家），具有生产和输出技术密集型产品的比较优势。[①] 在此基础上，弗农与威尔士（L. T. Wells）等人进一步提出"产品生命周期理论"。其主要思想为：某项产品在市场营销过程中必然经历创新、成熟与标准化三个不同时期，且不同时期的产品存在不同要素密集的特点。在创新时期，对新产品的研发最为关键，因此创新阶段的产品多为技术要素密集型；产品进入成熟阶段后，对于产品研发的投入逐渐降低，能够保证进一步增大产量的资本、管理与熟练技工等要素的需求增加，因此本阶段的产品多表现为资本要素密集型。而当产品进入标准化时期后，各国企业均能生产该种产品，技术投入已经几乎为零，资本要素投入虽然仍很重要，但通过规模经济降低生产成本成为盈利的关键，而大量廉价劳动力则成为降低成本获取竞争优势的重中之重，这导致标准化阶段的产品变为劳动密集型产品。综上所述，鉴于产品在不同生命周期阶段呈现出不同要素密集特征，而不同国家的要素密集特性却比较难以在短期内发生变化，这意味着在产品生命周期的各个时期，比较优势将从某一国家转向另一国家，生产与贸易模式也随即发生改变，这就使得 H－O 理论框架从静态要素比例学说变成一种动态要素比例理论。

"技术差距理论"与"产品生命周期理论"对本书的理论启示是：由于各类产品都会经过创新、成熟与标准化三个时期，其不同时期或者说不同生产环节应在具有相应丰裕要素密集的地区与国家进行生产。特别是对于进入了标准化阶段的产品而言，获取产品生产成本与价格优势在国际市场竞争中的作用最为关键。企业通过对外直接投资选择劳动力、资源、原材料等方面生产成本最低的地区投资设厂，从事产品生产与出口活动便是最佳选择。全球化生产的最佳地点便往往从各方面成本较高的发达国家转向拥有大量廉价劳动力的发展中国家。而本书研究的低端制造业所对应的大多数产品，例如服装、鞋类、家用电器、家具、家居

---

① M. V. Posner. International Trade and Technical Change [J]. Oxford Economic Papers, 1961, 13 (3)：323－341.

等的加工制造环节均有标准化特点，其生产（及对应的直接投资目标国）可在廉价劳动力资源丰裕的发展中国家进行。另一点启示是，我们可以只是将低端制成品的标准化环节，例如加工组装过程转移至廉价劳动力密集的国家，而对于例如服装、鞋类等低端制成品新款式、新功能的研发仍属于创新环节，可在包括我国在内的资本与技术丰裕国家进行。

综上所述，国际贸易与国际分工理论可以为我们筛选低端制造业对外投资国家提供不少有用思路。总结而言，作为最传统的古典国际贸易和分工理论的"绝对优势""比较优势"及"要素禀赋理论"便可以对低端制造业在全球范围内的生产与贸易模式，乃至投资区位选择产生很清晰直观的必要性与投资区位方面的政策建议，即：由于低端制造业的运营依赖于大量廉价、密集的劳动力，其生产和出口应该在劳动力资源禀赋丰裕的国家和地区进行，从而获取国际市场产品价格优势，再与高劳动力成本国家生产的（非低端制造业）产品进行贸易交换，各方都能获得贸易利益。雷布津斯基定理要求我们以动态眼光考察本国与他国要素禀赋的变化，在技术与资本累积到一定阶段后，将本国制造业转型升级，增加先进制造业的生产与出口，将低端制造业转移至廉价劳动力更为丰裕的国家。"技术差距理论"与"产品生命周期理论"则启示我们，在国内工业发展条件允许的前提下，应将进入标准化环节（例如加工组装）的产品转移至劳动力成本较低的国家与地区进行生产，而在国内保留研发设计等创新环节。

第二节　国际直接投资理论

早在 20 世纪 70 年代，邓宁（Dunning，1977）、伯克利和卡森（Buckley & Casson，1976）、海默（Hymer，1970）、小岛清（Kojima，1978）等经济学家便建立与发展了适用于发达国家企业对外直接投资原因和区位选择的新古典分析框架，包括垄断优势理论、内部化理论、国际生产折衷论、边际产业扩张论等经典理论，由于大多理论提出的时期国际直接投资主要表现为工业领域的 FDI，因此，对于中国低端制造业企业对外投资的必要性、可行性、投资模式、投资区位等方面具有一定的借鉴意义。

一、垄断优势理论

美国学者斯蒂芬·海默（Stephen Hymer）及其导师金德尔伯格（C. Kindle-berger）与凯夫斯（R Z. Caves）等学者提出的垄断优势理论奠定了国际直接投资

理论的基础。他们的主要思想为：企业对外直接投资有利可图的必要条件，是这些企业应具备东道国企业所没有的垄断优势；而跨国企业的垄断优势又源于市场的不完全竞争性，包括商品市场的不完全竞争、要素市场的不完全竞争、规模经济所造成的不完全竞争和经济制度与经济政策所造成的不完全竞争。这种市场的不完全性造成垄断企业产生了静态优势，主要包括知识资产优势（技术优势、资金优势、组织管理优势、原材料优势）与规模经济优势，使得对外直接投资企业有利可图，从而对西方发达国家的企业的对外直接投资及发达国家之间的双向投资现象作了很好的理论阐述。垄断优势理论较为适用于拥有商标、营销技巧、专利与专有技术、规模经济等垄断优势的技术或资本密集型制造业企业对外直接投资，认为它们可以凭借这些优势在投资东道国时获取垄断利润。[①] 该理论对我国低端制造业企业对外直接投资有所启示：虽然低端制造业技术含量较低，但我国相当多的工业企业从事加工组装与加工贸易历史悠久，积累了相当的生产与管理经验，也累积了一定资本，相对不少发展中国家而言具有组织管理与经验层面上的优势，而中国作为世界工厂，在国际服装、纺织、鞋类、家用电器、IT 设备等制成品的贸易市场整体上具有垄断地位与国际竞争力（详见本书第四章第四节），这构成了我国低端制造业对外直接投资的主体可行性优势基础。

二、内部化理论

伯克利和卡森（1976）提出的内部化理论，从另一个角度解释了企业对外直接投资的成因，即由于市场的不完全，若将企业所拥有的中间产品（半成品和原材料，结合在专利权、人力资本中的各种知识）通过外部市场来组织交易（例如出口），则可能出现技术泄露、市场失灵等问题，难以保证厂商实现利润最大化目标；若企业通过在国外直接投资企业，例如海外子公司，通过子母企业间的内部管理来最优化资源配置，就能降低乃至杜绝市场不完全对企业生产与经营效率的影响，这就是“内部化”过程。换句话说，企业对外投资的本质目的，是用企业内部的管理机制代替外部市场机制，达到降低企业市场交易成本的目的。该理论似乎给我国低端制造业对外直接投资企业的全球投资与组织模式提供了一个有用的建议，即由于服装、鞋类、家用电器、IT 产品等低端制成品多为有重复需求的易耗消费品，对外投资后中国国内仍然有大量需求，可能导致这些产品再向国

① Hymer S. The Efficiency（Contradictions）of Multinational Corporations［J］. The American Economic Review，1970，60（2）：441 – 448.

内进口，因此为了取得内部化优势，可以考虑在投资东道国通过建立全资或合资子公司的形式，与位于本国的投资企业组成内部市场，就产品的生产、销售进行高效率的内部化管理。

三、国际生产折衷论

英国里丁大学教授邓宁 1977 年提出的"国际生产折衷论"（eclectic theory of international production）是西方早期经典国际直接投资理论的综合表述，融入了垄断优势论与内部化理论，并与自己提出的区位优势理论结合起来。该理论认为，跨国企业选择贸易、直接投资等国际化行为模式，需要同时考虑自身拥有的所有权优势、内部化优势以及拟投资国家的区位优势这三个方面。区位优势理论对各行业对外直接投资企业选择投资地点有很鲜明的指导作用。所谓投资东道国的区位优势分为直接和间接区位优势两种类型。前者是东道国的廉价劳动力、广阔的产品销售市场、政府优惠投资政策等特有的因素；后者则是指由于投资国和东道国某些劣势所形成的优势，如投资国商品出口运费相对过高等。相对于传统的垄断优势或是内部化优势，潜在投资东道国的区位优势对跨国公司作出是否进行对外投资以及对外投资区位选择的影响十分关键。显然，国际生产折衷论将东道国生产成本、政策优惠、自然资源等区位特点列入投资动机与区位选择依据，这对本书的启示在于，我国低端制造业企业应当选择具有劳动力成本更低、自然资源更为丰富廉价、政府产业政策优惠力度较大、基础设施相对较完备等区位优势的发展中国家作为投资目的地，较为适用于依赖低生产成本的劳动密集制造业企业对外直接投资。

四、边际产业扩张论

日本经济学家小岛清 1978 年提出的"边际产业扩张论"，则在本国对外投资产业选择上有独特见解。其以日本直接投资实践为例，认为一国应将本国已经处于或即将处于比较劣势地位的产业（即边际产业）进行对外投资转移产能，而同时潜在的投资东道国则应是在这些边际产业上具有比较优势或潜在比较优势的国家。由边际产业开始对外投资，一方面能够提升本国产业结构，淘汰即将失去优势的产业，同时还能使东道国由于缺少资本、技术、经营管理技能等生产要素，从而未能显示或未能充分显现的比较优势得以实现或增强，通过专业化国际分工来人为扩大两国间的比较成本差距，并通过国际贸易实现更多福利。显然，我国制造业已处在快速转型升级过程中，由于国内成本上升与人口结构的变化，低端制造业与加工贸易方式比重都在逐步下降（后文详述），虽然在国际市场上仍然具有强大竞争力，但从未来发展来看已经成为潜在的边际产业；而有不少发展中国家工业基础相对薄弱，劳动力比中国更为廉价与丰富，从而具有潜在比较优势的产业，我国向其转移低端制造业符合该理论的基本思路。另外，小岛清还专门强调了中小企业在对外直接投资中的角色，认为中小企业在制造业中的投资往往比大企业更具有优势，因为中小企业的技术往往更适合于东道国的生产要素结构，从而可为东道国创造更多就业机会。这为我国中小型低端制造业企业对外投资提供了理论支持，因为外向型劳动密集制造业对资本、技术投入要求不高，我国低端制造业和加工贸易企业中有相当多规模不大的中小企业，转移至较中国不发达的发展中国家更能创造就业机会。

五、其他相关国际直接投资理论

在以上经典直接投资理论基础上，20 世纪 80 年代以威尔士（Wells，1983）、拉尔（Lall，1983）等为代表的学者们又发展了小规模技术论、技术地方化理论、技术积累论等适用于发展中国家企业的对外直接投资理论。例如小规模技术论、技术地方化理论认为，发展中国家企业若拥有与小市场需求规模相适应的小规模生产技术，则能比适应大规模市场需求的发达国家企业更容易进入发展中国家市场。基于此类特点的制造业企业进行对外直接投资时，应选择发展中国家作为投资区位。另外，技术积累论认为，不少发展中国家对外直接投资的动机是积累生产技术，因此此类动机下的制造业对外直接投资东道国是拥有技术优势的发达国家。

从中国的理论实证研究来看，进入 21 世纪以后，随着中国制造业对外直接投资金额的快速上升，不少学者开始转而研究中国制造业对外直接投资相关问题。已有研究多数集中于中国制造业整体对外直接投资的动机、模式与区位选择。例如，王建和栾大鹏（2013）、李志鹏（2013）等发现，中国制造业企业对更落后的发展中国家直接投资主要基于技术禀赋，对发展水平相近的新兴经济体直接投资基于节约成本，而对发达国家则是为获取技术；张兵（2013）发现我国制造业人均资本高的省份对外投资为技术寻求型，而人均资本较低的省份对外投资多为市场寻求型。田巍和余淼杰（2012）、葛顺奇和罗伟（2013）等的实证研究则发现中国制造业企业的生产率、专有资产、技术优势等是促进其对外投资的重要因素。在投资区域选择上，孙志毅（2008）的案例研究将中国制造业企业对外投资模式归为海尔的"先发达国家、后发展中国家模式"与 TCL 的"先发展中国家、后发达国家模式""OEM 模式""M&A 模式"。另外，冯春晓（2009）、杨成林和乔晓楠（2012）、刘海云和聂飞（2015）等考察了中国制造业对外投资造成的国内制造业萎缩弱化及第二产业在经济中比重下降等现象。杨丹辉等（2017）甚至发现，近年中美制造业的要素成本已呈现出此消彼长的态势，世界制造业 FDI 可能由中国向美国回流。但以上成果多研究我国制造业整体对外投资，而具体对我国低端制造业对外投资的动机、区位选择等的研究，数量非常之少。

更进一步，2018 年开始，美国特朗普政府"经济民族主义"膨胀，频频对中国等贸易逆差国出口产品加征高额关税，已经涉及服装、电视零件等劳动密集型出口品，使得这类制成品出口面临困境，亟待破局。由于低端制造业转型升级需大量时间和成本，且我国居民对低端制成品仍有大量需求，潜在的产能可持续性问题使得我国低端制造业不可避免地面临通过直接投资进行国内/国际产能转移与输出。而在中国劳动密集型制造业企业对外直接投资的研究方面，已有文献主要集中在投资动因与必要性问题上。一方面，不少学者认为工资、土地等成本的上升是导致中国劳动密集型制造业企业对外投资的重要动因。例如，蔡昉（2007）、贺聪等（2009）、贺灿飞等（2008）、王燕武等（2011）、李伟和贺灿飞（2017）都认为，中国土地、劳动力工资、原/燃料等生产成本的不断提高，是大量跨国制造业企业从中国迁至东南亚国家的主要原因；马宇（2007）、李艳丽（2011）、刘竹青和盛丹（2017）认为除了制造业生产成本提高以外，2005 年后人民币的大幅度升值导致中国制成品出口价格优势受到严重冲击，胡国良和李洁（2017）、李新功（2017）进一步发现劳动密集型制成品出口受升值冲击最大，低价优势已逐步被削弱；陈虹（2009）、李钢等（2009）认为国内制造业企业需要适应国内/国际越来越严格的劳工法规，长期内已不足以支撑其在国际市场上的价格竞争力。另一方面，一些学者认为，由于近年来中国人口老龄化、低端劳动力减少等人口结构指标的变化，多年来累积的人口红利开始降低，中国人口结构开始难以持续为劳动密集制造业提供足够数量的青年劳动力，开始转向支持资本、技术密集型制造业，因此必须通过对外直接投资进行国际区位转移。这方面的研究包括张杰和何晔（2014）、马光明（2015）、于明远和范爱军（2016）、楚永生等（2017）、卢飞和刘明辉（2018），等等。

综上所述，已有文献对于制造业对外直接投资的理论基础、中国制造业的国内区位转移状况与特点、中国制造业整体对外直接投资等方面已经有了较为丰富的研究。近年在国内生产成本上升、国际市场贸易保护压力的现实背景下，也有不少研究针对中国劳动密集型制造业对外直接投资进行了论证。但由于中国劳动密集制造业对外直接投资刚刚起步，因此这方面的文献大多分析的是中国劳动密集制造业对外直接投资的动因和必要性，即集中分析"是否需要对外投资"的问题；但对于国际投资的可行性与区位选择，即"是否能去投资"与"去哪里投资"的问题涉及较少，基于具体经济数据的定量分析更为缺乏，更没有直接针对中国低端制造业直接投资的区位选择研究。这正为本书的研究提供了进一步拓展的空间。

第三节 产业集群与产业转移理论

关于产业集群（集聚）与产业转移问题的研究框架，除邓宁（1977）、伯克利和卡森（1976）、海默（1960，1970）、威尔士（1983）、拉尔（1983）等建立与发展的基于国际直接投资理论的新古典分析框架外，产业集群（集聚）与产业转移理论也是研究产业的空间转移现象的另一学科分支。具体到本书而言，拥有"劳动密集或低国内增值率、出口导向"等相同生产组织经营特点的企业在中国各区域集中，经过一段时间发展壮大后又通过直接投资集体转移至另外区域或国家的行为，本身已经属于产业集聚与产业转移的范畴。这里简要梳理介绍产业集群（集聚）与产业转移理论的主要思想及对中国低端制造业对外投资方面的指导意义。

一、产业区理论

最早的较为系统的工业产业集群理论应当归于著名经济学大师马歇尔在1890年提出的"产业区理论"。他将"产业区"定义为"由一种历史和自然共同限定的区域，其中大量相似的中小企业在此集聚，厂商积极相互作用，厂商集群与社会不断融合"，并指出了这种集聚可能的原因，即"拥有企业间协同效应与创新环境，行业内部的制造方法与信息能很快共享""共享政府提供的辅助性服务与设施的支持""具有高水平、便利的人力资源配置与劳动力市场"。总而言之，产业区内成员企业能获取相当规模的外部经济效益（Marshall，1890）。这对我国低端制造业企业对外直接投资采取产业园等地理"集群"的投资模式提供了基础理论支撑，也提示低端制造业企业应当努力获得当地政府在服务与信息等方面的优惠政策支持。

二、工业区位论

在产业区理论的基础上，德国著名工业布局学者韦伯（Weber）于1909年、

1914 年提出了"工业区位论"（industrial location theory）。他认为，投资的区位因子决定生产场所，制造业企业投资在过程中会选择生产费用最为节约的地点进行生产。区位因子可以分为适用于所有制造业部门的一般区位因子，以及仅仅适用于特定部门的特殊区位因子，如气候对食品加工业、易腐性对食品工业、气温与湿度对于服装服饰制造业等。该理论认为，运费、劳动成本、集聚和分散这三种区位因子是适用于多个工业部门的一般性区位因子，工业企业在选址的不同阶段对于这三个因子的偏好会发生变化。第一阶段，假定工业生产偏向于最有利的运费地点，由运费的第一个地方区位因子勾画出各地区基础工业的区位网络。第二阶段，在运费决定的基础上，第二类地方区位因子劳动费会对原有区位网络产生修改作用，使制造业选址由运费最低点转移至劳动费最低点。第三阶段，凝聚力或分散力形成的集聚或分散因子进一步影响原有工业网络，从而使工业集聚地从运费最低点趋向集中（分散）于其他地点。[①] 该理论从企业微观行为上对我国低端制造业直接投资的东道国及国内区位选址提供了参考，即应当选择公路及铁路交通设施完备（从而运费低）、工资廉价的国家，以及该国国内交通便利（运费成本低）的地点进行投资设厂。

三、市场区位理论

廖什（A. Lsch）1944 年提出的"市场区位理论"在确定企业集聚地点方面与韦伯又有所不同。他在其代表性著作《经济的空间秩序》中提出，能够使工业企业获得最高利润的地点是工业企业集聚的最佳区位。换句话说，最佳区位不能仅考虑支出与费用，而必须考虑企业潜在收入，应是收入和支出的差，也即利润的最大点。在此逻辑下，由于每家企业的产品销售范围往往以其产地为圆心，最大销售距离为半径的圆形，而产品价格又随着需求量不断降低，因此企业产品总销售额是需求曲线在销售圆区域旋转而成的圆锥体。随着更多拥有各自销售范围的企业进入该区域，所谓"圆外空档"开始形成，圆外的很多潜在消费者无法得到产品供给，在市场竞争的促使下，圆外空档迅速被新入竞争企业们占领，圆形市场被不断挤压，最后形成六边形市场网络。[②] 该理论提醒我国低端制造业企业投资区位选择除了要考虑"工业区位论"的交通与工资成本外，还应当尽可能选择具有众多潜在消费者的国家和国内地区作为企业集聚地点。

---

① C. J. Friedrich. Alfred Weber's Theory of the Location of Industries [M]. Chicago：The University of Chicago Press，1929.

② 徐康宁. 产业聚集形成的源泉 [M]. 北京：人民出版社，2006.

四、"增长极"理论

20 世纪 40 年代末至 20 世纪五六十年代，由法国经济学家佩鲁（Francois Perroux）、布代维尔（J. B. Boudeville）、美国经济学家弗里德曼（J. Friedman）、美国学者赫希曼（A. O. Hischman）、瑞典学者缪尔达尔（Gunnar Myrdal）等人提出、发展了"增长极理论"（growth pole theory）。其主要思想为：若把发生支配效应的经济空间看成一个力场，位于这个力场中的推动单元或势力就是所谓增长极。增长极是经济力场内有组织、有活力的高度联合产业组，推动单位可以是一个企业或者同产业内的一组企业，也可以是共同合同关系的企业共同体集合。它不仅自身能保持高速增长，而且能基于乘数效应等渠道促使该区域其他部门快速受益与发展。根据此理论，增长不会均衡地出现在一国或一个区域的所有位置，而必定是以不同强度首先出现在其中一些增长点或增长极上，并通过不同的渠道带动本区域和外围区域其他产业或企业的总体发展，从而对整个经济产生强烈影响。而将产业增长极的概念外延向高维度扩展，可以扩展至城市增长极，甚至是潜在的区域经济乃至国家经济增长极。该理论体系的政策建议非常明确，即政府工业管理部门应当有计划地设计或推动国家或地区的特定经济增长极，并通过其外溢扩散机制来促进区域乃至国家经济的共同发展，政府的决策和推动将在这一过程中起到巨大作用。另外，"增长极"理论及其实施过程也有显著的缺陷：首先，作为增长极的产业的发展很可能会对周边地区的劳动力、资金、技术等资源与要素产生强烈的吸引力和向心力，使周围地区的各类生产要素主动或被动地转移到核心地区（即所谓的"极化效应"），从而限制了周边区域未来的发展潜力，使核心区域与其周围地区的经济发展差距不能减小反而扩大，导致两极分化更为严重。其次，作为增长极的核心产业往往是技术与资本密集的、有极大发展潜力的新兴产业，多以现代工业为目标，技术装备和管理方法先进，对廉价劳动力等低端生产要素需求不大，因此在某一国家或地区培育的增长极并不一定能增加就业，尤其是对低端制造业劳动力就业促进效果很低。[①]

"增长极"理论对本书的启示是，应当关注投资东道国政府主导产业方向的重要作用，若东道国政府的政策方向是致力于发展工业化，将劳动密集产业作为重要战略产业（即产业层面的增长极）来推动，则很适合我国低端制造业企业进入投资，且应争取成为区内企业层面的增长极。这无疑为低端制造业投资的区位

---

① 刘永. 区域经济发展和地区主导产业［M］. 北京：商务印书馆，2006；巴顿. 城市经济理论与政策［M］. 北京：商务印书馆，1984.

选择提供了明确的视角。另外，该理论认为由于政府设置的推动性产业往往是高科技新兴产业，导致可能无法解决一般低端劳动力就业，而低端制造业若能作为当地经济发展的产业增长极，则能解决这一缺陷，其劳动密集的特性将带动大量当地劳动力就业，具有很好的投资可行性。

五、新产业区理论

继产业区理论之后，意大利社会学家巴格纳斯科（Bagnasco，1977）、巴卡蒂尼（Becattini，1979）等学者提出了新产业区理论。其背景是 20 世纪七八十年代多数发达资本主义国家陷入经济滞胀的困境，而一些产业集群现象明显的地区，例如美国硅谷与意大利中部与东北部地区、德国南部等却未受影响呈现持续繁荣的反常情形。学者们研究后发现这些区域与马歇尔在 1890 年提出的"产业区"情况非常类似。巴卡蒂尼将意大利这些地区称为"第三意大利""马歇尔式产业区"，认为其发展的重要原因是本地劳动分工带来的经济外部性，以及当地社会文化背景支持下集群企业之间的相互协同作用，并将这些产业区定义为"具有共同社会背景的人们和企业在一定自然与社会意义的地域上形成的社会地域生产综合体"。这种综合体中的中小企业拥有共同的文化底蕴与政府支持，通过构建中小企业集群网络，依靠内源力量和中介机构相互联系建立起稳定的合作互助联系网络，从而促使产业区内的企业、技术、区域经济，乃至整个社会得到共同协调发展。该理论在政策建议上与"增长极"理论有一个明显的区别，即新产业区理论不过多强调政府的推动与干涉作用，而是强调区内的中小企业通过创新、合作、互助，实现区域经济的自主性内源式增长。[①] 显然，新产业区理论对于多为中小型企业的中国低端制造业企业进行集群式对外投资提供了可行性支持，强调了中小企业间的创新与合作集群网络也能取得良好的经济效益，我国企业应当努力在投资集群地创造拥有共同文化底蕴的产业联合体。

六、新经济地理学

20 世纪八九十年代以来，经济地理学获得显著发展，对传统经济学的研究思路产生了显著影响。例如，克鲁格曼（Krugman，1991）等经济学家把基于空间经济现象分析的区域经济学与城市经济学等传统经济学科统一起来，创建了"新经济地理学"（new economic geography），用主流的经济学建模方法来尝试分

---

① 范晓屏. 工业园区与区域经济发展 [M]. 北京：航空工业出版社，2005.

析经济区位问题。假设规模报酬递增和不完全竞争的市场结构，通过产业集聚、产业扩散的相互作用研究产业的空间区位转移现象。依据该理论框架，产业集聚导致关联企业距离相互接近，能显著降低企业生产、销售、信息搜寻、原料与产品运输等各方面的成本，企业倾向于向所在产业集聚度较高的区位进行直接投资，以获取集聚效应的规模经济好处，直到产业集聚的负面影响上升，例如工业用地、用水、原料和能源供应、交通运输、环境保护、农产品供应等方面出现资源匮乏等严重问题后，才开始向更适合的区位进行产业扩散，并在集聚－扩散－再集聚的过程中，或者说在产业集聚的向心力与离心力的共同作用下不断循环。该理论除了解释企业和产业的集聚与转移之外，还可以用来分析城市与产业之间的集群关系。克鲁格曼在解释城市中人、财、物的聚集时指出：人们向城市集中是由于这里较高的工资和多样化的商品，而工厂在城市集中是因为这里能够为他们的产品提供更大的市场，空间聚集是导致城市形成和不断扩大以及区域发展的基本因素。

此理论框架不仅适用于解释和指导制造业企业对外直接投资区位选择，也能很好地解释中国已经出现成本上升、廉价劳动力资源匮乏现象的低附加值外向型劳动密集制造业近年在国内的集体区位转移，并为其向国外更合适地区转移提供理论支持。这方面国外经典研究包括克鲁格曼（Krugman，1991），藤田、克鲁格曼和维纳伯斯（Fujita，Krugman and Venables，1999）等。而对中国国内制造业空间转移影响因素和效果的实证研究主要有蔡昉等（2009）、范剑勇（2004）、Wen（2004）、Bai（2003）、李国平和范红忠（2003）、范剑勇和谢强强（2010）等。具体到劳动密集型制造业的产能转移，大量研究多集中在国内转移，包括对于转移路径、影响因素及转移效果的研究，例如，林理升和王晔倩（2006）、李燕等（2010）、冯根福等（2010）将中国近年劳动密集型制造业的国内转移路径归纳为"东部沿海—华北/东北地区—中西部地区"，薛漫天（2016）则以长江经济带为观察对象，发现 2005 ~ 2014 年长江中游地区持续承接了大量劳动密集型的外向型制造业，而下游地区在 2011 年前经历了外向型制造业的普遍转入，而之后外向型制造业出现了转出。类似的，关爱萍、曹亚南（2016）也发现中国部分技术密集型产业先于劳动密集型产业转移以及部分沿海区域产业越过中部区域直接转移至西部区域，而中部区域是承接劳动密集产业数量最多、规模最大的区域。在时间节点上，不少研究发现 2005 年前后则是我国低端制造业由东部向其他地区扩散的分水岭（陈景新、王云峰，2014；马光明、刘春生，2016）。吴静（2017）则从西部地区承接制造业的效率入手，发现以四川、陕西、重庆、内蒙古四省区为代表的西部高梯度承接区对区际产业转移要素溢出的吸收和转化能力高于广西、云南、新疆、贵州、甘肃等中低梯度承接区，等等。

七、波特钻石模型

1990年，哈佛商学院迈克尔·波特（Michael Porter）出版的《国家竞争优势》提出"国家竞争优势"理论，也称"波特菱形理论"或"波特钻石理论"，成为战略管理学派对于产业集群与国际贸易与投资的重要解释理论之一。波特通过对于丹麦、日本、韩国、德国等10个国家的多案例分析，认为国家某产业为在国际上是否能具有较强的竞争力，会受到四个因素和两个辅助因素的共同影响：包括生产要素（可划分为初级生产要素和高级生产要素，初级生产要素包括天然资源、气候、地理条件、非熟练工人、资本等；高级生产要素包括熟练劳动力，现代通信、信息、交通等基础设施，技术研发能力等）、市场需求、相关及支撑产业、企业的战略结构与竞争对手的表现这四个因素，加上机遇、政府这两个特殊的辅助性因素。以上分析框架意味着企业若要取得国际竞争优势，一定程度上的集聚与集群是重要的。地理集中造成的竞争压力可以刺激其他竞争者的创新能力，并使得以上四个因素与两个辅助因素有机整合在一起。并且当某产业各个"钻石"因素都能发挥合力作用，则该产业中或产业区间将有一群相互支持、相互竞争的成功企业，而非一个单独企业。①

该理论对中国低端制造业对外直接投资的区位选择与投资模式都非常有指导意义：中国低端制造业对外直接投资时，必须注意投资东道国以上6个因素是否具备，例如是否具有丰裕的劳动力、信息、交通、科研等初级、高级生产要素；本国对低端制成品的消费需求是否足够；政府对于低端制造业（低附加值外向型劳动密集制造业）是否有政策扶植或打压，或是否有与中国在贸易投资方面合作的机遇等。另外，波特关于支撑产业的研究提醒人们注意，一个优势产业不是单独存在的，它一定是同国内相关强势产业（即支撑产业）一同崛起的。以德国印刷机行业为例，德国印刷机的高竞争力得益于德国造纸业、油墨业、制版业、机械制造业的强势。美国、德国、日本汽车工业的竞争优势也离不开钢铁、机械、化工、零部件等行业的支持。因此，我国企业进行东道国选择时，还需重点考察东道国关于低端制造业的相关支撑产业是否足够强大。另外，该理论同样也支持我国低端制造业企业进行投资时选择地理上"集群"的模式，以便在获取相互合作、规模经济的好处之外，还能获得相互竞争、刺激创新的好处（即"竞争对手"要素）。

---

① 迈克尔·波特. 国家竞争优势 [M]. 李明轩，邱如美，译. 北京：中信出版社，2012.

以上产业集群与转移理论从各自不同角度为我国低端制造业对外直接投资的可行性、区位选择，尤其是采取"地理集群式"投资模式的可行性提供了有益参考。

本 章 小 结

本章从国际贸易与国际分工理论（包括静态与动态贸易与分工理论）、国际直接投资理论（包括垄断优势理论、内部化理论、国际生产折衷论、边际产业扩张论、其他相关国际直接投资理论）、产业集聚与产业转移理论（包括产业区理论、工业区理论、市场区位理论、"增长极"理论、新产业区理论、新经济地理学、波特钻石模型）三个国际经济学与管理学领域的经典理论中，收集整理了其各自内容中包含的关于支持低端制造业对外直接投资的观点，包括可行性、必要性、区位（包括国际与国内区位）选择、投资模式、空间分布等方面的观点。各理论对低端制造业对外投资的启示总结如表 2-1 所示。

表 2-1　　　　　国际经济学各领域经典理论对低端制造业
对外直接投资的相关启示总结

领域	理论	对中国低端制造业对外投资的启示	启示层面
国际贸易与分工理论	比较优势、绝对优势、H-O 理论框架	应在拥有大量廉价劳动力比较优势的国家进行低端制造业生产，并通过国际贸易达到更高福利水平	必要性、区位选择
	熟练劳动理论、人力资本理论	劳动力禀赋绝不仅仅须考虑劳动力数量、密度、是否廉价，还必须考虑该国劳动力的人力资本，例如熟练程度、受教育水平	区位选择
	技术差距理论、产品生命周期理论	各类产品都会经过创新、成熟与标准化三个时期，标准化阶段的产品生产的最佳地点应从发达国家转向拥有大量廉价劳动力的发展中国家；若低端制造业有高端环节（例如设计与研发），则此环节可在包括我国在内的技术丰裕国家进行	必要性、区位选择
国际直接投资理论	垄断优势理论	中国在大多数低端制造业产品上具有强大的国际竞争力，可通过国际直接投资获得垄断优势	可行性
	内部化理论	可在投资东道国通过建立全资或合资子公司的形式，与位于本国的投资企业组成内部市场，就产品在东道国的生产及在本国与其他市场的销售进行高效率的内部化管理	投资模式

领域	理论	对中国低端制造业对外投资的启示	启示层面
国际投资理论	国际生产折衷论	应选择具有劳动力成本更低、自然资源更为丰富廉价、政府政策优惠力度较大、基础设施相对较完备等区位优势的发展中国家作为投资目的地	区位选择
	边际产业扩张论	中国制造业已处于快速转型升级过程中,已成为边际产业;而众多发展中国家有不少工业基础相对薄弱且劳动力比中国更为廉价与丰富,是具有潜在比较优势的产业;另外中小制造业企业转移到东道国的技术更适合当地生产要素结构,为东道国创造就业机会	必要性、区位选择
产业集群与产业转移理论	产业区理论	大量中小低端制造业企业对外直接投资可采取产业园等地理"集群"的投资模式,以尽量多地获取规模经济效益	投资模式
	工业区位论	应当选择公路及铁路交通设施完备及工资低廉(从而运费低),以及该国国内交通便利(运费成本低)的地点进行投资设厂	区位选择
	市场区位理论	除了要考虑"工业区位论"的交通与工资成本外,还应尽可能选择具有众多潜在消费者的国家和国内地区作为企业集聚地点	区位选择
	"增长极"理论	若东道国致力于发展工业化,将劳动密集产业作为"增长极"产业来推动,则很适合我国低端制造业企业进入投资,且应争取成为区内企业层面的增长极。且能解决多数增长极产业往往是高技术产业无法解决就业的缺陷	可行性、区位选择
	新产业区理论	中小企业间的创新与合作集群网络能取得良好的经济效益,我国企业应努力在投资集群地创造拥有共同文化底蕴的产业联合体	可行性、投资模式
	新经济地理学	解释中国已经出现成本上升、廉价劳动力资源匮乏现象的低端制造业近年在国内的集体区位转移,并为其向国外更适合地区转移提供理论支持	必要性、区位选择
	波特钻石模型	须注意投资东道国是否具有丰裕的劳动力、基础设施、科研等初级、高级生产要素、消费需求、政府政策、配套支撑产业的支持,是否有与中国在贸易投资方面合作等机遇等	区位选择

综上所述,现代国际贸易、国际投资、产业集群与产业转移理论体系都有相当多内容涉及低端制造业对外直接投资的可行性、必要性、区位选择、投资模式等方面的内容,足够作为支撑中国现阶段对外直接投资低端制造业的经典理论基

础。中国在国际分工体系中正处于由低端制造业这个边际产业向高端先进制造业过渡的阶段，服装服饰、电子产业等低端制造业产品已经处于生命周期的标准化阶段，中国在低端制造业生产与经营领域又具有相当的国际垄断优势，向具有更廉价丰富劳动力及较为完备的基础设施与政府政策的国家通过直接投资转移低端制造业，理论上完全符合国际贸易与分工理论、国际投资理论、产业集聚与转移等主流经济理论揭示的基本思路，属于顺应国际经济发展大势的可行之举。

第三章

中国低端制造业的筛选与国内发展状况

知己才能知彼。在讨论中国企业是否应该及如何通过对外直接投资转移低端制造业产能之前，本章首先依据已有文献关于低端制造业的定义，对中国低端制造业包含的子行业进行筛选，接着对 21 世纪后这些低端制造业在国内的发展状况进行分类统计、整理与展示。

第一节　中国低端制造业的筛选

为描述中国低端制造业的发展状况和影响因素，我们首先需要基于中国制造业的具体数据筛选低端制造业子行业。尽管本书第一章第一节已经依据已有文献整理出了低端制造业的定义与几个典型产业的例子，但已有文献给出的各子行业例子，除了几个较为典型的子行业以外，各家之说并不完全统一，需要进行更为系统的计算分析，得出近年中国的低端制造业子行业。

如本书第一章"核心概念界定"部分所述，依据已有文献和本书研究内容的重点，对于低端制造业的定义是：（1）要素投入劳动密集制造业；（2）有劳动密集环节的低增值率制造业，即两类外向型低端制造业。这些子行业要么在生产过程中投入相对（资本与技术）较多的劳动力，要么仅在国内进行低增加值的劳动密集装配加工。无论是哪一种，其产品用于出口的比重相对较高，与加工贸易关联性密切，主要面向国际市场。这两类制造业子行业产品要么由于价格低廉且缺乏核心竞争力，且面向外国市场，容易积累贸易顺差，最容易受到反倾销、特保措施等国际货物贸易保护主义的冲击；要么因为低国内增值率导致行业利润率低、关联产业带动能力弱，理论上也最容易受到国内劳动力、土地、原材料等成本上升的影响而导致其在国内的发展举步维艰，逐步走向衰弱，国际市场上同样容易累积贸易顺差并容易被指责"抢夺就业岗位"导致贸易摩擦。将这些制造业子行业企业向外转移相对最为合适，一方面可以规避近年日益升级的贸易壁垒，降低贸易战概率，另一方面也可运用东道国更为廉价的生产成本，并用低端制造业劳动密集的性质解决当地劳动力就业问题，且对东道国环境压力相对较小（详见本书第四章）。

鉴于以上，我们将分别用直接与间接两种思路来筛选近年中国的低端制造业。

直接筛选法。该方法的思路直接源于本书对两类低端制造业的定义：即第一类低端制造业的"要素投入劳动密集制造业"，或是第二类低端制造业的"有劳动密集环节的低国内增加值制造业"，而无论哪一类都具有典型的外向型特征。第一步，对于第一类要素投入劳动密集制造业，我们从中国制造业各子行业要素投入角度来分析筛选劳动密集度相对较高的子行业。第二步，对于第二类具有劳动密集环节的低增值率制造业，我们通过 World Input – Output Database（WIOD）提供的世界各国投入产出表来计算并筛选中国国内增值率低的制造业子行业。第三步，考察各子行业的外向度，即子行业出口交货值/子行业工业销售产值，从中选择高外向度的子行业并与第一步和第二步得到的子行业取交集，得到最终需要的低端制造业。

间接筛选法。为了稳健起见，在基于要素投入、国内增值率、外向度的直接筛选之外，由于不少已有文献指出，加工贸易生产方式与我们所定义的"外向型劳动密集制造业或有劳动密集环节的外向型制造业"关联性很高，因此再进行间接筛选，基于 2006～2018 年各省份面板数据考察制造业各子行业与当地加工贸易比重的关联性，得到高关联的制造业子行业并对直接筛选法的结果进行验证。之后我们将综合直接与间接法的结论，筛选出最终的低端制造业名单。

一、直接筛选法

我们首先采用直接筛选法，即根据本书低端制造业的定义，分别考察各制造业子行业的要素投入劳动密集度、国内增值率及外向度，直接筛选出低端制造业名单。

（一）要素投入劳动密集制造业：基于各子行业要素投入

针对第一类低端制造业，即"要素投入劳动密集制造业"，下面从制造业中近 30 个子行业中筛选出具有要素投入"劳动密集"特征的低端子行业。与"低端制造业"提法研究较少的情况不同，事实上有不少实证研究往往依据经验选择固定子行业定义劳动密集制造业，例如李艳丽（2011）将其定义为 HS 编码第 8

类、第 11 类、第 12 类商品和第 9 类中的第 46 章、第 20 类中的第 94 章和第 95
章商品；李燕等（2010）将纺织业、服装业、皮革业三个子行业作为劳动密集制
造业代表；陈虹（2009）则选择纺织业、服装业两个子行业；朱轶（2016）依
据前人研究经验，将纺织业、服装业、皮羽制造、木材加工、家具制造、印刷业
等 12 个子行业归类为劳动密集制造业。但各行业生产方式与劳动密集度是个动
态变化的过程，过去几十年中国制造业整体及其各子行业在生产方式、投入结
构、销售市场等方面均出现了发展变化。因此，本书不套用任何已有研究采用的
现成行业分类目录，而是选择重新整理 2004～2017 年中国各子行业①劳动、技
术、资本要素投入数据进行计算并根据各子行业数值变化趋势进行动态筛选，得
出更为客观的结论。

　　"要素投入劳动密集"，即生产过程中相对资本与技术等其他要素而言投入劳
动比重更多的子行业。我们将应用 2004～2017 年全国制造业各子行业劳动、固
定资产、研发经费三种要素投入数据进行筛选（《中国工业统计年鉴》及统计局
均未公布 2018 年及以后的制造业各行业固定资产数据，只能统计至 2017 年）。
本书参考并改进曲玥（2010）、陈景新和王云峰（2014）的人均固定资产净值
法，并加入技术投入，令各子行业规模以上企业年末平均用工人数（万人）为
L，固定资产总值（亿元）② 为 K，内部研发经费支出（亿元）为 A，我们构造各
子行业劳动密集度，计算公式为：$LaborIntensity = [\ln L/\ln K \times (1 + \ln A)] \times 100$
（个别年份个别子行业企业内部研发经费支出小于 1 亿元）。数据来源于历年
《中国统计年鉴》、《中国工业统计年鉴》及《中国科技统计年鉴》。然而，以上
计算方法得到的各子行业劳动密集度可能存在问题。因为分母的单位，即固定资
产投入金额与内部研发经费支出金额均要受到物价变化的影响，而作为分子的年
末平均用工人数却不受物价影响，这样得出的劳动密集度的变化相当程度上包含
了物价变动。鉴于此，我们将计算公式修改为：

$$LaborIntensity = [\ln L \times P/\ln K \times (1 + \ln A)] \times 100 \qquad (3.1)$$

　　其中，P 为当年中国固定资产投资价格定基指数（2000 年 = 1，来源于国家

---

　　① 注意由于统计口径历史的问题，"橡胶制品业"与"塑料制品业"在 2011 年及以前是分两项分别
统计的，而之后则合为一项"橡胶与塑料制品业"；同时"交通运输设备制造业"则在 2011 年之后分为
"汽车制造业"与"铁路、船舶、航空航天和其他运输设备制造业"两项分别记录，为了方便跨时期统计
对比，本书分别将其归为"橡胶与塑料制品业"和"交通运输设备制造业"，并在各自分开统计的年份将
统计数据加总。这样我们一共得到 28 个制造子行业（其中，"其他制造业"包括日用杂品制造和煤制品
制造两个子项目，前者占大部分，例如 2016 年占到企业数量 61.2%，生产销售值的 53.9%，出口交货
值的 82.1%）。
　　② 根据国家统计局的口径，这里的固定资产投入指的是各行业企业为生产商品、提供劳务、出租或
经营管理而持有的，使用寿命超过一个会计年度的有形资产。包括使用期限超过一年的房屋、建筑物、机
器、机械、运输工具以及其他与生产、经营有关的设备、器具、工具等。

统计局）。由于各子行业每年面对的价格指数是一样的，经过价格调整后，各子行业劳动密集度绝对值与变化趋势会发生变化，但其相对排位是不会变动的，这正是我们需要的。价格修正后的结果如表3－1所示。

显然，剔除价格因素后，21世纪以来，尤其是2008年、2009年金融危机后，中国制造业总体劳动密集度处于显著下降趋势，大部分子行业相对劳动力投入的资本与技术都出现了一定程度的增加，这充分体现了金融危机后中国制造业正在向高级化升级转型。但我们仍然可以在这28个子行业中选择出劳动力投入相对较多的几个子行业作为劳动密集型子行业。从表3－1中也可以看出这一区分非常明显，2004～2017年，位居劳动密集度最高的前7个子行业一直较为稳定，且与剩下的子行业差距较大，而它们也正是21世纪以来劳动密集程度下降最快、最显著的7个子行业。它们（由于各年排序不同，这里按照2017年劳动密集度由高到低排序）分别是：

（1）皮革、毛皮、羽毛及其制品和制鞋业（2017年25.26）；

（2）家具制造业（2017年23.34）；

（3）其他制造业（2017年23.01）；

（4）纺织服装、服饰业（2017年22.35）；

（5）木材加工和木、竹、藤、棕、草制品业（2017年21.83）；

（6）印刷和记录媒介复制业（2017年21.67）；

（7）文教、工美、体育和娱乐用品制造业（2017年21.61）。

以上7个子行业我们将其定义为本书考察期内的"要素投入劳动密集型制造业"，即第一类低端制造业（完整排名参见附表1）。显然，这种方法筛选低端制造业有一个问题，即无法选出那些虽然有较多资本与技术投入，但这些投入主要来源于进口成分，国内仅处理加工装配并将成品出口的低端制造业，即前文定义的第二类低端制造业——"具有劳动密集环节的低增值率制造业"。因此我们使用第二种方法，基于投入产出表计算的国内增值率来筛选该类低端制造业。

（二）有劳动密集环节的低附加值制造业：基于各子行业国内增值率

如概念界定的诸多文献所述，不少学者发现中国不少制造业虽然其产品似乎具有较多的技术和资本要素投入，甚至被列入"高技术产品"（例如计算机等不少IT类制成品），但国内企业所做的仅是劳动密集环节工作，即利用廉价劳动力对进口零部件进行加工装配并出口成品，所得的贸易利益很少，此类制造业也应归入低端制造业的范畴。使用简单的要素投入法无法辨别出此类制造业，因此我

表3-1　2004～2017年制造业各子行业劳动密集度（控制通胀因素）

子行业	2004年	2005年	2006年	2007年	2008年	2009年	2010年	2011年	2012年	2013年	2014年	2015年	2016年	2017年
农副食品加工业	23.04	24.00	22.09	21.02	22.58	21.17	22.36	20.10	18.64	17.70	17.23	16.42	15.81	16.37
食品制造业	23.54	24.96	22.89	21.27	26.54	21.76	22.70	21.21	19.82	19.22	18.57	17.38	16.79	17.79
酒、饮料和精制茶制造业	19.84	16.74	17.63	17.59	21.14	19.81	20.37	19.58	19.15	18.97	18.20	18.13	17.40	18.29
烟草制品业	17.10	16.09	16.91	15.02	24.72	20.47	20.30	19.89	19.22	18.51	19.35	18.47	18.32	19.13
纺织业	19.36	20.28	19.73	19.02	22.77	20.65	21.08	19.95	19.73	18.81	18.36	17.33	16.80	17.53
纺织服装、服饰业	34.01	33.45	30.95	29.72	35.42	35.02	35.93	31.48	26.08	24.78	24.25	22.44	21.24	22.35
皮革、毛皮、羽毛及其制品和制鞋业	42.75	47.95	40.80	38.84	55.34	42.19	42.54	38.47	31.77	29.70	28.33	25.85	24.40	25.26
木材加工和木、竹、藤、棕、草制品业	36.78	39.48	37.79	34.92	37.81	34.77	45.77	32.78	30.20	26.72	25.12	22.76	21.40	21.83
家具制造业	49.35	57.75	47.26	39.63	46.91	41.92	55.79	40.58	33.87	29.17	27.39	25.12	23.14	23.34
造纸和纸制品业	20.26	20.15	18.10	18.17	22.87	20.81	21.41	20.03	18.65	17.86	17.46	16.62	15.85	16.12
印刷和记录媒介复制业	31.65	33.89	34.65	28.98	36.86	31.25	32.98	27.73	26.13	24.69	23.77	22.79	21.15	21.67
文教、工美、体育和娱乐用品制造业	40.88	49.70	46.60	45.60	47.34	38.65	46.05	38.00	27.61	25.75	23.71	22.43	20.85	21.61
石油加工、炼焦和核燃料加工业	15.80	15.66	15.86	15.47	20.93	17.21	17.09	16.70	15.67	15.37	14.78	14.52	13.57	13.78
化学原料和化学制品制造业	13.70	13.79	13.43	13.16	15.00	14.08	14.72	13.84	13.52	13.09	12.77	12.29	12.05	12.46
医药制造业	15.44	16.05	15.56	15.46	17.22	15.90	16.79	16.05	15.31	14.71	14.41	13.74	13.36	13.84

续表

子行业	2004年	2005年	2006年	2007年	2008年	2009年	2010年	2011年	2012年	2013年	2014年	2015年	2016年	2017年
化学纤维制造业	17.70	17.40	16.12	15.12	19.14	17.66	17.71	17.11	16.82	16.64	16.03	15.45	15.05	14.97
橡胶和塑料制品业	18.46	19.78	18.68	17.99	21.05	19.59	19.85	19.04	18.11	17.30	16.86	16.24	15.66	16.31
非金属矿物制品业	19.85	19.84	19.36	18.99	21.24	19.06	19.57	18.22	17.75	16.80	16.42	15.65	15.07	15.61
黑色金属冶炼和压延加工业	12.45	12.10	11.66	11.34	13.14	12.71	12.62	12.90	12.65	12.78	12.71	12.49	12.29	12.56
有色金属冶炼和压延加工业	15.88	15.87	14.24	14.07	16.48	15.33	15.70	15.16	14.23	13.88	13.58	12.92	12.54	13.37
金属制品业	22.38	22.99	22.01	20.37	22.47	20.81	21.70	19.76	17.64	17.00	16.37	15.95	15.34	16.14
通用设备制造业	16.20	16.60	15.66	15.42	17.00	15.57	16.39	15.67	15.40	14.83	14.51	14.04	13.72	14.50
专用设备制造业	16.76	17.26	16.12	15.40	16.97	15.38	15.99	15.47	15.14	14.56	14.31	13.86	13.64	14.30
交通运输设备制造业	13.36	12.89	12.48	12.55	14.29	13.36	13.54	13.66	13.35	13.18	12.97	12.43	12.04	12.68
电气机械和器材制造业	14.78	15.32	14.81	14.60	16.14	14.90	15.21	15.05	14.74	14.33	14.08	13.53	13.18	13.74
计算机、通信和其他电子设备制造业	12.57	13.09	12.96	13.05	14.71	13.94	14.00	14.55	14.29	13.91	13.74	13.18	12.69	13.29
仪器仪表制造业	20.54	22.28	21.56	20.10	21.63	19.53	21.25	19.10	18.96	17.65	17.11	16.37	16.11	16.76
其他制造业	34.42	39.67	32.38	32.63	43.24	33.39	34.70	29.41	32.38	29.23	27.00	23.36	22.96	23.01

数据来源：根据历年《中国统计年鉴》、《中国工业统计年鉴》及《中国科技统计年鉴》整理。

们利用 WIOD 提供的世界投入产出表来计算中国制造业各行业的国内增值率,从而筛选出低国内增值率的制造业。需要注意的是,这种方法特别适合筛选那些有较高价值的进口零部件或技术,成品售价较高,而国内增加值价格相对较低的具有劳动密集环节的低端制造业(国内劳动力增值相对于进口价值较低,导致国内增值率低),但对于纺织、服装等进口成分价值较低的劳动密集制造业却无法有效筛选出来(进口价值本身就低,导致国内增值率不一定低),因而投入要素法与投入产出法是互为补充的。

本书使用的数据主要来自世界投入产出数据库(World Input – Output Database,WIOD)①,WIOD 提供了 2000~2014 年世界投入产出表,涵盖了 43 个世界主要国家和经济体,并将世界其他国家和地区合并在一起形成一个大经济体 ROW [国家统计局公布的 2017 年中国投入产出表为竞争型投入产出表,不能刻画各行业使用的中间投入中来自进口(或来自国内产品)的比例,所以不能直接用于计算出口中的国内增值率]。WIOD 将国民经济分为 56 个部门,其中包括 26 个商品部门、1 个建筑业和 29 个服务业部门。表 3 – 2 具体列举了这 56 个部门中涉及的制造业部门,并将其与中国 2017 年制造业标准分类方法《国民经济行业分类》进行了对比,可见两种分类存在一些差异,中国分类更细致,但绝大部分是重合的或具有包含关系,这为我们使用 WIOD 数据筛选低国内增值率含义上的低端制造业提供了可能性。

表 3 – 2 　　　　　　　　　WIOD 与中国制造业子行业分类标准对比

序号	行业代码	WIOD 子行业名称	序号	行业代码	中国 2017 年《国民经济行业分类》中的子行业名称
1	C10 ~ C12	食品、饮料、烟草	1	13	农副食品加工业
2	C13 ~ C15	纺织、服装、皮革制品	2	14	食品制造业
3	C16	木制品	3	15	酒、饮料和精制茶制造业
4	C17	造纸与纸制品	4	16	烟草制品业
5	C18	印刷与记录媒介	5	17	纺织业
6	C19	石油加工和炼焦	6	18	纺织服装
7	C20	化学工业与化学制品	7	19	皮革、毛皮、羽毛及其制品和制鞋业
8	C21	医药制造	8	20	木材加工和木、竹、藤、棕、草制品业
9	C22	塑料和橡胶	9	21	家具制造业

---

① 参见 WIOD 官方网站,http://www.wiod.org/database/wiots16。

续表

序号	行业代码	WIOD 子行业名称	序号	行业代码	中国 2017 年《国民经济行业分类》中的子行业名称
10	C23	其他非金属矿物	10	22	造纸和纸制品业
11	C24	基本金属	11	23	印刷和记录媒介复制业
12	C25	金属制品	12	24	文教、工美、体育和娱乐用品制造业
13	C26	计算机和电子产品	13	25	石油加工、炼焦和核燃料加工业
14	C27	电气设备	14	26	化学原料和化学制品制造业
15	C28	通用专用设备制造	15	27	医药制造业
16	C29	汽车制造业	16	28	化学纤维制造业
17	C30	其他交通运输设备制造	17	29	橡胶和塑料制品业
18	C31～C32	家具和其他制造品	18	30	非金属矿物制品业
			19	31	黑色金属冶炼和压延加工业
			20	32	有色金属冶炼和压延加工业
			21	33	金属制品业
			22	34	通用设备制造业
			23	35	专用设备制造业
			24	36、37	交通运输设备制造业*
			25	38	电气机械和器材制造业
			26	39	计算机、通信和其他电子设备制造业
			27	40	仪器仪表制造业
			28	41	其他制造业

注：＊2011 年及之前使用该名称，2012 年及之后将其分为"汽车制造业"与"铁路、船舶、航空航天和其他运输设备制造业"两项分别记录。

方法方面，不妨假设一国共有 n 个行业，定义国内直接消耗系数矩阵为 A^D（维数为 $n \times n$），其元素 a_{ij}^D 表示本国生产单位产品 j 产出所直接消耗的本国 i 行业产品的金额；定义直接增加值系数行向量为 v（n 维），表示单位产品 j 产出所需要直接产生的增加值（包括劳动报酬和资本报酬）。那么单位出口中的国内增加值，即该行业的国内增值率 dva 可定义为：$dva = v(I - A^D)^{-1}$。其中，I 为单位矩阵，dva 为 n 维列向量，其第 j 个元素即为 j 行业单位出口中的国内增加值，它不仅包括生产 j 行业出口品所直接带来的国内增加值，同时包括通过消耗其他国内中间投入所间接产生的国内增加值。针对中国制造业国内增值率的计算结果如

表 3 – 3 所示（为了便于对比，还列出了其他主要发达与发展中国家的数据）。

表 3 – 3 　　　2017 年中国与世界主要国家制造业子行业国内增值率对比

WIOD 子行业名称	中国	美国	澳大利亚	日本	俄罗斯	韩国	巴西	墨西哥	印度
食品、饮料、烟草	0.920	0.875	0.856	0.860	0.789	0.703	0.775	0.820	0.911
纺织、服装、皮革制品	0.890	0.835	0.786	0.817	0.633	0.674	0.741	0.729	0.842
木制品	0.855	0.831	0.849	0.809	0.825	0.675	0.810	0.865	0.884
造纸与纸制品	0.830	0.820	0.781	0.809	0.809	0.677	0.728	0.714	0.708
印刷与记录媒介	0.858	0.874	0.805	0.904	—	0.714	0.784	0.747	0.701
石油加工和炼焦	0.736	0.697	0.595	0.377	0.817	0.179	0.472	0.761	0.305
化学工业与化学制品	0.799	0.840	0.717	0.590	0.749	0.512	0.613	0.699	0.650
医药制造	0.900	0.840	0.776	0.872	0.000	0.659	0.808	0.812	0.671
塑料和橡胶	0.818	0.796	0.705	0.758	0.667	0.620	0.662	0.631	0.654
其他非金属矿物	0.841	0.851	0.796	0.725	0.835	0.603	0.748	0.870	0.670
基本金属	0.772	0.760	0.620	0.503	0.831	0.501	0.712	0.780	0.512
金属制品	0.818	0.821	0.754	0.748	—	0.631	0.758	0.657	0.585
计算机和电子产品	0.697	0.894	0.795	0.764	0.785	0.602	0.533	0.278	0.626
电气设备	0.794	0.812	0.696	0.724	—	0.647	0.684	0.511	0.642
通用专用设备制造	0.817	0.801	0.707	0.787	0.752	0.657	0.701	0.663	0.627
汽车制造业	0.839	0.732	0.605	0.756	0.570	0.672	0.667	0.567	0.616
其他交通运输设备制造	0.812	0.783	0.706	0.755	0.000	0.621	0.611	0.647	0.610
家具和其他制造品	0.879	0.859	0.756	0.803	0.752	0.672	0.748	0.667	0.702

　　从表 3 – 3 可以清晰地看到中国及世界各国制造业各子行业国内增值率的对比。从中国自身的各行业纵向对比来看，WIOD 18 个制造业子行业的国内增值率区别并不算太大，基本在 0.7 ~ 0.9 区间范围内，但明显国内增值率相对较低的则是很多已有文献提及的"计算机和电子产品"子行业（对应中国制造业分类标准为"计算机、通信和其他电子设备制造业"），仅有 0.697，位列 18 个子行业最末一位，是中国典型的低增值率制造业。而从横向比较来看，美国、澳大利亚、俄罗斯、日本这些典型的发达国家"计算机与电子产品"行业国内增值率都较高，分别达到 0.894、0.795、0.764、0.785，均高于中国水平，尤其是美国，该行业国内增值率在美国所有制造业中排第一位，是美国典型的高增值率制造业。但若与韩国（0.602）、巴西（0.533）、墨西哥（0.278）、印度（0.626）四

个发展中国家相比，中国的"计算机和电子产品"国内增值率则显著高于这四个国家，且"计算机和电子产品"在这几个发展中国家内均属于低增值率制造业。这也从一个侧面说明，中国等发展中国家在计算机和电子产品的国际分工中处于价值链底端，而美国、澳大利亚等发达国家则处于高端。

此外，中国"石油加工和炼焦"子行业的国内增值率也相对较低，仅为0.736。但从表 3 - 3 中可见该行业就大多数国家而言均为低增值率行业，因为石油产品进口价值占成品价值较高，导致国内增值率普遍不高，即使是美国、澳大利亚、日本等发达国家，该行业的国内增值率也排在所有制造业末尾。

另外，以"纺织、服装、皮革制品"为代表的要素投入劳动密集制造业（即本书的第一类低端制造业）的国内增值率不但不低，还位居所有制造业子行业第二位，达到 0.890，这是因为这些行业本身基于廉价竞争力，进口部件价值并不高，甚至很少需要进口，国内以劳动力工资为主的增加值相对于进口投入而言并不低。而与其他国家纺织服装皮革制品的国内增值率相比也处于最高地位，反映了我国在劳动密集型制造业方面的国际竞争力。这也与周升起等（2014）、廖涵等（2016）、邓军（2013）、刘似臣和张诗琪（2018）、胡昭玲和张咏华（2015）等学者的结论一致。

综上所述，从国内增加值角度，我们将"计算机、通信和其他电子设备制造业"作为中国近年第二类低端制造业，即"有劳动密集环节的低附加值外向型制造业"的典型代表。加上基于要素投入密度得出的 7 个子行业：（1）皮革、毛皮、羽毛及其制品和制鞋业；（2）家具制造业；（3）其他制造业；（4）纺织服装、服饰业；（5）木材加工和木、竹、藤、棕、草制品业；（6）印刷和记录媒介复制业；（7）文教、工美、体育和娱乐用品制造业，共得到 8 个低端制造业。但依据定义，它们还需满足"出口导向""外向型"的要求。因此后文将测量近年中国制造业各子行业的外向度，并与这些行业取交集，得出最后的低端制造业名单。

（三）出口导向：基于各子行业外向度

如概念界定部分所述，不少文献均认为低端制造业的一个典型特征是强烈的出口导向，大量产品面向国外市场销售。后文将计算各子行业的外向程度。开放型制造业子行业比较容易筛选，我们定义为：某制造业子行业的外向度 = （子行业出口交货值/子行业工业销售产值）×100（分母分子均受物价影响，无须价格调整）。该比值反映了某子行业当年销售产品中销往国外市场的比例。其最大值为 100，数字越大，该子行业产品生产与销售的外向程度越高，也就越开放。数据来源均为国家统计局。2000 ~ 2016 年 28 个子行业的外向度（规模以上企业）变化及比较如表 3 - 4 所示（国家统计局仅公布各制造业行业至 2016 年为止的出口交货值）。

表 3－4　2000～2016 年制造业各子行业外向度

子行业	2004 年	2005 年	2006 年	2007 年	2008 年	2009 年	2010 年	2011 年	2012 年	2013 年	2014 年	2015 年	2016 年
农副食品加工业	12.15	10.39	10.62	8.60	7.25	6.23	5.79	5.20	5.04	5.18	4.59	4.48	4.12
食品制造业	11.74	10.94	10.39	9.44	8.76	7.02	6.74	6.27	6.14	5.78	5.22	5.12	4.73
酒、饮料和精制茶制造业	4.46	4.24	4.31	3.53	3.03	2.33	2.03	1.76	1.84	1.63	1.69	1.41	1.35
烟草制品业	0.98	0.88	0.83	0.65	0.48	0.48	0.47	0.45	0.44	0.41	0.40	0.45	0.47
纺织业	30.03	26.89	24.61	21.74	19.40	16.60	16.52	15.47	11.75	11.07	10.20	9.35	8.74
纺织服装、服饰业	54.99	47.91	44.96	42.65	35.95	30.95	27.89	24.39	25.70	24.39	23.25	21.61	20.06
皮革、毛皮、羽毛及其制品和制鞋业	58.16	50.56	47.79	43.14	37.00	31.22	29.92	27.39	26.65	24.98	24.59	23.42	22.27
木材加工和木、竹、藤、棕、草制品业	23.42	21.64	20.31	16.56	12.79	10.54	8.99	8.08	6.89	6.55	5.73	5.61	5.90
家具制造业	56.78	52.30	47.45	43.56	36.95	29.52	27.95	25.05	23.32	21.95	21.27	20.28	20.24
造纸和纸制品业	7.80	7.64	9.02	8.38	7.01	5.56	6.50	5.19	4.69	4.39	4.30	3.93	3.84
印刷和记录媒介复制业	9.88	11.14	10.37	10.73	9.96	8.91	8.38	7.92	7.30	6.51	6.36	6.01	5.89
文教、工美、体育和娱乐用品制造业	69.65	64.68	62.55	61.14	56.71	49.12	44.19	44.89	33.13	30.84	32.59	28.09	26.03
石油加工、炼焦和核燃料加工业	2.58	2.77	1.89	2.00	1.67	1.66	1.32	0.99	0.97	1.38	1.36	1.45	1.79
化学原料和化学制品制造业	9.92	9.71	9.47	9.32	8.60	6.29	6.62	6.06	5.56	5.26	5.33	5.03	4.99
医药制造业	11.20	10.97	11.31	10.65	9.98	8.28	8.49	7.23	6.88	5.88	5.66	5.21	5.14
化学纤维制造业	4.49	6.28	6.88	8.62	8.52	6.62	6.80	6.73	7.17	6.87	7.08	6.54	7.11

续表

子行业	2004年	2005年	2006年	2007年	2008年	2009年	2010年	2011年	2012年	2013年	2014年	2015年	2016年
橡胶和塑料制品业	26.55	26.01	24.81	23.31	21.28	16.97	16.46	15.36	14.39	13.44	12.81	11.60	11.42
非金属矿物制品业	10.41	10.37	9.87	8.82	7.08	5.15	4.91	4.17	4.03	3.42	3.28	3.04	2.82
黑色金属冶炼和压延加工业	5.68	5.51	7.12	7.44	6.84	2.35	3.34	3.40	3.52	3.20	4.14	3.94	3.84
有色金属冶炼和压延加工业	10.47	8.98	8.93	6.54	5.68	3.69	3.87	3.94	3.01	2.88	2.72	2.36	2.30
金属制品业	30.78	27.12	25.93	24.80	21.10	13.66	14.04	13.18	11.39	10.81	10.48	9.80	9.23
通用设备制造业	16.82	16.63	16.10	15.78	14.38	10.24	9.59	9.58	12.65	11.47	10.97	10.41	10.20
专用设备制造业	12.26	12.74	14.35	13.77	13.51	9.38	9.55	9.16	9.95	9.22	9.21	8.10	8.03
交通运输设备制造业	9.98	11.95	13.58	14.23	15.48	11.70	10.89	10.94	9.64	8.22	7.69	7.28	6.55
电气机械和器材制造业	28.80	27.48	25.97	25.18	23.13	18.64	18.98	18.90	16.84	15.26	14.77	14.26	13.61
计算机、通信和其他电子设备制造业	63.05	61.22	66.76	68.14	67.97	62.33	63.20	59.89	61.10	57.35	54.14	50.23	47.82
仪器仪表制造业	54.89	53.96	50.92	47.11	43.15	34.16	32.67	29.40	15.79	15.37	14.97	15.30	14.39
其他制造业	53.30	48.73	45.77	41.36	39.08	31.67	29.39	26.80	22.44	20.77	19.93	18.77	16.42

数据来源：根据国家统计局数据计算。

很显然，从表 3 - 4 中可以看出，21 世纪以来中国制造业总体而言外向程度出现了先上升后下降的趋势。其转折点大致分布在 2004～2008 年，其中绝大多数子行业外向度的下降拐点在 2004 年左右，少数几个子行业，例如"专用设备制造业""计算机、通信和其他电子设备制造业""交通运输设备制造业"拐点出现相对比较晚，分别出现在 2006 年、2007 年和 2008 年。这个趋势图首先反映了 2000～2003 年加入 WTO 对我国出口的正向促进作用，还反映了 2007 年、2008 年世界金融危机对于我国制造业出口的严重冲击。同时总体上也反映了 2004 年前后我国经济正逐渐主动或被动由外需转向内需驱动的事实。

与劳动密集度类似，尽管 2004 年以来所有制造业子行业的外向度都出现了不同程度的下降，但下列 7 个子行业的外向度长期以来一直处于高位，且相对其他子行业差距较大。这 7 个子行业（由于各年排序不同，这里按照 2016 年劳动密集度由高到低排序）分别是：

（1）计算机、通信和其他电子设备制造业（2016 年 47.82）；

（2）文教、工美、体育和娱乐用品制造业（2016 年 26.03）；

（3）皮革、毛皮、羽毛及其制品和制鞋业（2016 年 22.27）；

（4）家具制造业（2016 年 20.24）；

（5）纺织服装、服饰业（2016 年 20.06）；

（6）其他制造业（2016 年 16.42）；

（7）仪器、仪表制造业（2016 年 14.39）。

以上 7 个子行业我们将其定义为本书考察期内的"外向型制造业"。完整排名参见附表 1。

另外我们可以看到，经济历史上我国一些制造业子行业的外向程度非常高，例如最突出的"文教、工美、体育和娱乐用品制造业"以及"计算机、通信和其他电子设备制造业"，其出口交货值占工业产品销售比重分别在 2004 年和 2007 年达到 69.65%、68.14% 的高位，即意味着其 2/3 以上的产品用于外销。不过随后便出现较大幅度下降，产品销售开始逐步转向国内市场。但"计算机、通信和其他电子设备制造业"2016 年外向程度仍然达到 47.82%。

将这 7 个外向型制造业与前文得到的 6 个劳动密集制造业，或具有劳动密集环节的低增值率制造业相对比并取交集，我们可以得出以下低端制造业子行业名单，它们或是要素投入劳动密集，或是具有劳动密集环节的低国内增值率特点，同时其产品都具有较高的出口导向性：

（1）计算机、通信和其他电子设备制造业；

（2）纺织服装、服饰业；

（3）皮革、毛皮、羽毛及其制品和制鞋业；

（4）文教、工美、体育和娱乐用品制造业；

（5）家具制造业；

（6）其他制造业。

二、间接筛选法：基于各子行业就业人数占比与当地加工贸易比重相关性

用考察当地制造业各子行业就业人数占比与当地加工贸易比重的办法，可以作为判断此子行业是否属于低端制造业的一个重要依据，且与前文"劳动密集或具有劳动密集环节的外向型制造业"的筛选思路是一致的。一方面，加工贸易是较为低端的、附加值和产业拉动能力相对较低的贸易方式，衡量中国各省份贸易方式转型的一个核心指标就是当地加工贸易的比重。加工贸易方式依赖大量廉价劳动力，生产组装的产品也均为制成品，也包含通过进口大量中间品和零部件，并仅在国内进行加工组装成高技术制成品。基于中国的现实，前文提到的第一类要素投入劳动密集的纺织、服装、鞋类产品，以及第二类含劳动密集环节的例如计算机、电子产品等高科技制成品，大多是通过加工贸易方式进行加工出口。因此加工贸易方式对应的就是劳动密集型或含有劳动密集环节的制造业生产方式。另一方面，加工贸易本身就是一种对外贸易方式，由于其投入少、创汇见效快、参与产品销售环节少（无须负责产品设计、原材料制造、运输、品牌营销等环节），也是中国自改革开放以来用以扩大国际贸易、打开国际市场的典型方式，自然具有出口导向的外向型特点。因此，如果我国某制造业子行业就业人数占比与当地加工贸易比重具有较高的正相关性，其就业人数占比随当地加工贸易比重变化而显著同向变化，则可认为该子行业为低端制造业。显然，相对于前文直接考察各子行业要素投入、国内增值率和外向度，这是一种间接筛选的思路。

中国对外贸易方式包括一般贸易、加工贸易、补偿贸易、寄售、代销、租赁贸易等多种类型，近四十年来又以加工贸易和一般贸易为主，二者贸易额之和占对外贸易总额的85%~95%左右。其中，加工贸易指的是，境内出口商通过进口或是利用进口商提供的原料、材料或零件，结合本国的劳动力资源，将其加工装配成工业制成品后再出口至国外，从而获得以外汇体现的附加价值。我国纺织品、小家电、儿童玩具、鞋帽及不少计算机、IT与电子产品等，大多采取加工贸易方式进行贸易。自20世纪80年代至今，加工贸易已经走过了40多年的历史，东部沿海各省基于其聚集的大量廉价劳动力以及沿海的优势地理位置，成为中国

加工贸易发展的桥头堡，带动中国加工贸易比重由20世纪80年代初期的约10%上升至1998年末的53.4%。[①] 然而近年由于加工贸易所依赖的劳动力、资源、能源等廉价成本优势逐渐降低，如同亚洲四小龙经历的一样，中国加工贸易方式也不可避免地迎来了其走向衰弱的转折点。从图3-1中可以看到，全国整体及东部沿海省份加工贸易方式比重，在20世纪末至2005年这一时间段内开始各自进入下降拐点，且加工贸易发展越早越充分的省份（如广东省），其拐点出现得也越早。2018年，全国加工贸易比重已经下降到仅24.7%，回落到了20世纪初的水平。

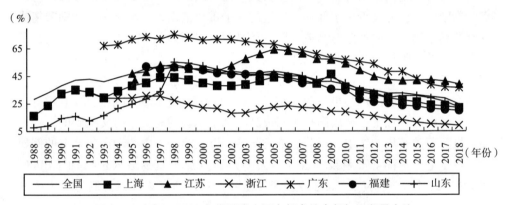

图3-1 1988~2018年全国及主要东部省份内部加工贸易占比

数据来源：根据各省历年统计年鉴及海关数据计算。

正因为加工贸易的以上特点，理论上某地区加工贸易比重与当地的低端制造业就业人数占比应当存在较高的相关性。因此我们利用2006~2018年全国31个省份（但云南、西藏、青海三省部分年份加工贸易数据缺失）制造业各子行业的就业人数数据，考察各地制造业各子行业就业人数占比（占制造业总就业人数比重）与当地加工贸易比重的相关性。理论上可以推断，如果某子行业就业人数占比与当地加工贸易比重呈显著正相关，这个子行业很可能是外向型劳动密集或具有劳动密集环节的低端制造业。2006~2018年内，二者省级面板数据的相关系数如表3-5所示。

---

① 根据历年《中国统计年鉴》公布贸易方式计算。

表 3 - 5 　　　　　2006～2018 年 31 省制造业子行业就业人数
占比与当地加工贸易比重相关系数

子行业名称	2006～2018 年就业人数占比与当地加工贸易比重相关系数
农副食品加工业	− 0. 254
食品制造业	− 0. 313
酒、饮料和精制茶制造业	− 0. 167
烟草制品业	− 0. 205
纺织业	− 0. 022
纺织服装、服饰业	0. 286
皮革、毛皮、羽毛及其制品和制鞋业	0. 176
木材加工和木、竹、藤、棕、草制品业	− 0. 278
家具制造业	0. 150
造纸和纸制品业	− 0. 183
印刷和记录媒介复制业	− 0. 086
文教、工美、体育和娱乐用品制造业	0. 363
石油加工、炼焦和核燃料加工业	− 0. 253
化学原料和化学制品制造业	− 0. 397
医药制造业	− 0. 216
化学纤维制造业	− 0. 147
橡胶和塑料制品业	0. 208
非金属矿物制品业	− 0. 362
黑色金属冶炼和压延加工业	− 0. 254
有色金属冶炼和压延加工业	− 0. 282
金属制品业	0. 338
通用设备制造业	0. 045
专用设备制造业	0. 028
交通运输设备制造业	0. 017
电气机械和器材制造业	0. 357
计算机、通信和其他电子设备制造业	0. 693
仪器仪表制造业	0. 302
其他制造业	0. 192

这样，我们可从表 3-5 中整理出就业人数占比与当地加工贸易比重显著正相关的 10 个子行业，其他子行业为负相关或正相关的系数小于 0.1。将这些子行业按就业人数与加工贸易比重正相关度由高到低排序如下：

(1) 计算机、通信和其他电子设备制造业（正相关度 0.693）*；

(2) 文教、工美、体育和娱乐用品制造业（正相关度 0.363）*；

(3) 电气机械和器材制造业（正相关度 0.357）；

(4) 金属制品业（正相关度 0.338）；

(5) 仪器、仪表制造业（正相关度 0.302）；

(6) 纺织服装、服饰业（正相关度 0.286）*；

(7) 橡胶与塑料制品业（正相关度 0.208）；

(8) 其他制造业（正相关度 0.192）*；

(9) 皮革、毛皮、羽毛及其制品和制鞋业（正相关度 0.176）*；

(10) 家具制造业（正相关度 0.150）*。

对比前文可以看到，以上 10 个是就业人数占比与当地加工贸易比重正相关的子行业，其中完全包含了 6 个用直接筛选法基于劳动密集度、国内增值率与外向度得到的低端制造业（用"*"标注），其余 4 个子行业则是间接法得出的特有的子行业。因此，总体而言，我们可以综合直接筛选法和间接筛选法的结果，将以下 6 个制造业子行业定义为考察期内我国的低端制造业，即（1）皮革、毛皮、羽毛及其制品和制鞋业；（2）纺织服装、服饰业；（3）文教、工美、体育和娱乐用品制造业；（4）家具制造业；（5）计算机、通信和其他电子设备制造业；（6）其他制造业。它们既是基于要素投入劳动密集度、国内增值率、外向度的直接法得出的"外向型劳动密集或具有劳动密集环节的制造业"，同时也与当地加工贸易比重显著正相关。其中，皮革、毛皮、羽毛及其制品和制鞋业，纺织服装、服饰业，文教、工美、体育和娱乐用品制造业，家具制造业，其他制造业属于第一类低端制造业（要素投入劳动密集的外向型制造业），而计算机、通信和其他电子设备制造业则属于第二类低端制造业（有劳动密集环节的低增值率外向型制造业）。这些行业也与大量已有文献，例如韩云和孙林岩（2010）、何国华等（2012）、赵玉敏（2012）、牛建国和张世贤（2019）、周春山等（2014）、马光明和刘春生（2016）、拉惹（Rajah，2009）关于低端制造业的举例大致相符（但这些研究并未依据中国各子行业的详细数据进行计算梳理）。后文将利用中国全国以及省级分行业宏观数据，考察这些子行业 2006~2018 年在全国范围内的发展与跨区转移的趋势。

第二节　中国低端制造业的国内发展与区位转移状况 (2006~2018 年)

我们首先考察2000~2018年中国整体低端制造业就业人数占制造业就业人数比重的变化趋势。应用前文得出的6个低端制造业子行业名单，将这6个子行业城镇年末就业人数加总，并除以各地当年城镇制造业年末就业人数，得到各地当年城镇低端制造业就业人数占比，以此来衡量低端制造业在全国整体范围的发展情况。我们还区分第一类低端制造业（要素投入劳动密集制造业）与第二类低端制造业（有劳动密集环节的低增值率制造业）分别进行了统计。

一、总体发展趋势

首先我们不区分低端制造业类型，用全国的6个低端子行业城镇年末就业人数加总，并除以全国当年城镇制造业年末就业人数，得到全国当年城镇低端制造业就业人数占比。同时我们还给出了全国第一类低端制造业（要素投入劳动密集制造业，即皮革、毛皮、羽毛及其制品和制鞋业，纺织服装、服饰业，文教、工美、体育和娱乐用品制造业，家具制造业以及其他制造业这5个投入要素劳动密集的子行业）和第二类低端制造业（有劳动密集环节的低增值率制造业，即计算机、通信和其他电子设备制造业）就业人数占制造业就业人数及其比重的变化趋势，如图3-2、图3-3所示。

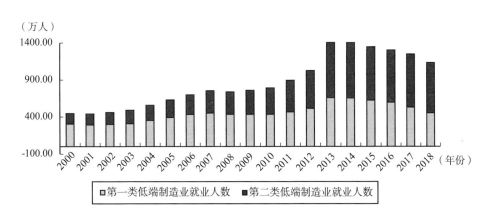

图3-2　2000~2018年全国城镇低端制造业就业人数变化趋势

数据来源：根据各宏观数据库及中国劳动统计年鉴计算整理。

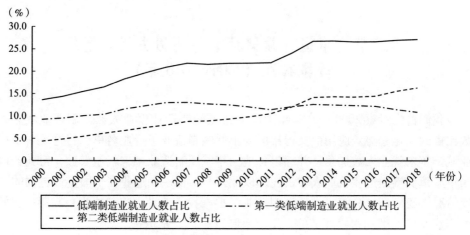

图 3 - 3　2000 ~ 2018 年全国城镇低端制造业就业人数占制造业就业人数比重变化趋势
数据来源：根据各宏观数据库及中国劳动统计年鉴计算整理。

通过图 3 - 2 和图 3 - 3 可以看到一个较为清晰的趋势。进入 21 世纪以来，从绝对人数来看，2000 ~ 2013 年我国城镇整体低端制造业就业人数基本是波动上涨的，由 2000 年的 448 万人增加到 2013 年最高点的 1404 万人，直到 2014 ~ 2018 年，绝对就业人数才出现下降。而从占比来看，2000 ~ 2018 年我国城镇低端制造业就业人数占制造业就业人数比重则一直在波动上升，由 2000 年的13.58% 上升至 2018 年的 27.12%。其中，全国要素投入劳动密集制造业就业人数占比基本变化不大，在 10% ~ 15% 区间之内小幅度波动，而全国以计算机、通信和其他电子设备制造业为代表的、有劳动密集环节的低增值率制造业就业人数占比则明显上升，由 2000 年的 4.36% 上升至 2018 年的 16.29%，并带动整体低端制造业就业人数占比波动上升。

基于此结论，一个随之而来的疑问就是，难道近十几年来即使在大量投入新技术与资本，同时在劳动力等成本上涨的压力下，中国制造业升级转型成效如此微弱，低端制造业比重仍然没有明显下降，甚至还在不断上升吗？答案并非如此，这需要分区域进行考察。事实上中国制造业转型升级存在明显的区域非同步性，在东部沿海区域已经开始了明显下降，而中西部省份近年则开始承接东部的低端制造业，导致中国整体低端制造业就业比重并未明显下降。

二、分区域发展趋势

事实上，中国低端制造业的转型升级早在 21 世纪初便已经开始，只是 2002 年加入 WTO 以来受到关税下降的刺激，低端制成品的销售与生产带动就业规模得到进一步提升。而 2005 年、2006 年入世效应逐渐减弱，国内工资等各类生产成本提高，尤其是在 2007 年、2008 年金融危机以及世界范围内贸易保护的冲击下，低端制造业无可避免地迎来大规模转型升级。但由于国内各地区经济发展的不平衡，不同区域低端制造业升级并非同步，而是呈现典型的区域非对称性。一方面，东部沿海省区制造业企业由于贸易经验多、资本与技术积累相对雄厚，同时东部地区工资、土地等各类成本的增长速度也较中西部地区更快，导致低端制造业企业转型升级压力更大。另一方面，中西部省区，尤其是拥有丰富劳动力，且教育与基础设施较好的人口大省，其劳动力工资、土地等各类生产成本虽然近年也在增长，但由于经济发展水平相对较低，成本增长并不如东部省区增长速度快，加之低端制造业有劳动密集、资本与技术门槛低、容易带动当地就业的特点，这就更吸引当地政府出台优惠的税收等招商引资政策吸引东部的低端制造业企业。在以下背景下，我国低端制造业正在由东部沿海向中西部省区梯度转移，表现为东部省份低端制造业萎缩，而中西部省份低端制造业则出现增长，从而造成全国整体低端制造业就业人数与占比变化不大的表面现象。

表 3-6 至表 3-11 列出了 2006～2018 年我国 31 个省份内部低端制造业（按照前文的筛选方法得到的两类共 6 个子行业加总）就业人数占当地制造业就业人数比重，以及各省份低端制造业就业人数占全国比重的变化趋势。

表 3-6　　　　2006～2018 年东部省份低端制造业就业人数省内占比　　单位：%

年份	辽宁	北京	天津	河北	山东	上海	江苏	浙江	福建	广东	海南
2006	12.92	21.36	29.26	4.67	18.88	24.88	31.41	30.31	49.11	45.12	10.70
2007	12.49	23.03	28.11	4.85	18.65	30.22	32.53	31.25	48.99	45.01	10.61
2008	12.20	21.44	26.64	4.75	18.86	30.30	31.29	28.93	48.94	44.40	5.30
2009	11.80	19.57	27.62	6.60	17.99	30.46	31.55	28.87	49.80	43.86	10.07
2010	10.84	19.10	25.73	8.18	16.98	29.64	31.22	28.03	49.68	43.55	9.11
2011	10.95	20.18	25.07	7.84	16.39	25.04	31.67	24.44	48.15	41.65	7.24
2012	10.68	20.73	25.89	8.34	17.18	30.11	34.39	28.00	49.62	42.85	6.90
2013	10.79	19.80	25.89	9.15	17.01	29.56	36.17	28.01	51.76	46.45	4.46
2014	10.08	19.20	25.67	10.67	17.17	28.51	35.45	25.67	50.97	45.89	8.28
2015	9.87	18.34	23.75	10.43	16.31	27.43	34.85	26.74	48.28	46.25	2.54
2016	10.36	17.48	22.50	10.52	17.77	25.93	34.08	26.66	47.06	45.64	2.18
2017	9.18	17.15	25.63	11.87	16.88	27.52	34.89	25.61	45.42	45.11	1.65
2018	9.90	17.13	18.66	10.23	16.88	27.98	34.27	25.71	45.49	43.79	1.69

数据来源：根据各宏观数据库及中国劳动统计年鉴计算整理。

表3-7 2006~2018年东部省份低端制造业就业人数占全国比重 单位：%

年份	辽宁	北京	天津	河北	山东	上海	江苏	浙江	福建	广东	海南
2006	2.72	3.04	3.28	0.81	9.30	4.18	13.04	10.63	15.27	25.20	0.11
2007	2.41	3.13	2.89	0.78	8.55	5.69	13.37	11.78	14.77	25.21	0.10
2008	2.42	2.79	2.62	0.75	8.67	5.86	13.00	12.48	14.80	24.99	0.05
2009	2.26	2.56	2.65	1.01	7.97	5.63	12.78	12.64	14.82	25.56	0.10
2010	1.98	2.42	2.44	1.23	7.41	5.28	13.20	12.42	15.10	26.15	0.09
2011	2.05	2.43	3.15	1.14	6.80	5.22	12.49	10.27	15.20	24.11	0.07
2012	1.75	2.18	3.03	1.18	6.61	6.41	12.04	10.15	14.12	22.57	0.06
2013	1.38	1.46	2.25	0.98	5.30	4.44	14.31	7.14	9.31	33.74	0.03
2014	1.20	1.37	2.18	1.12	5.21	4.18	15.46	6.41	8.87	33.03	0.06
2015	1.10	1.26	1.95	1.09	5.06	3.93	15.40	6.56	8.44	33.69	0.02
2016	1.05	1.17	1.72	1.10	5.50	3.79	14.85	6.47	8.25	33.64	0.01
2017	0.87	1.13	1.60	0.97	5.18	3.79	15.17	6.46	7.75	33.55	0.01
2018	0.98	1.12	1.14	0.89	5.09	3.99	15.05	6.56	8.58	34.11	0.01

数据来源：根据各宏观数据库及中国劳动统计年鉴计算整理。

表3-8 2006~2018年中部省份低端制造业就业人数省内占比 单位：%

年份	吉林	黑龙江	湖北	湖南	山西	河南	江西	安徽
2006	3.99	5.43	9.42	5.83	3.58	5.34	17.98	6.70
2007	4.06	5.59	10.28	6.75	2.80	5.30	18.54	7.21
2008	3.95	5.03	11.19	7.46	2.93	5.75	18.85	6.88
2009	4.62	4.91	11.05	7.96	3.11	6.32	18.36	7.90
2010	2.90	4.05	10.98	9.54	2.88	6.63	18.91	8.54
2011	3.24	3.59	11.83	12.90	2.71	14.38	21.24	9.83
2012	2.84	3.31	14.25	15.92	12.82	22.69	24.28	11.06
2013	2.59	4.24	11.56	18.35	14.62	21.17	26.87	14.31
2014	3.02	3.93	11.84	18.61	16.41	23.79	29.21	17.12
2015	2.62	4.36	12.41	17.96	15.42	23.16	30.25	17.25
2016	3.44	4.72	12.69	19.44	18.63	22.44	30.81	17.43
2017	4.02	3.79	12.09	21.89	21.85	23.23	30.37	18.67
2018	4.30	4.19	12.79	23.92	18.43	22.33	31.82	21.36

数据来源：根据各宏观数据库及中国劳动统计年鉴计算整理。

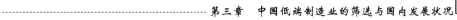

表 3 – 9　　　　2006~2018 年中部省份低端制造业就业人数占全国比重　　　单位：%

年份	吉林	黑龙江	湖北	湖南	山西	河南	江西	安徽
2006	0.34	0.77	2.05	0.68	0.37	1.21	1.75	0.66
2007	0.31	0.73	1.57	0.78	0.28	1.10	1.73	0.67
2008	0.30	0.57	1.70	0.92	0.28	1.19	1.79	0.63
2009	0.36	0.51	1.72	1.03	0.29	1.28	1.64	0.73
2010	0.22	0.34	1.92	1.28	0.26	1.33	1.71	0.82
2011	0.23	0.26	2.22	1.86	0.21	3.11	2.08	0.94
2012	0.18	0.20	2.23	1.99	0.88	4.82	2.41	0.98
2013	0.16	0.20	1.57	1.75	0.76	4.71	2.41	1.23
2014	0.19	0.17	1.63	1.73	0.81	5.71	2.78	1.49
2015	0.16	0.19	1.74	1.62	0.75	6.07	3.10	1.55
2016	0.22	0.19	1.81	1.63	0.91	6.26	3.35	1.64
2017	0.23	0.14	1.63	1.91	1.12	6.57	3.18	1.79
2018	0.22	0.14	1.58	2.01	0.98	4.60	2.99	2.63

数据来源：根据各宏观数据库及中国劳动统计年鉴计算整理。

表 3 – 10　　　　2006~2018 年西部省份低端制造业就业人数省内占比　　　单位：%

年份	内蒙古	广西	重庆	四川	贵州	云南	西藏	陕西	甘肃	青海	宁夏	新疆
2006	3.75	3.91	2.80	9.78	4.98	2.16	10.12	11.30	3.71	1.87	1.96	3.23
2007	3.14	4.03	2.96	10.21	5.74	1.46	10.86	9.03	3.65	2.86	2.10	2.95
2008	3.29	4.66	2.90	10.93	5.95	1.73	11.32	6.67	3.89	1.94	2.18	3.34
2009	3.20	6.16	3.63	11.53	5.14	1.46	9.76	6.32	4.07	5.10	2.94	2.37
2010	3.17	8.39	4.31	12.10	4.78	1.45	10.33	6.54	4.41	3.61	2.30	2.57
2011	3.18	8.05	14.91	17.64	4.30	1.36	10.58	6.85	4.17	4.53	2.79	3.12
2012	3.02	9.59	17.13	18.97	4.96	2.88	11.75	7.69	3.96	2.97	2.05	3.22
2013	3.61	15.32	20.57	25.33	3.00	3.03	8.15	5.56	4.75	5.28	1.60	1.10
2014	4.65	16.59	20.51	20.27	5.44	3.55	7.75	6.38	4.35	5.15	1.17	0.88
2015	3.22	16.25	21.01	23.25	6.48	3.42	8.30	6.39	4.49	5.22	1.26	2.59
2016	3.30	16.16	21.90	22.30	8.02	4.40	7.60	7.59	4.69	5.21	1.08	4.71
2017	3.47	17.48	23.01	23.94	12.24	4.43	4.69	7.75	4.79	5.28	2.07	4.75
2018	7.37	17.53	24.63	26.19	9.60	6.74	4.47	7.79	4.88	4.14	7.62	3.68

数据来源：根据各宏观数据库及中国劳动统计年鉴计算整理。

表 3 –11　　　　　2006 ～ 2018 年西部省份低端制造业就业人数占全国比重　　　　单位：%

年份	内蒙古	广西	重庆	四川	贵州	云南	西藏	陕西	甘肃	青海	宁夏	新疆
2006	0.23	0.32	0.21	1.66	0.29	0.14	0.01	1.36	0.23	0.02	0.03	0.11
2007	0.17	0.31	0.22	1.63	0.32	0.11	0.01	1.02	0.19	0.03	0.03	0.10
2008	0.18	0.37	0.22	1.83	0.30	0.13	0.01	0.77	0.19	0.02	0.03	0.11
2009	0.16	0.48	0.27	1.87	0.25	0.12	0.01	0.68	0.21	0.06	0.04	0.08
2010	0.15	0.66	0.34	1.89	0.20	0.11	0.01	0.67	0.20	0.05	0.04	0.08
2011	0.14	0.61	1.32	2.79	0.19	0.10	0.01	0.65	0.16	0.06	0.03	0.10
2012	0.13	0.67	1.37	2.67	0.23	0.20	0.01	0.65	0.13	0.02	0.03	0.10
2013	0.12	0.88	1.27	3.69	0.16	0.16	0.01	0.43	0.13	0.01	0.01	0.03
2014	0.15	0.92	1.30	2.53	0.17	0.18	0.01	0.48	0.12	0.01	0.01	0.02
2015	0.11	0.92	1.41	2.76	0.20	0.17	0.01	0.50	0.12	0.01	0.01	0.04
2016	0.11	0.90	1.50	2.54	0.25	0.22	0.01	0.59	0.12	0.01	0.01	0.13
2017	0.10	0.94	1.54	2.82	0.38	0.23	0.00	0.62	0.12	0.01	0.02	0.14
2018	0.21	0.82	1.74	2.94	0.27	0.37	0.00	0.63	0.13	0.03	0.07	0.11

数据来源：根据各宏观数据库及中国劳动统计年鉴计算整理。

从表 3 – 6 至表 3 – 11 可以大致看到近十几年中国低端制造业的发展与转移情况。

（一）东部 11 省份

横向对比：除了河北省与海南省以外，东部各省份的内部低端制造业就业占比都比较高，其中尤以福建、广东、江苏、上海、浙江为最，考察期内福建省低端制造业就业占比在 45% ～ 50% 之间，而广东省在 42% ～ 47% 之间，江苏省在 31% ～ 37% 之间，上海市与浙江省均在 25% ～ 30% 之间。而广东、江苏、福建、浙江、山东是东部也是全国范围内低端制造业就业人数占全国比重最高的 5 个省份，2018 年这 5 个省份低端制造业占全国比重共达到了 73.4%。而海南和河北占比则最低。

纵向趋势：从东部各省份的内部低端制造业就业人数占比来看，大多省份低端制造业就业比重出现下降，例如辽宁、北京、天津、山东、浙江、福建。上海、江苏与广东在上下波动，河北则出现了上升趋势。而从低端制造业就业人数占全国比重来看，多数东部省份呈现稳步下降的趋势，包括辽宁、北京、天津、山东、上海、浙江、福建和海南。广东和江苏低端制造业占全国比重则呈现波动中缓慢上升的趋势。

（二）中部8省份

横向对比：中部8省份内部低端制造业就业人数占比与低端制造业就业人数占全国比重相对东部而言均较低，但在考察期内增长明显，一些重点省份已经接近东部省份的水平。从内部低端制造业就业人数占当地制造业就业人数比重来看，江西省内部低端制造业就业占比相对较高，2018年达到了31.8%，其次是湖南、河南与安徽，2018年分别达到了23.9%、22.3%、21.4%。其余省份则都在20%以下。从低端制造业就业人数占全国比重来看，仍然是河南、江西、安徽与湖南4省份表现最为突出，2018年分别达到4.6%、3.0%、2.6%、2.0%，其余省份均在2.0%以下，与东部省份差距较大。

纵向趋势：中部8省份内部低端制造业就业人数占比与低端制造业就业人数占全国比重总体处于非常显著的上升趋势。从内部低端制造业就业人数占当地制造业就业人数比重来看，江西、湖南、河南、安徽、山西、湖北6省份均出现稳定上升趋势，内部低端制造业就业人数占比分别由2006年的18.0%、5.8%、5.3%、6.7%、3.6%、9.4%上升至2018年的31.8%、23.9%、22.3%、21.4%、18.4%、12.8%。而吉林、黑龙江则基本变化不大，在低位徘徊。从低端制造业就业人数占全国比重来看，也是河南、湖南、安徽、江西、山西这5省份呈现上升趋势，占全国比重分别由2006年的1.2%、0.7%、0.7%、1.8%、0.4%稳步上升到2018年的4.6%、2.0%、2.6%、3.0%、1.0%。湖北省比重变化不大，黑龙江与吉林甚至出现下降。

（三）西部12省份

横向对比：除几个省份外，中部8省份内部低端制造业就业人数占比与低端制造业就业人数占全国比重相对东部甚至中部省份而言均处于最低水平。在内部低端制造业就业人数占当地制造业就业人数比重方面，四川、重庆、广西三省份占比相对较大，2018年已经分别达到26.2%、24.6%、17.5%，已赶上中部甚至东部部分省份水平。其余省份比重均低于10%。从低端制造业就业人数占全国比重来看，也是四川、重庆、广西三省份相对较大，2018年分别达到2.9%、1.7%、0.8%，但与东部和中部省份对比则仍然较小，其余省份占比则非常小，从全国来看几乎可以忽略。

纵向趋势：西部大部分省份内部低端制造业就业人数占比与低端制造业就业人数占全国比重处于低水平波动状态，但个别省份出现了较为明显的增长。在内部低端制造业就业人数占比方面，四川、重庆、广西三省份增长趋势突出，分别由 2006 年的 9.8%、2.8%、3.9% 波动上升至 2018 年的 26.2%、24.6%、17.5%。甚至内蒙古、贵州与云南也出现了上升势头。陕西和西藏则出现显著下降，其余省份变化不明显。从低端制造业就业人数占全国比重来看，仍然是四川、重庆、广西三省份增长较突出，分别由 2006 年的 1.6%、0.2%、0.3% 波动上升至 2018 年的 2.9%、1.7%、0.8%，虽然占全国比重仍较小，但上升势头明显。

总体而言，低端制造业在中国的转移方向是从东部省份（主要是辽宁、北京、天津、山东、浙江、福建、上海）向中西部省份（主要是中部的河南、湖南、安徽、江西、山西，以及西部的四川、重庆、广西）转移，而中部省份相对西部省份低端制造业增长更快。这与薛漫天（2016）、关爱萍和曹亚南（2016）、段小薇等（2017）的观察与归纳非常一致。我们将这 6 个东部省份与 8 个中西部省份低端制造业就业人数占全国比重单独列出来对比，并将中东西部数据分别加总，更能明显看出变化趋势，如表 3 – 12、图 3 – 4 所示。

表 3 – 12　　2006～2018 年重点省份城镇低端制造业就业人数占全国比重对比　　单位：%

年份	中西部省份								东部省份						
	湖南	山西	河南	江西	安徽	广西	重庆	四川	浙江	福建	上海	山东	北京	天津	辽宁
2006	0.68	0.37	1.21	1.75	0.66	0.32	0.21	1.66	10.63	15.27	4.18	9.30	3.04	3.28	2.72
2007	0.78	0.28	1.10	1.73	0.67	0.31	0.22	1.63	11.78	14.77	5.69	8.55	3.13	2.89	2.41
2008	0.92	0.28	1.19	1.79	0.63	0.37	0.22	1.83	12.48	14.80	5.86	8.67	2.79	2.62	2.42
2009	1.03	0.29	1.28	1.64	0.73	0.48	0.27	1.87	12.64	14.82	5.63	7.97	2.56	2.65	2.26
2010	1.28	0.26	1.33	1.71	0.82	0.66	0.34	1.89	12.42	15.10	5.28	7.41	2.42	2.44	1.98
2011	1.86	0.21	3.11	2.08	0.94	0.61	1.32	2.79	10.27	15.20	5.22	6.80	2.43	3.15	2.05
2012	1.99	0.88	4.82	2.41	0.98	0.67	1.37	2.67	10.15	14.12	6.41	6.61	2.18	3.03	1.75
2013	1.75	0.76	4.71	2.41	1.23	0.88	1.27	3.69	7.14	9.31	4.44	5.30	1.46	2.25	1.38
2014	1.73	0.81	5.71	2.78	1.49	0.92	1.30	2.53	6.41	8.87	4.18	5.21	1.37	2.18	1.20
2015	1.62	0.75	6.07	3.10	1.55	0.92	1.41	2.76	6.56	8.44	3.93	5.06	1.26	1.95	1.10
2016	1.63	0.91	6.26	3.35	1.64	0.90	1.50	2.54	6.47	8.25	3.79	5.50	1.17	1.72	1.05
2017	1.91	1.12	6.57	3.18	1.79	0.94	1.54	2.82	6.46	7.75	3.79	5.18	1.13	1.60	0.87
2018	2.01	0.98	4.60	2.99	2.63	0.82	1.74	2.94	6.56	8.58	3.99	5.09	1.12	1.14	0.98

数据来源：根据各宏观数据库及中国劳动统计年鉴计算整理。

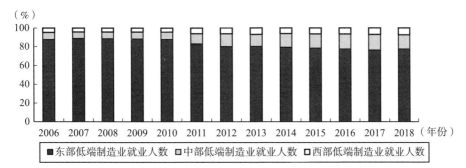

图3-4 2006～2018年东中西部城镇低端制造业就业人数百分比堆积图

数据来源：根据各宏观数据库及中国劳动统计年鉴计算整理。

从表3-12、图3-4可知，2006～2018年东部省份低端制造业就业人数占全国比重已经出现明显下降，而中西部省份，尤其是中部省份低端制造业就业规模正在稳步上升。换句话说，低端制造业在全国生产的重心已经开始向中西部转移。但从比重来看，中部省份要追上东部还需一定时间才能完成。

三、分类别变化趋势

前文的统计并不考虑低端制造业的分类，而由于本书统计的两类低端制造业，即要素投入劳动密集制造业、有劳动密集环节的低增值率制造业，在生产经营方面各有其特点。例如以"计算机、通信和其他电子设备制造业"为代表的第二类低端制造业虽然仍属于低端制造业，但其对员工素质、资本与技术投入的要求明显高于第一类劳动密集制造业，两者在全国范围内的发展与区位转移状况也存在差异，需要分两类低端制造业分别考察。

（一）第一类低端制造业（要素投入劳动密集的外向型制造业）

2006～2018年我国31省份内部第一类低端制造业就业人数占当地制造业就业人数比重，及其占全国第一类低端制造业就业人数比重变化趋势如表3-13至表3-18所示。

表3-13　　2006～2018年东部省份第一类低端制造业就业人数省内占比　　单位：%

年份	辽宁	北京	天津	河北	山东	上海	江苏	浙江	福建	广东	海南
2006	8.24	10.39	11.14	3.60	14.50	10.94	13.89	23.36	41.63	23.14	9.33
2007	7.81	9.90	9.64	3.64	13.66	12.08	13.39	23.92	41.65	22.61	9.08

续表

年份	辽宁	北京	天津	河北	山东	上海	江苏	浙江	福建	广东	海南
2008	7.32	9.57	8.93	3.54	13.26	11.52	12.12	22.83	42.21	21.14	2.61
2009	6.92	9.17	11.32	3.22	11.95	11.41	11.53	22.34	42.44	19.92	7.22
2010	6.87	8.48	7.54	3.11	11.11	10.61	11.15	21.02	40.68	19.09	6.34
2011	6.43	7.35	9.76	3.68	9.60	8.38	10.53	17.69	39.72	18.01	4.91
2012	6.55	7.68	9.58	4.35	10.19	9.44	10.94	20.93	40.59	18.43	3.75
2013	6.84	7.19	10.11	5.06	10.19	9.03	9.44	20.22	41.96	20.32	1.54
2014	6.19	6.41	10.35	5.28	9.95	8.22	10.04	17.92	40.83	18.86	6.49
2015	5.87	6.50	9.76	5.60	9.65	8.30	10.03	18.89	38.52	19.13	1.00
2016	5.99	6.12	11.19	5.53	10.35	8.22	9.97	18.35	37.36	17.94	0.88
2017	5.55	5.39	11.86	4.27	9.72	7.77	8.72	16.86	34.99	16.97	0.77
2018	5.54	5.58	4.75	4.62	9.30	7.38	8.14	15.69	35.23	15.96	0.73

数据来源：根据各宏观数据库及中国劳动统计年鉴计算整理。

表 3 - 14　　　　2006 ~ 2018 年东部省份第一类低端制造业就业人数占全国比重　　　单位：%

年份	辽宁	北京	天津	河北	山东	上海	江苏	浙江	福建	广东	海南
2006	2.79	2.38	2.01	1.01	11.53	2.97	9.31	13.21	20.87	20.84	0.15
2007	2.52	2.25	1.66	0.99	10.49	3.81	9.22	15.11	21.03	21.21	0.15
2008	2.47	2.12	1.49	0.95	10.37	3.78	8.56	16.75	21.70	20.23	0.04
2009	2.32	2.09	1.89	0.86	9.25	3.68	8.16	17.07	22.04	20.26	0.12
2010	2.28	1.96	1.30	0.86	8.83	3.44	8.58	16.97	22.52	20.88	0.12
2011	2.31	1.70	2.36	1.03	7.66	3.36	7.98	14.28	24.09	20.03	0.09
2012	2.14	1.61	2.24	1.23	7.83	4.01	7.65	15.16	23.08	19.38	0.07
2013	1.86	1.13	1.87	1.15	6.74	2.89	7.93	10.95	16.03	31.36	0.02
2014	1.58	0.98	1.88	1.19	6.48	2.59	9.41	9.61	15.33	29.30	0.10
2015	1.41	0.96	1.73	1.26	6.44	2.56	9.55	9.99	14.51	30.02	0.01
2016	1.32	0.89	1.87	1.27	7.01	2.50	9.50	9.73	14.32	28.91	0.01
2017	1.24	0.84	1.75	0.83	7.03	2.53	8.95	10.03	14.08	29.78	0.01
2018	1.37	0.92	0.73	1.01	7.03	2.64	8.96	10.04	16.64	31.16	0.01

数据来源：根据各宏观数据库及中国劳动统计年鉴计算整理。

表 3 - 15　　2006~2018 年中部省份第一类低端制造业就业人数省内占比　　单位：%

年份	吉林	黑龙江	湖北	湖南	山西	河南	江西	安徽
2006	2.97	4.51	7.11	3.74	2.13	3.83	15.44	4.60
2007	3.07	4.44	6.07	4.44	1.89	3.90	15.41	4.85
2008	2.94	3.72	6.36	4.32	2.03	4.55	14.35	4.39
2009	3.95	3.66	5.82	4.60	2.00	5.06	14.81	5.14
2010	2.36	2.84	6.04	4.70	1.90	5.35	14.62	5.06
2011	2.40	2.59	7.01	6.07	1.82	5.68	15.32	5.77
2012	2.12	2.72	7.29	7.28	1.31	6.92	17.52	6.09
2013	1.71	3.49	6.99	7.57	1.44	9.11	19.21	8.40
2014	2.16	3.00	7.02	8.03	1.60	11.42	21.01	9.17
2015	1.67	3.46	7.16	8.17	1.21	10.97	21.43	9.39
2016	2.42	4.00	7.01	8.05	1.77	11.00	21.22	9.20
2017	2.81	3.02	7.20	7.71	1.71	10.28	19.19	9.10
2018	2.96	3.20	5.72	8.38	1.13	7.73	16.22	11.11

数据来源：根据各宏观数据库及中国劳动统计年鉴计算整理。

表 3 - 16　　2006~2018 年中部省份第一类低端制造业就业人数占全国比重　　单位：%

年份	吉林	黑龙江	湖北	湖南	山西	河南	江西	安徽
2006	0.41	1.03	2.49	0.70	0.36	1.40	2.42	0.73
2007	0.39	0.97	1.55	0.86	0.32	1.36	2.40	0.76
2008	0.38	0.72	1.64	0.90	0.33	1.61	2.31	0.68
2009	0.53	0.66	1.58	1.04	0.32	1.80	2.31	0.83
2010	0.33	0.43	1.92	1.15	0.31	1.95	2.40	0.88
2011	0.33	0.36	2.53	1.68	0.27	2.36	2.88	1.06
2012	0.27	0.33	2.28	1.81	0.16	2.94	3.47	1.08
2013	0.23	0.34	2.02	1.54	0.16	4.31	3.66	1.53
2014	0.29	0.28	2.08	1.61	0.17	5.89	4.29	1.72
2015	0.22	0.32	2.17	1.59	0.13	6.19	4.74	1.82
2016	0.33	0.35	2.19	1.48	0.19	6.71	5.05	1.89
2017	0.38	0.26	2.29	1.59	0.21	6.85	4.75	2.06
2018	0.37	0.27	1.77	1.77	0.15	3.99	3.82	3.43

数据来源：根据各宏观数据库及中国劳动统计年鉴计算整理。

表 3-17 　　　　2006～2018 年西部省份低端制造业就业人数省内占比 　　　　单位：%

年份	内蒙古	广西	重庆	四川	贵州	云南	西藏	陕西	甘肃	青海	宁夏	新疆
2006	2.44	3.31	1.59	3.09	2.92	1.86	10.12	4.31	1.56	1.80	1.95	2.23
2007	2.34	3.11	1.72	3.09	3.71	1.23	10.86	2.41	1.33	2.86	2.10	1.97
2008	2.57	2.80	1.57	3.22	3.65	1.36	11.32	1.91	1.33	1.94	2.18	2.08
2009	2.52	2.61	1.65	3.68	2.37	1.11	9.76	1.01	1.50	5.05	2.94	1.11
2010	2.44	2.48	2.48	3.92	2.10	1.07	10.33	1.02	1.31	3.53	2.30	1.10
2011	2.44	2.19	5.58	4.28	1.60	1.07	10.58	1.05	1.21	4.46	2.79	1.63
2012	2.47	2.23	4.62	3.66	1.87	2.12	11.75	1.14	1.10	2.74	2.05	1.80
2013	2.92	7.54	3.91	5.29	2.30	2.26	8.15	1.61	2.54	5.04	1.60	1.09
2014	4.23	7.69	3.72	4.96	4.53	2.71	7.75	1.94	1.50	5.07	1.17	0.87
2015	2.68	7.64	4.05	5.72	3.89	2.59	8.30	1.84	1.38	5.15	1.26	2.55
2016	2.89	6.98	3.60	6.08	3.55	3.16	7.60	1.89	1.42	5.16	1.08	4.19
2017	2.17	6.89	3.02	5.74	3.55	2.94	4.69	1.88	1.07	5.23	2.07	4.17
2018	3.43	5.55	2.82	4.84	2.02	2.74	4.47	1.30	0.95	2.23	2.98	2.84

数据来源：根据各宏观数据库及中国劳动统计年鉴计算整理。

表 3-18 　　　　2006～2018 年西部省份低端制造业就业人数占全国比重 　　　　单位：%

年份	内蒙古	广西	重庆	四川	贵州	云南	西藏	陕西	甘肃	青海	宁夏	新疆
2006	0.24	0.43	0.19	0.85	0.28	0.20	0.02	0.84	0.16	0.03	0.05	0.12
2007	0.22	0.40	0.21	0.82	0.35	0.15	0.02	0.46	0.12	0.05	0.05	0.11
2008	0.23	0.38	0.20	0.92	0.32	0.18	0.02	0.37	0.11	0.04	0.05	0.12
2009	0.22	0.35	0.22	1.04	0.20	0.16	0.02	0.19	0.13	0.10	0.07	0.06
2010	0.21	0.36	0.35	1.12	0.18	0.14	0.02	0.19	0.11	0.08	0.06	0.07
2011	0.21	0.32	0.95	1.30	0.14	0.15	0.02	0.19	0.09	0.12	0.06	0.11
2012	0.21	0.31	0.74	1.03	0.17	0.29	0.02	0.19	0.07	0.06	0.04	0.11
2013	0.21	0.92	0.51	1.64	0.16	0.20	0.01	0.26	0.15	0.09	0.03	0.06
2014	0.30	0.92	0.51	1.33	0.31	0.30	0.01	0.32	0.09	0.09	0.02	0.05
2015	0.20	0.93	0.58	1.46	0.26	0.28	0.01	0.31	0.08	0.09	0.03	0.14
2016	0.21	0.85	0.54	1.51	0.24	0.35	0.01	0.32	0.08	0.09	0.02	0.25
2017	0.15	0.87	0.48	1.60	0.26	0.36	0.01	0.36	0.06	0.10	0.05	0.28
2018	0.25	0.65	0.50	1.36	0.14	0.38	0.01	0.26	0.06	0.04	0.07	0.20

数据来源：根据各宏观数据库及中国劳动统计年鉴计算整理。

（二）第二类低端制造业（有劳动密集环节的低增值率外向型制造业）

2006～2018 年我国 31 省份内部第二类低端制造业就业人数占当地制造业就业人数比重，及其占全国比重变化趋势如表 3-19 至表 3-24 所示。

表 3-19　　　　2006～2018 年东部省份第二类低端制造业就业人数省内占比　　单位：%

年份	辽宁	北京	天津	河北	山东	上海	江苏	浙江	福建	广东	海南
2006	4.69	10.97	18.12	1.06	4.37	13.93	17.51	6.95	7.48	21.98	1.36
2007	4.68	13.12	18.46	1.21	4.99	18.14	19.14	7.33	7.35	22.40	1.54
2008	4.87	11.87	17.71	1.21	5.60	18.78	19.17	6.10	6.73	23.26	2.69
2009	4.88	10.40	16.30	3.38	6.04	19.06	20.01	6.54	7.36	23.95	2.85
2010	3.97	10.62	18.20	5.06	5.87	19.03	20.08	7.01	9.00	24.46	2.78
2011	4.53	12.83	15.31	4.16	6.79	16.65	21.14	6.75	8.42	23.64	2.33
2012	4.13	13.05	16.31	3.99	6.98	20.67	23.46	7.07	9.02	24.42	3.15
2013	3.95	12.60	15.77	4.09	6.83	20.42	26.74	7.79	9.81	26.13	2.92
2014	3.89	12.79	15.33	5.39	7.22	20.29	25.41	7.76	9.95	26.83	1.79
2015	4.00	11.84	13.98	4.83	6.66	19.13	24.82	7.85	9.76	27.12	1.54
2016	4.37	11.36	11.33	4.98	7.42	19.01	24.12	8.31	9.70	27.70	1.30
2017	3.63	11.76	13.77	7.60	7.16	19.74	26.17	8.75	10.44	28.14	0.88
2018	4.36	11.54	13.91	5.61	7.59	20.61	26.13	10.02	10.27	27.83	0.96

数据来源：根据各宏观数据库及中国劳动统计年鉴计算整理。

表 3-20　　　　2006～2018 年东部省份第二类低端制造业就业人数占全国比重　　单位：%

年份	辽宁	北京	天津	河北	山东	上海	江苏	浙江	福建	广东	海南
2006	2.59	4.11	5.34	0.48	5.67	6.16	19.14	6.41	6.12	32.30	0.04
2007	2.24	4.42	4.71	0.49	5.68	8.47	19.51	6.86	5.50	31.14	0.04
2008	2.35	3.75	4.23	0.46	6.25	8.82	19.33	6.39	4.94	31.80	0.06
2009	2.19	3.18	3.65	1.22	6.26	8.25	18.97	6.70	5.13	32.67	0.07
2010	1.61	2.98	3.83	1.69	5.68	7.51	18.82	6.89	6.06	32.57	0.06

续表

年份	辽宁	北京	天津	河北	山东	上海	江苏	浙江	福建	广东	海南
2011	1.76	3.22	4.01	1.26	5.88	7.24	17.39	5.92	5.54	28.53	0.05
2012	1.35	2.75	3.83	1.13	5.38	8.82	16.45	5.14	5.15	25.76	0.06
2013	0.95	1.75	2.60	0.83	4.01	5.82	19.98	3.75	3.33	35.86	0.04
2014	0.87	1.71	2.43	1.06	4.09	5.57	20.72	3.62	3.25	36.28	0.02
2015	0.83	1.51	2.15	0.94	3.86	5.12	20.47	3.59	3.18	36.86	0.02
2016	0.81	1.40	1.60	0.96	4.24	4.87	19.37	3.72	3.13	37.63	0.01
2017	0.59	1.35	1.50	1.08	3.81	4.72	19.75	3.83	3.09	36.33	0.01
2018	0.72	1.26	1.41	0.81	3.81	4.90	19.10	4.26	3.22	36.07	0.01

数据来源：根据各宏观数据库及中国劳动统计年鉴计算整理。

表3-21　　　2006~2018年中部省份第二类低端制造业就业人数省内占比　　单位：%

年份	吉林	黑龙江	湖北	湖南	山西	河南	江西	安徽
2006	1.02	0.92	2.31	2.09	1.45	1.51	2.54	2.10
2007	0.99	1.15	4.21	2.32	0.91	1.40	3.14	2.36
2008	1.01	1.31	4.83	3.14	0.90	1.20	4.50	2.49
2009	0.67	1.26	5.23	3.36	1.11	1.26	3.55	2.76
2010	0.54	1.21	4.95	4.84	0.98	1.28	4.29	3.47
2011	0.84	1.00	4.83	6.84	0.89	8.70	5.91	4.06
2012	0.72	0.59	6.96	8.64	11.51	15.77	6.77	4.97
2013	0.87	0.75	4.57	10.78	13.18	12.06	7.66	5.92
2014	0.86	0.93	4.82	10.57	14.81	12.36	8.20	7.95
2015	0.96	0.90	5.25	9.79	14.22	12.19	8.82	7.86
2016	1.02	0.72	5.68	11.39	16.85	11.45	9.59	8.23
2017	1.21	0.77	4.89	14.18	20.15	12.95	11.18	9.57
2018	1.35	0.99	7.07	15.53	17.29	14.60	15.60	10.24

数据来源：根据各宏观数据库及中国劳动统计年鉴计算整理。

表 3 – 22　　　2006～2018 年中部省份第二类低端制造业就业人数占全国比重　　　单位：%

年份	吉林	黑龙江	湖北	湖南	山西	河南	江西	安徽
2006	0.23	0.35	1.32	0.64	0.40	0.90	0.65	0.54
2007	0.19	0.37	1.60	0.66	0.23	0.72	0.72	0.54
2008	0.19	0.36	1.78	0.94	0.21	0.61	1.04	0.55
2009	0.12	0.30	1.91	1.02	0.24	0.60	0.74	0.60
2010	0.09	0.23	1.91	1.44	0.20	0.57	0.86	0.74
2011	0.13	0.15	1.89	2.05	0.15	3.92	1.21	0.81
2012	0.09	0.07	2.18	2.16	1.58	6.71	1.35	0.88
2013	0.10	0.07	1.17	1.95	1.30	5.07	1.30	0.96
2014	0.10	0.08	1.24	1.84	1.36	5.55	1.46	1.30
2015	0.11	0.07	1.38	1.65	1.29	5.96	1.69	1.32
2016	0.12	0.05	1.50	1.76	1.52	5.89	1.92	1.43
2017	0.12	0.05	1.14	2.15	1.79	6.36	2.03	1.59
2018	0.11	0.06	1.45	2.17	1.53	5.00	2.44	2.10

数据来源：根据各宏观数据库及中国劳动统计年鉴计算整理。

表 3 – 23　　　2006～2018 年西部省份第二类低端制造业就业人数省内占比　　　单位：%

年份	内蒙古	广西	重庆	四川	贵州	云南	西藏	陕西	甘肃	青海	宁夏	新疆
2006	1.31	0.61	1.21	6.69	2.05	0.30	0.00	6.99	2.15	0.07	0.01	1.00
2007	0.80	0.92	1.24	7.12	2.02	0.23	0.00	6.62	2.31	0.00	0.01	0.98
2008	0.72	1.86	1.33	7.71	2.29	0.37	0.00	4.76	2.56	0.00	0.00	1.26
2009	0.68	3.56	1.98	7.85	2.76	0.34	0.00	5.31	2.57	0.06	0.00	1.25
2010	0.73	5.91	1.83	8.18	2.68	0.38	0.00	5.52	3.11	0.08	0.00	1.47
2011	0.74	5.86	9.33	13.36	2.70	0.29	0.00	5.80	2.96	0.07	0.00	1.48
2012	0.55	7.35	12.51	15.31	3.10	0.76	0.00	6.55	2.86	0.23	0.00	1.42
2013	0.70	7.78	16.66	20.04	0.71	0.77	0.00	3.95	2.21	0.23	0.00	0.01
2014	0.42	8.91	16.79	15.32	0.91	0.84	0.00	4.44	2.84	0.00	0.00	0.01
2015	0.54	8.62	16.96	17.52	2.59	0.83	0.00	4.54	3.11	0.08	0.00	0.04
2016	0.41	9.18	18.30	16.21	4.47	1.24	0.00	5.70	3.27	0.05	0.00	0.52
2017	1.31	10.60	19.99	18.20	8.69	1.49	0.00	5.88	3.72	0.05	0.00	0.59
2018	3.94	11.97	21.81	21.35	7.58	4.00	0.00	6.49	3.92	1.91	4.63	0.84

数据来源：根据各宏观数据库及中国劳动统计年鉴计算整理。

表3-24　　　2006~2018年西部省份第二类低端制造业就业人数占全国比重　　　单位：%

年份	内蒙古	广西	重庆	四川	贵州	云南	西藏	陕西	甘肃	青海	宁夏	新疆
2006	0.21	0.13	0.24	2.98	0.32	0.05	0.00	2.22	0.35	0.00	0.00	0.09
2007	0.11	0.17	0.22	2.82	0.28	0.04	0.00	1.86	0.30	0.00	0.00	0.08
2008	0.09	0.36	0.24	3.13	0.28	0.07	0.00	1.33	0.31	0.00	0.00	0.10
2009	0.08	0.65	0.35	2.97	0.32	0.06	0.00	1.34	0.31	0.00	0.00	0.10
2010	0.08	1.03	0.32	2.84	0.32	0.06	0.00	1.25	0.31	0.00	0.00	0.11
2011	0.07	0.92	1.73	4.40	0.25	0.04	0.00	1.15	0.23	0.00	0.00	0.10
2012	0.05	1.03	2.01	4.31	0.29	0.10	0.00	1.10	0.19	0.01	0.00	0.08
2013	0.04	0.85	1.94	5.51	0.04	0.08	0.00	0.57	0.12	0.00	0.00	0.00
2014	0.03	0.93	2.00	3.58	0.05	0.08	0.00	0.63	0.14	0.00	0.00	0.00
2015	0.03	0.91	2.12	3.88	0.15	0.08	0.00	0.66	0.15	0.00	0.00	0.03
2016	0.03	0.94	2.31	3.41	0.25	0.08	0.00	0.82	0.16	0.00	0.00	0.03
2017	0.07	0.98	2.33	3.72	0.47	0.13	0.00	0.82	0.16	0.00	0.00	0.03
2018	0.19	0.93	2.56	3.99	0.35	0.37	0.00	0.87	0.17	0.03	0.07	0.04

数据来源：根据各宏观数据库及中国劳动统计年鉴计算整理。

从表3-13至表3-24可以看到，第一类低端制造业与第二类低端制造业在全国的发展与区位转移情况存在一定差异性。一个典型的区别就是，就要素投入劳动密集制造业而言，东部省份无论省份内比重还是国内占比，大多呈现明显下降趋势（广东省劳动密集制造业虽然省内占比明显下降，但在全国来看比重仍然较高且稳居第一位），河南、江西、四川、重庆等几个中西部承接大省在经历了劳动密集制造业省内及国内比重快速上升后，近年已经开始出现下降趋势。而就第二类以计算机、通信与电子产品为代表的有劳动密集环节的低增值率制造业而言，东部省份省内比重大多仍处于上升趋势，而中西部省份上升势头更快，导致东部省份第二类低端制造业在全国范围内比重整体出现了降低。这些数据说明，就最为低端的第一类低端制造业而言，我国基本完成了由东部至中部、西部的国内转移过程。而对于技术、资本与劳动力素质要求相对更高的第二类低端制造业，仍然在全国范围内处于发展与承接之中，东部省份也仍在发展该类制造业，而中西部省份的发展相对于东部省份更快。

本 章 小 结

　　根据本书第一章对于低端制造业的定义，本章用各种统计与计量方法，从中国近 30 个制造业子行业中筛选出了 6 个低端制造业子行业，并展示了这些低端制造业子行业 2006～2018 年在全国范围内的发展与跨区转移的趋势。具体而言，本章根据两大类低端制造业的特点，首先利用直接筛选法进行考察。先利用 2000～2017 年中国制造业各子行业劳动、技术、资本要素投入数据计算其要素投入的劳动密集度，从而筛选出第一类低端制造业"要素投入劳动密集制造业"；接着利用 WIOD 提供的世界投入产出表来计算中国制造业各行业的国内增值率，从而筛选出第二类低端制造业，即"具有劳动密集环节的低国内增值率制造业"，并与世界其他主要国家进行了比较。在以上直接法筛选出的各类低端制造业中，再依据"各子行业出口交货值/子行业工业销售产值"计算出的行业外向程度再次进行筛选，最终得出：（1）计算机、通信和其他电子设备制造业；（2）纺织服装、服饰业；（3）皮革、毛皮、羽毛及其制品和制鞋业；（4）文教、工美、体育和娱乐用品制造业；（5）家具制造业；（6）其他制造业 6 个子行业为中国考察期内的低端制造业。其中（2）（3）（4）（5）（6）是要素投入劳动密集的第一类外向型低端制造业，而（1）则是具有劳动密集环节的低国内增值率特点的第二类外向型低端制造业，同时其产品都具有较高的出口导向性。由于已有文献中均认为低端制造业与加工贸易生产贸易方式联系紧密，为了稳健起见，再使用间接筛选法，即再利用 2006～2018 年全国 28 个省份制造业各子行业的就业人数占制造业总就业人数比重数据与当地加工贸易比重的相关性，发现直接筛选法得出的 6 个子行业就业人数占比，均与当地加工贸易比重显著正相关。由此，正式确认以上 6 个子行业为中国的低端制造业。

　　确定了 6 个低端制造业子行业后，本章根据中国 2006～2018 年各省份这 6 个子行业就业人数的变化，考察了中国低端制造业的发展与国内区位转移状况。研究发现，从总体看，2000～2018 年我国城镇低端制造业就业人数占制造业就业人数比重一直在波动上升，由 2000 年的 13.58% 上升至 2018 年的 27.12%。其中，以纺织服装、服饰、皮革等为代表的第一类低端制造业就业人数占比基本变化不大，而全国以计算机、通信和其他电子设备制造业为代表的第二类低端制造业就业人数占比则出现明显上升；从 2006～2018 年低端制造业的国内发展与区位转移趋势看，近十几年来东部省份低端制造业就业人数占全国比重已经出现明显下降，而中西部省份，尤其是中部省份低端制造业就业规模正在稳步上升。具体而言，是从东部省份（主要是辽宁、北京、天津、山东、浙江、福建、上海7省份）向中西部省份（主要是中部的河南、湖南、安徽、江西、山西5省份，以及西部的四川、重庆、广西3省份）转移，而中部省份相对西部省份低端制造业增长更快；分低端制造业类型来看，就更为低端的第一类低端制造业而言，我国基本已经完成了由东部至中部、西部的国内转移过程。而对于技术、资本与劳动力素质要求相对更高的第二类低端制造业，仍然在全国范围内发展与承接之中，东部省份也仍在发展该类制造业，而中西部省份发展相对于东部省份更快。

第四章

中国对外投资低端制造业的可行性分析

本章将从"投资行业可行性"和"投资主体可行性"两个层面探讨中国对外投资低端制造业的可行性。所谓"投资行业可行性",指的是不考虑投资主体与区域,仅考虑低端制造业这一特定产业对外直接投资在投资效果方面的特殊性,是否相对其他行业更容易取得投资成功;"投资主体可行性",是对作为投资主体的中国低端制造业的优势进行分析梳理,评估中国是否相对其他国家更有对外投资低端制造业的优势。

就这两个层次可行性而言,"投资主体可行性"的分析思路相对简单,而针对低端制造业对外投资的"行业可行性"较为复杂,需要从理论到实证进行详细具体的分析。理论上说,某产业对外直接投资要在经济含义上取得成功,需要在东道国得到支持(例如能帮助东道国建立工业基础或解决当地就业)或投资阻力尽量小(例如对当地资源占用少、排污少);而作为投资国(母国)而言,则应从对外投资中取得各类经济效益。而拥有"劳动密集""低资源与能源投入""出口导向"等特点的低端制造业,相对于资本、技术密集型制造业及高能耗高污染制造业更为具备这个条件。从实践经验看,不少已有研究以及国际制造业对外投资实践也都发现,各国低端制造业对外直接投资对提升东道国制造业就业,降低投资国贸易顺差等方面有积极影响,但也有可能对母国制造业就业产生负面冲击。本章将梳理这些基础理论与实践经验。

由于中国对外直接投资从进入 21 世纪以来才刚刚起步,制造业对外投资起步更晚,2018 年末,中国制造业对外直接投资存量仅占中国对外直接投资存量的 9.8%,低端制造业尤其是纺织服装等外向型劳动密集制造业对外投资很少,几乎没有现成的经验及数据可循。商务部并未提供按东道国划分的制造业对外直接投资数据,也没有区分制造业细分行业的直接投资数据。因此我们结合数据可获得性,基于 OECD 公布的 45 个国家制造业对外直接投资数据的实践,以及用加工贸易比重作为当地低端制造业发展的指标,利用中国省级面板数据,从实证角度分析制造业和低端制造业对外投资对于投资国（地区）与东道国（地区）贸易、就业、环境的可能影响。同时我们还基于微观企业层面数据，利用中国工业企业数据库、中国对外直接投资企业统计数据库、海关数据库的企业数据进行更为细致的分析，以共同作为支持我国低端制造业对外直接投资可行性的理论与经验基础。

第一节　投资行业可行性（一）：低端制造业对外直接投资的贸易顺差转移效应

本书提出，中国通过对外直接投资输出低端制造业产能，除了解决国内生产成本上升的问题之外，理论上还可以降低本国相应的廉价低端制成品出口，从而降低中国整体贸易顺差，并缓解对华反倾销等国际贸易摩擦。而对接受投资的东道国而言，则可以帮助他们增加贸易顺差，积累发展工业必需的外汇储备。与美国等主要贸易伙伴的高额贸易顺差，是美国及各国政府发动对华贸易战和贸易保护主义的重要理由，而低端制造业产品占据出口及贸易顺差的比重很大，尽管贸易利益不大，但却是导致中国贸易顺差增长、人民币升值压力以及遭受各类反倾销等贸易壁垒的重要原因。以 2018 年中国对外贸易数据为例，根据海关统计，2018 年中国货物贸易总顺差 3510 亿美元。而按照 HS 编码区分，最大的顺差来源项目分别是"机械、机械器具、电气设备及其零件；录音机及放声机、电视图像、声音的录制和重放设备及其零件、附件"（顺差 3695.3 亿美元）、"纺织原料及纺织制品"（顺差 2318.7 亿美元）、"杂项制品"①（顺差 1592.8 亿美元）"贱金属及其制品"（顺差 789.1 亿美元）、"鞋、帽、伞、杖、鞭及其零件，已加工的羽毛及其制品；人造花；人发制品"（顺差 560.9 亿美元）。其中不少项目，要么是第二类低端制造业产品，要么是第一类低端制造业产品。鉴于以上事实，如果我国这些低端制造业通过对外直接投资转移产能，能够有效降低中国贸易顺差，则对于缓解中国受到的贸易保护主义压力、降低贸易摩擦的可能性、缓解人民币升值压力，都将是有益处的。

---

① 杂项制品包括家具、寝具、褥垫、弹簧床垫、软坐垫及类似的填充制品；未列名灯具及照明装置；发光标志、发光名牌及类似品；活动房屋；玩具、游戏品、运动用品及其零件、附件等产品，其中大多数均为劳动密集型制成品。

一、理论基础与事实经验

从理论上看，第二章涉及的直接投资理论和模型都可以从侧面反映制造业对外直接投资与投资国出口贸易、贸易顺差的相互关系。例如，根据小岛清的边际产业转移理论，对外投资国由于输出比较优势，而东道国吸收了旨在扩大其比较优势的直接投资，并积极地与投资国进行互补性质的国际贸易，必然导致对外投资国出口减少而进口增加，从而导致贸易顺差减少；根据弗农的产品生命周期理论，在产品生命周期的各个时期，比较优势将从某一国家转向另一国家，生产与贸易模式也随即发生改变，因此在产品的成熟和标准化阶段，一国企业通过对外直接投资转移成熟产业，变出口为进口，很可能会降低该国贸易顺差；根据邓宁的国际生产折衷论，如果某国对外直接投资是被东道国低成本劳动力和自然资源吸引而进行生产性投资，则其在东道国的投资企业就类似海外生产和销售基地，很有可能增加东道国的出口，同时由于其中有向投资国返销的部分，从而使得投资国进口增加；而投资国的出口由于生产能力的输出而相应减少，从而使得对外投资国贸易顺差减少。而如果该国对外直接投资是被东道国市场潜力所吸引，大量产品留在东道国内销售，则同样会减少投资国对该东道国的出口，使得贸易顺差减少。

以上学说分析了对外直接投资减少投资国贸易顺差的理论机制，可以作为顺差国扩大对外直接投资，通过缓解与东道国及其他出口目标国贸易失衡的理论基础。由于早期的对外直接投资多为制造业，这些理论基本可以描述制造业直接投资对投资国和东道国贸易差额的影响。此外，一些经典模型和学说还直接给出了对外直接投资作为应对贸易保护、避免贸易争端、缓解贸易摩擦的工具替代出口的机制。主要包括下面两个经典学说。

1. 蒙代尔"贸易与投资替代模型"——通过对外投资绕过贸易壁垒。

蒙代尔（Mundell，1957）创立了著名的"贸易与投资替代模型"，该模型建立在标准的 2×2 模型基础之上，认为当生产要素不能自由流动，且商品不存在贸易障碍的前提下，两国必然会产生国际贸易，并导致商品和生产要素价格均等化。而当贸易障碍阻碍商品自由流动，并引起资本要素边际收益的差异，则一国企业会以对外投资（这里包括了直接或间接投资）的方式绕过贸易壁垒，代替出口达到商品和资本要素价格的均等化，也称为"关税引致投资"。蒙代尔这一模型反映了对外直接投资对出口贸易的替代作用，它本是用于考察存在贸易壁垒的环境下，资本要素如何通过对外投资实现其边际收益均等化的理论机制，但其中潜藏了其作为应对东道国贸易保护主义的政策建议，即通过对外直接投资替代出口。

2. 巴格瓦蒂/迪诺普洛斯"补偿投资模型"——通过对外直接投资化解贸易壁垒。

巴格瓦蒂和迪诺普洛斯(Bhagwati & Dinopoulos，1987，1992)等学者从政治经济学角度，通过一系列的研究创立了"补偿投资"学说，即认为对外直接投资并非全部如同蒙代尔模型中所述是仅仅为了当期"绕过"东道国的贸易壁垒，而是从长期利润最大化的角度，考虑到下一个时期东道国继续采取贸易保护主义的损失，而在当期采取对外直接投资的方式，即所谓的"补偿投资"，旨在减少东道国继续采取贸易保护的可能性，是为了"化解关税"或其他贸易保护。

以上关于对外直接投资与出口贸易、贸易顺差关系的理论，无疑为我国对外转移低端制造业的可行性与效果提供了重要的理论支持。长期以来，以加工贸易为代表的中国低附加值外向型劳动密集制造业产品，构成了我国货物出口及贸易顺差的相当大比重，加工贸易总额占总货物贸易额一度达到将近60%，是各进口国对于中国产品发动反倾销、反补贴调查、301调查、超级301调查等贸易保护主义和贸易壁垒的常用借口，还引发了人民币升值压力，导致美国等发达国家将中国定义为"非市场经济国家"等不利局面。以上理论说明，通过对外直接投资转移低端制造业产能，可以一定程度上将出口能力转移至外国，在为投资东道国增加出口与外汇储备的同时，起到为本国降低贸易顺差与减少贸易争端的效果。

从实践上看，世界经济史上就有利用制造业对外直接投资来降低贸易逆差的实际案例，即日本在20世纪80年代中期，通过加强海外投资应对美国贸易保护的案例。根据美国统计局的贸易统计数据，直到2000年被中国取代以前，日本一直是美国的最大货物贸易顺差国。1985年日美整体货物贸易顺差已经达到462亿美元之多，占日本当年整体顺差467亿美元的99%以上、美国当年货物贸易逆差1222亿美元的37.8%。这使得以美国为代表的各逆差国纷纷对日本施加压力，要求日本在其优势出口产业例如汽车制造业的对美出口上采取自动出口限制，并通过"广场协议"强迫日元对美元大幅度升值。而这一阶段的日本便利用日元升值的机会采取了扩大海外直接投资的策略，这一方面绕开了美国对日贸易壁垒，另一方面还可以把生产力和出口能力转移到国外，减少了日本对美国的出口，并通过产品返销日本，增加进口，因此对减小日美贸易差额从而缓解美国对日本的贸易保护起到了作用。涉及制造业的具体产业，日本在被迫采取了对美自动汽车出口限制之后，自20世纪80年代末起，一直加大对美国汽车行业直接投资的力度，到1991年，日本在美国的直接投资企业已经生产了600万辆以上的轿车，其占美国汽车市场31%的份额中，有13%

是通过在美国本土生产得来的[①]；关于这点，布洛尼根（Blonigen，2001）的一项实证研究证明了日本在美国的汽车生产对美国汽车出口日本具有正向作用；而从日本整体产业来看，1985 年之后，日本整体对外直接投资流量明显增长，而日本对其最大贸易顺差国——美国的贸易顺差增长则明显出现相应的减缓趋势。具体趋势如图 4-1 所示。

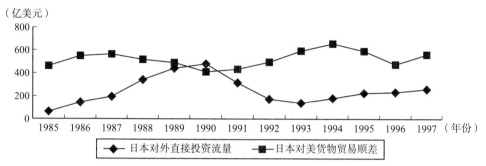

（亿美元）

图 4-1　广场协议后日本对外直接投资流量与日美货物贸易顺差走向趋势

数据来源：美国统计局网站、联合国贸发会议《统计手册》。

由图 4-1 可见，20 世纪 80 年代中期以来，日本对外直接投资与日本对美货物贸易顺差明显呈现相反趋势，这初步印证了日本对外直接投资对其主要顺差国贸易顺差的抑制作用，从而缓解了美国对日本的贸易保护压力。马光明（2010）、仲鑫和马光明（2010）等学者基于时间序列分析的实证研究均发现，日本这一时期对美国的直接投资确实有助于降低日本对美国的货物贸易顺差，而这种通过制造业对外直接投资缓解贸易保护的方法，丝毫没有损害日本企业的国际竞争力和市场份额。此历史经验就为如今中国通过低端制造业（如前所述，是中国对外贸易顺差的最重要项目）对外直接投资降低贸易顺差提供了极好的经验支撑。

二、实证检验

除了前文提出的 20 世纪 80 年代日本对外直接投资降低日美贸易顺差的例子，下面我们利用 OECD 提供的 45 个国家（地区）2005～2018 年的制造业及其细分行业对外投资数据与经常账户差额数据，从实际经验的角度来验证一下制造业、低端制造业对外直接投资能否降低贸易顺差。需要再次强调的是，我们无法

---

① 萨尔瓦托. 国际经济学（第五版）［M］. 朱宝宪，吴洪等，译. 北京：清华大学出版社，1998：205.

用中国制造业对外直接投资宏观数据来验证这一问题，因为中国对外直接投资从进入 21 世纪以来才刚刚起步，制造业对外投资起步更晚，2018 年末，中国制造业对外直接投资存量仅占中国对外直接投资存量的不到 10%，其比重落后于租赁与商业服务业、批发与零售、金融业等服务业，低端制造业尤其是纺织服装等外向型劳动密集制造业对外投资很少，几乎没有现成的经验及数据可循。更重要的是，从中国提供的对外直接投资数据来看，商务部从 2003 年起公布的历年《中国对外直接投资公报》仅提供了中国各年整体制造业对外直接投资数据（且数据样本太少），并未提供按东道国划分的制造业对外直接投资数据，也没有区分制造业细分行业的直接投资数据。所以我们只能利用经济合作组织（OECD）提供的 45 个国家（地区）2005~2018 年制造业及其细分行业对外直接投资跨国面板数据来研究其与投资国贸易顺差之间的关系。[①] 接着再基于中国工业企业数据库、中国对外直接投资企业统计数据库的中国微观企业数据，进行分行业制造业企业层面对外投资与贸易差额关系的实证研究。

（一）制造业整体对外直接投资与贸易顺差的关联

我们先针对整体制造业对外直接投资与贸易顺差的关系设立面板数据计量模型如下：

$$CA_{it} = c + \beta_1 OFDI_{it} + \beta_2 OFDI_{it}^2 + \beta_3 FDI_{it} + \beta_4 FDI_{it}^2 \beta_i \sum z_{it} + \varepsilon_{it} \quad (4.1)$$

CA_{it}：模型被解释变量，为各国各年度经常项目差额占 GDP 比重（百分点），用以表示各国贸易顺差的情况。众所周知，货物与服务贸易差额是经常项目差额的最核心成分。

$OFDI_{it}$：模型关键解释变量，为各国各年度制造业对外直接投资存量占当年 GDP 比重（百分点）。后文按细分行业研究时，也指代各国制造业细分行业对外直接投资占制造业对外直接投资比例。该变量是从投资国角度考察制造业对外直接投资对投资国贸易顺差的影响。

$OFDI_{it}^2$：模型关键解释变量，为各国各年度制造业对外直接投资存量占 GDP 比例的平方，研究的是对外直接投资对于就业数量的非线性影响（非线性影响不一定存在，视具体模型显著性而定）。

FDI_{it}：模型关键解释变量，为各国各年度制造业吸收直接投资存量占当年

---

① 本部分涉及的 45 个国家（地区）包括 35 个 OECD 国家，即澳大利亚、奥地利、比利时、加拿大、智利、韩国、丹麦、爱沙尼亚、芬兰、法国、德国、希腊、匈牙利、冰岛、爱尔兰、以色列、意大利、日本、拉脱维亚、立陶宛、卢森堡、荷兰、新西兰、挪威、波兰、葡萄牙、捷克、斯洛伐克、斯洛文尼亚、西班牙、瑞典、瑞士、土耳其、英国、美国。以及 10 个非 OECD 国家和地区，包括中国、中国澳门、中国香港、保加利亚、哥伦比亚、克罗地亚、马耳他、马来西亚、毛里求斯、乌克兰。

GDP 比重（百分点）。后文研究各国制造业细分行业对外投资时，也指代各国制造业细分行业对外直接投资占制造业对外直接投资比例。显然，该变量是从东道国角度考察吸收制造业直接投资对东道国贸易顺差的影响。

FDI_{it}^2：模型关键解释变量，为各国各年度制造业吸收直接投资存量占当年 GDP 比重的平方，研究的是吸收直接投资对于本国贸易顺差的非线性影响（非线性影响不一定存在，视具体模型显著性而定）。

模型的控制变量包括：

$Reer_{it}$：各国各年实际有效汇率，反映汇率变动对于经常项目差额的影响。

$Add2_{it}$：制造业规模情况，用工业增加值占 GDP 比值表示（百分点）。

$Save_{it}$：各国各年储蓄率水平，为储蓄占 GNI 比重（百分点）。基于双缺口模型，储蓄率对于各国经常项目差额理论上应有显著影响。

$Open_{it}$：各国贸易开放度，用各国货物贸易总额/GDP 的百分点来表示。

$LnPgdp_{it}$：一国经济发展阶段，用人均 GDP 的对数形式表示。

$LnPgdp2_{it}$：一国经济发展阶段，用人均 GDP 的对数形式（平方项）表示，反映经济发展阶段对于经常项目顺差的非线性影响。

数据来源方面，制造业对外直接投资数据来源于 OECD 数据库与 CEIC 数据库，经常项目差额以及各控制变量相关数据来源于 WTO 与 World Bank 网站及国际清算银行。整体制造业 OFDI 与贸易差额的回归结果如表 4－1 所示。

表 4－1 　　　　　　　　　整体制造业对外直接投资与贸易顺差回归结果

模型变量	(1)	(2)	(3)	(4)	(5)	(6)
	CA	CA	CA	CA	CA	CA
OFDI	− 0.158 *** (0.046)	− 0.160 *** (0.045)	− 0.141 *** (0.049)	− 0.143 *** (0.048)	− 0.134 *** (0.048)	− 0.091 * (0.055)
OFDI2	0.001 *** (0.000)	0.001 *** (0.000)	0.001 *** (0.000)	0.001 *** (0.000)	0.001 *** (0.000)	0.000 * (0.000)
FDI	0.177 *** (0.045)	0.179 *** (0.045)	0.176 *** (0.049)	0.149 *** (0.047)	0.152 *** (0.048)	
FDI2	− 0.002 *** (0.000)	− 0.002 *** (0.000)	− 0.003 *** (0.000)	− 0.002 *** (0.000)	− 0.002 *** (0.000)	
Save	0.784 *** (0.056)	0.786 *** (0.055)	0.717 *** (0.057)	0.789 *** (0.052)	0.797 *** (0.048)	
Reer	0.013 (0.020)	0.013 (0.020)	− 0.023 (0.020)	− 0.036 * (0.019)		

续表

模型 变量	(1) *CA*	(2) *CA*	(3) *CA*	(4) *CA*	(5) *CA*	(6) *CA*
Add2	0.565 *** (0.160)	0.524 *** (0.148)	0.440 *** (0.158)			
Open	−0.009 (0.013)					
Ln*Pgdp*	50.627 ** (20.018)	51.840 *** (19.889)				
Ln*Pgdp2*	−3.551 *** (1.069)	−3.602 *** (1.064)				
Constant	−173.41 * (93.47)	−180.77 * (92.62)	−19.10 *** (4.20)	−13.61 *** (3.56)	−17.00 *** (3.16)	1.13 (3.75)
时间固定	YES	YES	YES	YES	YES	YES
国家固定	YES	YES	YES	YES	YES	YES
Observations	494	495	495	503	537	537
R-squared	0.521	0.522	0.446	0.450	0.461	0.129

注：括号中为标准差；***，**，* 分别表示 $p < 0.01$，$p < 0.05$，$p < 0.1$。

由表 4 - 1 可见，各国制造业对外直接投资存量（占 GDP 比重）OFDI 对投资国的经常项目顺差呈现明显"U"型影响（一次项显著为负，二次项显著为正，为开口向上、对称轴在第一象限的二次函数形式）。即说明随着制造业对外直接投资增加，该国经常项目顺差（占 GDP 比重）出现显著下降，到达最低点后再出现回升。经常项目顺差随着制造业对外直接投资存量增加而下降，符合前文理论预期，因为对外投资带走了投资国部分制造业生产与出口能力，向东道国转移了制造业顺差，而对外投资存量达到一定程度后又正向影响经常项目顺差，则可能是投资国通过国内制造业产业结构升级进一步提升了本国制成品与服务的技术含量与出口核心竞争力。制造业吸收直接投资存量（占 GDP 比重）FDI 对投资国经常项目顺差呈现明显倒"U"型影响（一次项显著为正，二次项显著为负，为开口向下的二次函数形式），即随着制造业吸收直接投资增加，该国经常项目顺差（占 GDP 比重）出现显著上升，到达最低点后再出现下降。这正好与制造业对外直接投资存量（占 GDP 比重）OFDI 对投资国顺差的影响完全相反。原因分析同上，不再赘述。

控制变量方面，首先，储蓄率 *Save* 对于本国经常项目顺差呈现显著正向影响，符合国际经济学"双缺口模型"的基本论断。制造业占比 $Add2$ 越高，本国经常项目顺差越高，体现了当今国际贸易仍然是以制成品为主的事实。而反映经济发展阶段的人均 GDP 对本国经常项目顺差也呈现倒"U"型影响，即随经济增长，本国贸易顺差增加，发展至一定阶段后本国贸易逆差出现下降。这也符合美国、欧洲等发达国家经济与贸易发展的事实。

（二） 制造业细分行业对外直接投资与贸易顺差的关联

下面我们对比考察制造业各细分行业对外直接投资对投资国经常项目差额的影响，由此判断低端制造业对外直接投资如何影响投资国与东道国的贸易顺差。受 OECD 数据可获得性的制约，仅有 8 个国家不同年份的 6 个细分行业对外直接投资数据。细分行业包括以下 6 个行业：（1）食品制造，饮料和烟草制品业（简称食品饮料）；（2）纺织品、服装、木材和纸制品制造业（简称纺织服装）；（3）石油、化工、制药、橡胶和塑料制造业（简称石化制药）；（4）金属和机械产品制造业（简称金属机械）；（5）机动车辆、拖车、半拖车和其他车辆的制造（简称车辆制造）；（6）计算机及其他电子设备制造业（简称计算机电子）。其中，子行业 2（即纺织品、服装、木材和纸制品制造业）是典型的要素投入劳动密集制造业，子行业 6（即计算机及其他电子设备制造业）对许多发展中国家而言是含劳动密集环节的低国内增加值制造业（均属于我们定义的低端制造业，详见第三章）。国家及年份包括：丹麦（2008～2018 年）、德国（2008～2017 年）、匈牙利（2008～2018 年）、日本（2014～2018 年）、挪威（2013～2018 年）、波兰（2010～2018 年）、西班牙（2013～2018 年）、瑞典（2010～2018 年）。

我们将模型（4.1）的关键自变量 OFDI 变为各细分行业对外直接投资存量占制造业直接投资比重，FDI 也相应变为各细分行业吸收直接投资存量占比，其余不变。经过调试，分类回归结果如表 4－2 所示。

表 4－2　　　　　制造业各子行业对外直接投资与贸易顺差回归结果

行业 变量	食品饮料	纺织服装	石化制药	金属机械	车辆制造	计算机与电子
	CA	CA	CA	CA	CA	CA
$OFDI$	-0.004 (0.088)	-0.270 (0.602)	0.056 (0.091)	-0.166 (0.196)	0.069 (0.174)	-1.046 ** (0.396)
$OFDI2$	-0.003 (0.002)	0.027 (0.059)	-0.000 (0.001)	0.004 (0.005)	-0.004 (0.006)	0.033 ** (0.013)

续表

行业 变量	食品饮料	纺织服装	石化制药	金属机械	车辆制造	计算机与电子
	CA	CA	CA	CA	CA	CA
FDI	0.063 (0.109)	0.975 ** (0.475)	0.081 (0.146)	0.010 (0.039)	−0.019 (0.034)	0.311 (0.304)
$FDI2$	−0.003 (0.002)	−0.049 ** (0.023)	−0.001 (0.002)	−0.000 (0.001)	−0.001 (0.001)	−0.009 (0.008)
$Save$	0.824 *** (0.108)	0.760 *** (0.121)	0.783 *** (0.112)	0.864 *** (0.123)	0.813 *** (0.123)	1.088 *** (0.174)
$Reer$	0.181 *** (0.061)		0.154 ** (0.066)	0.136 ** (0.064)	0.108 (0.069)	0.051 (0.094)
$Add2$	−0.061 (0.061)		−0.075 (0.066)	−0.075 (0.065)	−0.077 (0.068)	−0.475 (0.711)
$Open$	0.219 *** (0.061)	0.114 * (0.058)	0.171 *** (0.062)	0.168 *** (0.059)	0.133 * (0.076)	0.058 (0.095)
$LnPgdp$	13.741 (64.969)		92.330 (71.775)	64.962 (66.600)	92.680 (73.957)	−59.771 (89.081)
$LnPgdp2$	−1.245 (3.447)		−5.370 (3.799)	−4.073 (3.510)	−5.380 (3.839)	2.012 (4.749)
$Constant$	−63.95 (302.7)	−32.03 *** (6.329)	−429.1 (335.2)	−281.5 (313.9)	−421.1 (352.7)	373.5 (419.5)
国家固定	YES	YES	YES	YES	YES	YES
时间固定	YES	YES	YES	YES	YES	YES
Observations	64	58	64	64	61	47
R-squared	0.863	0.822	0.841	0.846	0.853	0.886

注: 括号中为标准差; ***, **, * 分别表示 $p < 0.01$, $p < 0.05$, $p < 0.1$。

由表 4 − 2 可见, 考察期内 8 个 OECD 国家制造业各子行业对外直接投资对投资国贸易顺差的影响具有较大差异性, 食品饮料、纺织服装、石化制药、金属机械、车辆制造 5 大类子行业, 对外投资对投资国贸易顺差并未产生显著影响。而作为典型的含劳动密集环节的低国内增加值制造业的"计算机与其他电子设备制造业"对外直接投资, 则对投资国贸易顺差呈现出显著的"U"型影响, 即随其对外直接投资增加, 投资国顺差先随之降低, 到达一定门槛后再随之增加。而从作为东道国的视角来看, 作为典型的要素投入劳动密集制造业的"纺织服装业"吸收直接投资，对东道国贸易顺差出现显著的倒"U"型影响，即随吸收直接投资的增加，本国贸易顺差先增加，到达一定程度后再随吸收直接投资的增加而降低。

可见，本书所定义的第一类、第二类低端制造业的短期贸易顺差转移效应相对其他制造业更为明显，短期内能有效将投资国的贸易顺差转移至东道国，即能够降低投资国的贸易顺差与外汇储备增长、本币升值压力，减小贸易摩擦与贸易壁垒，同时能够帮助东道国提升外汇收入。而这些低端制造业对外投资（或吸收投资）到达一定规模之后，产业结构升级效应将使得其增长逐渐促进投资国的贸易顺差（减小东道国的贸易顺差）。

（三）低端制造业 OFDI 与贸易顺差：基于微观企业数据的分行业实证研究

鉴于宏观数据在样本数量方面的局限（样本不到 100 个），我们采用微观企业层面数据，对低端制造业对外直接投资的贸易顺差转移效应进行验证。涉及数据库信息如下。

本章研究包含三组数据。其一是国家统计局的中国工业企业数据库，时间跨度为 2004 ~ 2007 年，其统计调查的对象包括全部国有工业企业以及"规模以上"（主营业务收入大于 500 万元）非国有企业。其二是商务部的关于中国对外直接投资企业统计数据库。其三是对应时间段的海关数据库。这里利用中国工业企业数据库中的企业名称与中国对外直接投资企业统计数据库中的"境内投资主体"名称，以及海关数据库中的企业名称进行合并。

为了解决数据选择偏差（bias）和混杂变量（confounding variable）带来的内生性问题（例如进行对外直接投资的企业本身就有较多贸易顺差），我们使用倾向评分匹配（PSM）方法，考察不同类型制造业企业对外直接投资与否对于企业贸易顺差的影响。处理组为全样本、低端制造业企业子样本、非低端制造业企业子样本中考察期内有对外直接投资的企业。而对照组则为各样本中经过计算倾向得分匹配后，那些与处理组企业具有类似对外直接投资倾向，但最终未选择对外直接投资的企业。在低端制造业分类方面，我们根据本书第三章"中国低端制造业的分类"的结论，将各样本企业中，行业分类归于纺织服装（《中国 2017 年国民经济行业分类》中行业代码为 18），皮革、毛皮、羽毛及其制品与制鞋业（行业代码为 19），家具制造业（行业代码为 21），文教、工美、体育与娱乐用品制造业（行业代码为 24），计算机、通信和其他电子设备制造业（行业代码为 39），其他制造业（行业代码为 41）的企业划为"低端制造业企业"。其他制造业子行业企业则为非低端制造业企业。所有样本涉及回归模型的相关变量统计性质如下（其中企业各年全要素生产率 TFP 依据 Levinsohn – Petrin 法即一致半参数估计法计算)。全部企业样本、低端制造业企业子样本、非低端制造业企业子样本的描述性统计特征分别如表4-3、表4-4、表4-5所示。

表4-3　　　　　　　　　全样本企业各变量描述性统计特征

变量	含义	观测数	平均值	方差	最小值	最大值
Surplus	(被解释变量)企业货物贸易顺差,十万美元	59508	11.147	20.193	0	773.747
OFDI	(关键解释变量)企业当年是否对外直接投资	59508	0.040	0.196	0.000	1.000
Size	企业工业总产值(千元)的对数	59508	10.364	1.134	4.615	18.431
Debt	企业负债率	59508	-0.733	0.701	-9.169	2.198
Profit	利润率(利润总额占销售总额百分点)	59508	-3.662	1.339	-13.122	2.425
TFP	企业全要素生产率(LP法计算)	59508	5.430	0.905	1.386	10.849
Kl	资本劳动比	59508	3.530	1.252	-5.274	9.700
Age	企业年限	59508	7.869	8.101	0	169

表4-4　　　　　　　　低端制造业企业各变量描述性统计特征

变量	含义	观测数	平均值	方差	最小值	最大值
Surplus	(被解释变量)企业货物贸易顺差,十万美元	15597	18.349	33.195	0	774.1
OFDI	(关键解释变量)企业当年是否对外直接投资	15597	0.038	0.191	0.000	1.000
Size	企业工业总产值(千元)的对数	15597	10.278	1.032	5.994	15.870
Debt	企业负债率	15597	-0.732	0.723	-8.598	1.435
Profit	利润率(利润总额占销售总额百分点)	15597	-3.723	1.290	-12.529	1.591
TFP	企业全要素生产率(LP法计算)	15597	5.194	0.830	1.386	10.038
Kl	资本劳动比	15597	3.041	1.197	-2.996	7.289
Age	企业年限	15597	7.011	6.609	0	94

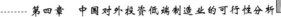

表4–5   非低端制造业企业各变量描述性统计特征

变量	含义	观测数	平均值	方差	最小值	最大值
Surplus	（被解释变量）企业货物贸易顺差，十万美元	43911	8.589	11.673	0	536.288
OFDI	（关键解释变量）企业当年是否对外直接投资	43911	0.041	0.198	0.000	1.000
Size	企业工业总产值（千元）的对数	43911	10.394	1.167	4.615	18.431
Debt	企业负债率	43911	−0.734	0.693	−9.169	2.198
Profit	利润率（利润总额占销售总额百分点）	43911	−3.640	1.355	−13.122	2.425
TFP	企业全要素生产率（LP法计算）	43911	5.514	0.916	1.783	10.849
Kl	资本劳动比	43911	3.704	1.224	−5.274	9.700
Age	企业年限	43911	8.173	8.548	0	169

根据倾向评分匹配（PSM）方法的框架，我们先使用 Probit 模型针对各子样本对于 OFDI（0/1 二值变量，即该制造业企业是否进行对外直接投资）进行回归，得到影响企业对外直接投资的主要影响因素及其影响程度，结果如表 4–6 所示。接下来依据相关变量的系数对各企业进行倾向评分估计，并使用最邻近方法（Nearest Neighbour Maching）在每个子样本中进行一对一配对，在各子样本中选择出那些条件与潜质与有对外投资的企业最为类似的，但未选择对外投资的企业作为与处理组各方面条件最为类似的对照组。并最终通过观察 ATT 值考察 OFDI 行为是否影响了制造业企业的贸易差额，结果如表 4–7 所示。

表4–6   Probit 回归结果

变量	全样本	低端制造业企业	非低端制造业企业
Size	0.456 *** (0.010)	0.501 *** (0.023)	0.446 *** (0.011)
Debt	0.041 ** (0.017)	−0.019 (0.031)	0.066 ** (0.021)
Profit	0.075 *** (0.009)	0.064 *** (0.018)	0.079 *** (0.010)
TFP	−0.195 *** (0.015)	−0.297 *** (0.032)	−0.163 *** (0.017)

续表

变量	全样本	低端制造业企业	非低端制造业企业
Kl	0.108 *** (0.010)	0.184 *** (0.021)	0.092 *** (0.012)
Age	−0.014 *** (0.001)	−0.014 *** (0.003)	−0.013 *** (0.001)
Observations	59508	15597	43911
R-squared	0.167	0.148	0.176

注：括号中为标准差；***，** 分别表示 $p<0.01$，$p<0.05$。

表4−7 不同子样本的倾向匹配得分估计

Variables Samples	Treated Observations	ATT	S.D	Tvalue
所有样本	2384	−4.32 ***	1.55	−2.79
低端制造业企业	591	−22.66 ***	3.86	−5.87
非低端制造业企业	1793	0.81	0.94	0.86

注：括号中为标准差；*** 表示 $p<0.01$。

从表4−7的ATT值及其显著性可以发现，就所有工业整体企业而言，对外直接投资行为显著降低了企业贸易顺差。而低端制造业企业对外直接投资对其贸易顺差的削弱作用尤为显著；非低端制造业对外直接投资行为并未能显著降低贸易顺差。由此可以判断，相对于非低端制造业企业而言，低端制造业企业对外直接投资确实能够更为显著地降低贸易顺差，从而验证了我们的理论假设与宏观回归结果。

综上所述，我们分别使用国际层面的宏观数据以及中国企业层面的数据考察了不同制造业对外直接投资对贸易顺差的影响，发现低端制造业OFDI对于贸易顺差有显著的抑制效果，而接受低端制造业投资的东道国的贸易顺差在短期内能够得到提高。这有利于承接中国低端制造业的东道国提升外汇储备与收入，也有利于中国降低居高不下的贸易顺差，具有双赢的特性。

第二节 投资行业可行性（二）：低端制造业对外直接投资的转移就业效应

本书提出，中国通过对外直接投资输出低端制造业产能，除了解决国内生产成本上升的问题之外，由于低端制造业劳动密集的特性，还可能产生投资国的相应行业就业下降、接受投资的东道国相应行业就业增加的效果，即转移就业效应。其研究的必要性包括如下两个方面：

第一方面，近年来中国制造业对外直接投资金额逐年增加，虽然仍处于起步阶段，但增长非常迅速。《2018 年中国对外直接投资统计公报》数据显示，2018 年末，中国对外直接投资存量达到 19823 亿美元，其中制造业对外直接投资存量为 1823 亿美元，占比不到 10%，其比重落后于租赁与商务服务业（34.1%），批发与零售业（11.7%），金融业（11.0%），信息传输、软件和信息技术服务业（9.8%），主要投资于欧洲及北美洲等地区。但近年中国制造业对外投资流量占比已在显著增长，2016 年、2017 年、2018 年流量比重已上升至 14.8%、18.6%、13.4%，增长趋势非常明显。在此背景下，制造业 OFDI 快速增长对投资国与东道国制造业就业发展的影响，已逐渐成为政府和学界关注的焦点。

第二方面，近年美国特朗普政府以贸易战和各类贸易壁垒为手段的"逆全球化"思潮席卷全球，号召包括制造业直接投资在内的国际市场资金流回美国。美国此举为改变国内"制造业空心化"困境，挽救日益流失的就业岗位，缩小贫富差距，改善严重贸易赤字状况。由此制造业对外直接投资对国内就业的影响，又一次成为全球关注的重点。数据显示，美国制造业存在结构性不平衡，制造业行业中的传统制造，例如纺织业等劳动密集型行业的发展并不乐观甚至出现衰退迹象，而高新技术行业，例如机车等运输工具制造业却能够带动 1.8% 的 GDP 增长。然而，高新技术制造业虽然能够带来经济增长，但是在解决就业问题方面，却远不如劳动密集型制造业的拉动力大，因此，美国低端制造业外流，国内失业情况严重，底特律的衰败以及"锈带地区"的出现，足以说明一些低端制造业对于当地就业及发展的重要性。

基于以上，在美国等发达国家渴望制造业回流，而中国则将进一步扩大制造业对外直接投资的背景下，理清制造业对外直接投资对于母国与东道国就业的各方面影响，以及制造业其中各细分行业对于母国与东道国就业的影响，便是政府与学、商各界迫切需要解决的问题，它关系到中国低端制造业对外投资是否能够被东道国接受，同时是否会给国内就业带来压力等重要问题。如果我们能证实低端制造业对外直接投资能显著增加东道国相关制造业就业，将大大降低对外投资东道国的政府与民间阻力，从而提升投资成功率与可行性。本部分在总结整理制造业对外直接投资对投资国与东道国就业影响的理论机制后，利用 OECD 提供的 45 个国家 2005 ~ 2018 年的面板数据，对制造业及其细分行业对外直接投资对投资国和东道国产生的就业效应进行实证分析。实证结构如下：首先对全样本进行回归，之后分别对发达国家以及发展中国家进行回归，并进一步基于不同时间段及不同制造业细分行业进行更为细致的差异性研究。之后还将利用中国工业企业数据库以及中国对外直接投资企业统计数据库进行微观企业层面的实证研究。

一、文献与理论基础

不少已有研究都分析了制造业对外投资对于投资国与东道国就业的影响，而制造业一直是世界经济史上国际直接投资的最重要行业，早期的国际直接投资理论大多是围绕制造业直接投资展开的。

对外直接投资产生的各种经济效应是各国经济学家研究的热点，其中对于投资国与东道国就业效应的研究也为数不少。众所周知，对外直接投资可以按照目的分为多种类型，包括资源寻求型、市场导向型、效率导向型和战略资源导向型等。许多研究都发现，不同目的，或者说不同经济与产业发展阶段的制造业对外直接投资，对于母国与东道国就业的影响存在差异。一国对外投资一般遵循以资源开采为目的、转移加工制造业和促进服务业的先后顺序。在工业化初期，一国为寻找战略性资源补给会对资源丰裕国家进行投资，利用当地资源制成中间品并进口到国内进行后续生产，例如重工业发展期间，英美国家为避免国内资源匮乏无法支撑工业发展，对外进行资源导向型投资，国内采掘业就业比重相应下降。而国内企业在经过快速发展之后，凭借着日益增加的国际竞争力跟随竞争者开拓海外市场，这个阶段中寻求市场成为对外投资的主要目的，即市场导向型对外直接投资。蒋冠宏（2016）指出，市场的扩大带来产量的增加，以及规模效应的好处，出口公司进一步增加就业来扩大生产，投资国就业数量会因此而上升；同时也可以通过对外投资减少贸易壁垒摩擦，例如日本通过在美国进行直接投资，规避美国对日产彩电、汽车的贸易制裁，贸易壁垒的减少会扩大投资国的出口，增加投资国就业（罗良文，2007）。随后在经济一体化和全球化生产的推动下，跨国企业在全球进行利润分配，寻找成本低廉的区域，优化资源配置，将低端制造业转移至国外，同时为提高生产效率、学习先进技术，会进行效率导向和战略资产导向投资，例如韩国和日本等国家进军发达国家，分享技术溢出效应带来的好处，同时将夕阳产业转移至成本更为低廉的发展中国家，即进行所谓的垂直型投资，在全球生产链中合理安排劳动密集型行业的位置（Kojima，1978；谢丹，2007；房裕，2015；杨亚平和吴祝红，2016），这一阶段中垂直型投资极可能会降低投资国低端制造业就业数量，同时促进东道国制造业就业，即发生制造业就业在投资国家间的转移。但是同时也会促进投资国制造业内部高技术制造业子行业就业比重与服务业就业比重的增加。与发达国家不同，刘海云、廖庆梅（2017）对中国制造业进行垂直型投资分析时发现，垂直型投资有助于增加国内就业数量，而水平型投资却对就业产生替代作用。以上分析揭示了不同类型的制造业对外直接投资对投资国与东道国的就业产生不同的影响，但其本质上对于就业的影响（方便起见以投资国就业的视角进行叙述，对东道国就业的影响逻辑则是相反的），可以总结为两类，分别是替代效应与刺激效应。

从替代效应来看，加萨伊（Jasay，1960）早在20世纪60年代就提出，企业对外直接投资对投资国就业会产生替代效应，即对外直接投资企业因海外生产活动增加而减少雇佣国内劳动力，增加对东道国国内劳动力的雇佣。替代效应有多种渠道，一是海外子公司在当地的生产销售增加威胁到母公司的销售，减少投资国就业而增加东道国的就业。二是子公司生产的产品被投资国消费，因而减少母公司雇佣人数。三是从资本供给角度分析，投资国生产成本的上升，以及劳动、资本等要素价格的上升，使得制造业厂商的利润减少，会导致资本或者流向全球更具成本竞争优势的地方生产，或者流向回报率更高的服务行业。这两个流向均会导致投资国就业数量的变化，当国外投资成为主流的时候，投资国在资本存量不变的情况下，因为向外投资而出现"钱荒"，因此本国的生产就会受到资本规模的限制，企业将出现裁员，这将导致投资国对应产业就业人数减少（聂飞，2015；王荣、李宁和王冉，2017）；如果资本抽离制造业流向回报率更高的服务行业，同样会直接导致制造业从业人数的减少（刘辉群和王洋，2011；朱金生和解青云，2016），反过来，东道国的制造业就业则会由于产业资本的流入而出现上升。四是从技术溢出效应分析，当一国将制造业转移到国外，这个阶段会导致技术、管理经验等生产要素的外溢，当国外子公司的竞争优势逐渐成熟并能够与母公司竞争时，母公司在世界市场的份额逐渐降低，考虑到国外生产更有优势，国内的产量就会被国外子公司产量所替代，同样会导致国内出现裁员等现象。对于发展中国家而言，以中国为例，李夏玲和王志华（2016）的省级面板模型发现，东部较中西部较早体现出对外直接投资带来的技术效率的进步与就业人数的下降，而中西部地区则反过来出现就业的上升。迪巴莱和李（Debaere & Lee，2009）通过分析韩国对低收入国家的制造业投资发现，对外直接投资的跨国公司都会付出短时间内就业减少的代价。以上为对外直接投资会减少投资国就业的原因分析。

除替代效应外，霍金斯（Hawkins，1972）则指出，对外直接投资长期内也可能增加投资国就业，即刺激效应或称补充效应，海外子公司从母公司获得中间产品，作为生产链的一部分，增加母公司的就业；母公司或者国内其他公司通过对子公司提供服务增加就业。该效应在全球价值链生产中更为明显，全球生产是在全球合理布置生产区间，将各环节的生产特性与各地的生产优势相结合，进行最优化生产，从而达到利益最大化，由此投资国公司会因为海外产品中间品增多，投资国企业在规模效应的影响下会增加雇佣工人的数量，扩大后续加工规模（彭韶辉和王建，2016）。此外，发展中国家在海外投资，主要对于发达国家，目的是为获得发达国家生产和管理方面的经验，在改善自身技术之后，尤其在制造业行业中经历转型升级之后，会对行业内的就业产生影响，促进高新技术制造业就业增长（廖庆梅和刘海云，2018；罗军和冯章伟，2018）。

综合以上两种方向相反的就业效应，布洛姆斯特罗姆和考考（Blomstrom & Kokko，1994）提出就业组合效果论，即对外直接投资对投资国国内就业既会产生正效应，即刺激效应，也会产生负效应，即替代效应，总体的后果应该比较这两种效应的大小。张海波（2010）根据六个东亚新兴经济体，分别为韩国、中国香港特区、新加坡、中国、泰国和菲律宾，1985~2008年数据分析得出结论，除新加坡外，制造业对外直接投资，尤其是劳动密集型制造业对外直接投资，对就业的替代效应更为明显，从而减少了国内制造业就业，增加了东道国制造业就业；而金融业对外投资的补充效应更加明显，更容易促进投资国国内就业的增加。刘鹏（2017）根据中国企业层面面板数据分析，认为中国相对快速的制造业对外直接投资对于就业产生负向影响，加快了中国产业空心化。寻舸（2002）分析中国对外直接投资情况时指出，中国存在的大多数对外直接投资多为防御性直接投资，即以获取国外资源为目的的，增加中间品的生产，从而促进国内生产，这种投资短期内刺激效应明显大于替代效应，增加投资国就业。对外直接投资规模的大小同样会导致不同的就业效应，余官胜和王玮怡（2013）分析中国对外直接投资发现，起初小规模会因为土地等生产要素还未被出让而造成就业减少，增大规模后就业会随之上升，但经过一定阈值之后就业数量会减少。由于对外直接投资所选区位和行业的不同，其就业效应也会不同，例如美国劳动密集型行业对外直接投资会引起替代效应大于刺激效应，高新技术行业对外投资会引起就业促进效果（Lipsey，1999；Harrison & McMillan，2006）。巴科尼尔和艾克荷姆（Baconier & Ekholm，2001）指出，欧洲国家对于收入水平类似的国家进行投资会促进低端劳动力就业增加，而对于一些低收入国家则会引起管理型人才就业增加。另有学者通过意大利企业层面的数据分析发现，意大利对外直接投资产生的就业效应会随行业变化而存在差异性，其中，制造业的刺激效应更强，而服务业的刺激效应更弱（Imbriani，Pittiglio & Reganati，2011）。

更进一步，从投资国就业结构来看，由于同一时期某国多个产业同时存在对外直接投资，其可能使不同产业就业出现此消彼长的情况，引起投资国就业结构的升级或恶化。例如有学者指出对外直接投资增加了对管理型人才而非生产型劳动力的需求以及对提供法律等服务人才的需求，因而对外投资改善了投资国的就业结构（Fors & Kokko，1999）。黄晓玲和刘会政（2007）指出我国对外直接投资虽在就业量上替代效应与刺激效应相抵消，但是在就业结构以及产业转移方面对我国制造业发展提供正向推动力，即促进我国由第一、第二产业向第三产业转移并优化劳动力质量。

以上关于对外直接投资的就业效应的文献研究，主要集中于对外直接投资对全部行业的就业的影响，有关于制造业的就业效应研究相对较少（但早期的国际直接投资理论及实证研究大多是围绕制造业直接投资展开）；此外，少数对于制造业对外直接投资的就业效应研究也多集中于制造业总体，并没有对制造业细分行业的对外投资与就业进行细致研究。本部分将重点关注制造业对外直接投资对于东道国与投资国的转移就业效应，并对包括低端制造业在内的制造业细分行业的转移就业效应进行分析。

二、理论影响机制分析

后文将利用跨国面板数据，针对各国制造业及细分行业对外直接投资（或者说产能输出）对投资国与东道国对应制造业就业数量与结构的影响（即转移就业效应），进行理论与实证研究。本部分在整理已有文献的基础上，将制造业对外直接投资对投资国与东道国制造业就业的影响效应分为两种不同情况。

（一）同时增加投资国与东道国制造业就业

总结已有文献分析，制造业对外直接投资除了增加东道国就业以外，还有可能同时促进投资国相应制造业就业。东道国就业由于吸收了产业资本而出现就业增长很容易理解，而投资国对外直接投资制造业也存在本国国内制造业就业增加的现象，被称为刺激效应（Hawkins，1972）。该效应可能会通过三个途径得以实现，第一个途径是中间产品效应，第二个途径是规模效应，第三个途径是管理人员就业增加。中间产品效应通常发生在以资源获取为目标的制造业对外直接投资中，投资国通过对外直接投资，在当地设立厂房组织生产，利用当地廉价丰裕的资源生产具有成本优势的中间品，并且将中间品出口到投资国进行后续生产，资源禀赋的优势增加子公司的产量，母公司也同时会增加雇佣员工，满足生产扩大的要求。规模效应通常会发生在市场寻求性的投资中，母公司在日益发展壮大后，会跟随竞争者或先于竞争者在海外扩展业务，市场扩大带来需求的增加，母公司在子公司成长初期会增加对该市场的出口，产量增加带来平均生产成本下降，母公司会再次增加雇员数量，从而增加本国的就业。第三个途径增加了非生产性工人，在子公司设立初期，最匮乏的资源便是管理层人才，子公司会增加雇佣在投资国已具有一定管理经验的人才协助开拓新市场，这样会增加投资国管理人员的就业。

（二）降低投资国制造业就业、增加东道国制造业就业（转移就业效应）

制造业对外直接投资有四条途径减少投资国就业数量，同时增加东道国制造业就业，即产生所谓制造业"转移就业效应"。第一条途径是子公司所在国家拥有投资国逐渐丧失的比较优势，例如廉价劳动力等，因而劳动密集型制造业转移到国外会减少对本国劳动力的雇佣，同时增加东道国劳动力的就业。例如中国的劳动力价格逐渐上升，更多公司选择将生产玩具、衣服等劳动密集型产业转移至老挝、越南等具有廉价劳动力的地区。第二条途径是来自子公司的威胁，位于东道国的子公司日益发展强大，就业增加的同时，其生产不再依附于母公司，在第三国的市场份额逐渐取代母公司的出口量，或生产的中间品在第三国国内生产组装，或者威胁到投资国国内其他公司对第三国的出口进而影响其他公司的产量，因此造成位于投资国的母公司就业人数减少（Kojima，1978）。第三条途径是投资国因为对外直接投资，国内资本不足以正常维系国内制造业生产，造成投资国失业增加，而东道国由于产业资本流入导致就业上升。第四条途径是对外直接投资过程中技术溢出导致子公司发展迅速，挤占市场份额，从而带动东道国就业，降低投资国就业。

因此，制造业对外直接投资对就业的影响应该视具体情况而定。不同阶段，一个国家对外直接投资的动机不同，行业不同，所选区位不同，对就业的影响不能一概而论。而就本书研究的低端制造业而言，其劳动密集、成本导向与外向型特征，很可能使得制造业对外投资的"转移就业效应"更为可能发生，即降低投资国相应制造业就业，同时增加东道国相应制造业就业。

（三）特征事实：部分国家制造业对外直接投资与就业变化

制造业对外直接投资中，最常采取的方式为绿地投资与跨国并购。根据调查数据显示，跨国并购起步时间早，但是绿地投资却起步较晚，从2003年开始，绿地投资才逐渐发展起来。制造业对外直接投资采取的即是如上两种方法，将两种渠道的制造业对外直接投资进行加总，求得世界范围内制造业对外直接投资所占比例，可以看出制造业对外直接投资占比波动较大，但维持在40%上下波动，结果如图4-2所示。

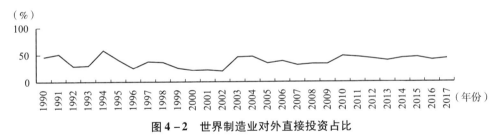

图 4 – 2 世界制造业对外直接投资占比

资料来源：World Investment Report。

另据联合国贸易和发展会议 2019 年初发布的《全球投资趋势监测报告》显示，2016~2018 年期间，世界对外直接投资连续下滑，其中仅 2018 年 FDI 总量下降高达 1.2 万亿美元，下降幅度达到 19%。从地区层面入手，OECD 国家或成为全球对外直接投资的最大阻力，数据显示 OECD 国家吸收外资能力急剧下降，仅为 4510 亿美元，这与以美国为首的贸易保护主义抬头有很大的关联。OECD 国家对外直接投资区位的选择具有一定的规律，近些年来，随着贸易保护思潮的兴起，OECD 国家对外直接投资逐渐转移，从最开始投资于新兴市场国家以获得成本优化转变为投资于 OECD 国家，兴业研究报告指出，以韩国为例，其对外投资逐渐由越南、马来西亚等非 OECD 国家和地区转移为对美国、日本等 OECD 国家。其中对于奥地利这样的小型经济体而言，其对外投资区位多选择邻近的 OECD 国家，例如有学者指出，奥地利对外直接投资主要集中于东欧经济体，2004 年其分布于东欧的子公司雇佣劳动力数量占比达到 71.9%，远高于其他 OECD 国家就业占比（24.4%），且从事中间品贸易的跨国公司 70% 的贸易量均是从东欧国家进口而来（Özlem，2012）。虽然中间品贸易带来的增加值不断攀升，对外直接投资却同时也带来收入分配差距的扩大，1995~2005 年期间，奥地利高端劳动力就业数量以及实际工资的增加均高于低端劳动力，OFDI 的就业替代效应带来的社会问题也逐渐凸现。

对于非 OECD 国家和地区，近年来制造业对外直接投资发展迅猛的非 OECD 国家和地区不在少数，逐年增加的对外投资流量依旧是主流趋势，各国不断通过 OFDI 参与全球生产，但是其国内制造业就业形势却不容乐观。对于中国制造业对外直接投资的研究，朱克朋和樊士德（2019）使用投入产出法构造产出模型，从产业部门层面分析，对外直接投资引起制造业下降幅度高达 188 万个就业岗位，而其中就业下降幅度最大的为低端劳动密集型行业，例如"家具制造业""纺织业"等制造行业，并且由中间品产业转移引起的制造业外移是造成就业大量流失的主要原因，影响高达 38 万个就业岗位。从宏观数据也可看出一定趋势，图 4 – 3 展示了 2003~2018 年中国制造业对外直接投资流量占比与当年国内城镇制造业就业比重的关系，可见除了 2007～2013 年呈现正相关以外，其余年份则呈现出较为显著的负相关趋势。而对于第二大非 OECD 国家和地区的印度而言，其结构问题引起制造业就业困境由来已久，《经济时报》报道称，印度 1% 的经济增长仅带动 0.2% 的就业增长，但是与下降的就业数量形成鲜明对比的是，其逐年增加的制造业对外投资额，据《2011 年世界投资公报》显示，印度在 21 世纪头十年内，对外投资额持续攀升，增长高达 28 倍，且占世界对外投资流量比例达到 1.11%。

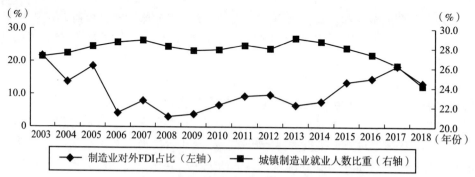

图 4 - 3　2003～2018 年中国制造业对外直接投资流量占比与当年城镇制造业就业人数占比

资料来源：历年《中国对外直接投资统计公报》、国家统计局。

三、实 证 研 究

下面同样基于宏观数据，分别从制造业整体对外直接投资、分行业制造业对外直接投资对低端制造业 OFDI 与投资国的东道国制造业就业关系进行验证，并在之后进行基于中国微观企业数据的实证研究。

（一）制造业整体对外直接投资的转移就业效应

首先考察各个国家制造业整体对外直接投资对投资国与东道国制造业总就业数量的影响。仍然采用 OECD 提供的 45 个国家 2005～2018 年的跨国面板数据，模型设计与变量含义如下（Z 为其他可能影响制造业就业的各控制变量矩阵）：

$$Employ_{it} = c + \beta_1 OFDI_{it} + \beta_2 OFDI_{it}^2 + \beta_3 FDI_{it} + \beta_4 FDI_{it}^2 + \beta_i \sum Z_{it} + \varepsilon_{it}$$

$$(4.2)$$

$Employ_{it}$：模型被解释变量，为各国各年度制造业就业人数占总劳动力比重

（百分点），用以表示当地制造业就业情况。分母为各国劳动力人数，用以控制人数增加对就业的影响。在细分行业模型中，也代表各国各年各子行业就业人数占制造业整体就业人数的百分点。

$OFDI_{it}$：模型关键解释变量，为各国各年度制造业对外直接投资占 GDP 比例。具体研究各国制造业细分行业，也可指代各国制造业细分行业对外直接投资占制造业对外直接投资比例。该变量是从投资国角度考察制造业对外直接投资对投资国就业的影响。

$OFDI_{it}^2$：模型关键解释变量，为各国各年度制造业对外直接投资占 GDP 比例的平方，研究的是对外直接投资对于就业数量的非线性影响（非线性影响不一定存在，视具体模型显著性而定）。

FDI_{it}：模型关键解释变量，各国各年度制造业吸收直接投资存量占当年 GDP 比重（百分点）。后文也指代各国制造业细分行业对外直接投资占制造业对外直接投资比重。这是从东道国角度看吸收制造业直接投资对于就业的影响。

FDI_{it}^2：模型关键解释变量，各国各年度制造业吸收直接投资存量占当年 GDP 比重的平方，研究的是吸收直接投资对于本国贸易顺差的非线性影响（非线性影响不一定存在，视具体模型显著性而定）。

模型的解释变量包括：

$Export_{it}$：各国制造业出口占总出口比重，表示制造业在出口中的地位（百分点）。

$Reer_{it}$：各国各年实际有效汇率，反映汇率变动对于经常项目差额的影响。

$Add2_{it}$：制造业规模情况，用工业增加值占 GDP 比值表示（百分点）。

$Open_{it}$：各国贸易开放度，用各国货物贸易总额/GDP 的百分点来表示。

$LnPgdp_{it}$：一国经济发展阶段，用人均 GDP 的对数形式表示。

$LnPgdp2_{it}$：一国经济发展阶段，用人均 GDP 的对数形式（平方项）表示，反映经济发展阶段对于制造业就业的非线性影响。

数据来源方面，发达国家就业数据和对外直接投资数据来源于 OECD 网站，发展中国家就业与对外直接投资数据来源于各国统计局和各国中央银行等公布的数据；控制变量相关数据来源于 WTO 和 World Bank 网站。

首先，我们不分细分行业，仅讨论制造业整体对外总直接投资对于制造业就业的影响，利用 Stata 软件采用 OLS 进行回归，利用豪斯曼模型检验得出模型更适合于固定效应模型。

表 4-8 给出了包含 OECD 提供的 45 个国家 2003～2018 年数据的固定效应面板数据模型回归结果。

表 4 - 8 制造业整体对外直接投资与制造业就业

模型变量	(1) Employ	(2) Employ	(3) Employ	(4) Employ	(5) Employ	(6) Employ	(7) Employ	(8) Employ
OFDI	0.035 ** (0.015)	0.036 ** (0.015)	0.032 ** (0.016)	0.033 ** (0.016)	0.036 ** (0.016)	0.031 * (0.016)	0.042 ** (0.017)	0.055 *** (0.015)
OFDI2	−0.000 * (0.000)	−0.000 * (0.000)	−0.000 * (0.000)	−0.000 * (0.000)	−0.000 ** (0.000)	−0.000 * (0.000)	−0.000 ** (0.000)	−0.000 *** (0.000)
FDI	0.028 * (0.015)	0.029 * (0.015)	0.030 * (0.016)	0.028 * (0.016)	0.012 (0.016)	0.010 (0.016)	0.011 (0.016)	
FDI2	−0.000 *** (0.000)	−0.000 *** (0.000)	−0.000 ** (0.000)	−0.000 * (0.000)	−0.000 (0.000)	0.000 (0.000)	0.000 (0.000)	
Export	0.017 (0.011)	0.016 (0.011)	0.026 ** (0.012)	0.027 ** (0.012)	0.031 *** (0.012)	0.044 *** (0.008)		
Reer	0.005 (0.006)	0.005 (0.006)	0.020 *** (0.007)	0.020 *** (0.007)	0.010 (0.006)			
Add2	0.132 *** (0.048)	0.131 *** (0.048)	0.204 *** (0.051)	0.224 *** (0.048)				
Open	0.012 *** (0.004)	0.012 *** (0.004)	0.005 (0.005)					
LnPgdp	10.138 (6.313)	5.503 *** (0.672)						
LnPgdp2	−0.249 (0.337)							
Constant	−67.44 ** (29.56)	−46.16 *** (6.563)	6.198 *** (1.572)	6.355 *** (1.557)	9.789 *** (1.387)	9.978 *** (1.154)	12.99 *** (1.025)	12.98 *** (1.026)
国家固定	YES	YES	YES	YES	YES	YES	YES	YES
时间固定	YES	YES	YES	YES	YES	YES	YES	YES
Observation	493	493	493	494	502	532	537	537
R-squared	0.507	0.507	0.429	0.426	0.401	0.419	0.384	0.380

注: 括号中为标准差; ***, **, * 分别表示 $p < 0.01$, $p < 0.05$, $p < 0.1$。

从投资国的角度看,我们发现制造业对外直接投资对就业的影响并不是简单的线性关系,即制造业对外直接投资并不仅仅是促进或抑制投资国的就业数量,因对外直接投资规模而异,呈现倒"U"型影响。制造业对外直接投资对于投资国就业的影响为先增加投资国就业,然后再减少投资国就业数量,在坐标图中表现为开口向下,位于第一象限的抛物线。制造业对外投资对于投资国就业的影响并不是一成不变的,这也符合张海波(2010)以及寻舸(2002)研究的结果,即在不同时期,不同类型的制造业对外直接投资产生的就业效应不能一概而论。而从东道国的角度来看,我们发现吸收制造业直接投资对东道国制造业就业同样呈现倒"U"型影响,随制造业吸收直接投资存量的增加,先带动东道国制造业就业的增长,到达一定规模后则出现负向影响。

(二) 制造业细分行业对外直接投资的转移就业效应

从前面回归结果中,我们看到制造业对外直接投资对于投资国与东道国制造业就业的影响,并不是单纯的线性关系,而是呈现倒"U"型的趋势,然而这是根据制造业总体进行的研究,混杂了不同类型的制造业,较为粗糙。如上所述,受 OECD 数据可获得性的制约,可获得数据包括以下 6 个行业:(1)食品制造,饮料和烟草制品业(简称食品饮料);(2)纺织品、服装、木材和纸制品制造业(简称纺织服装);(3)石油、化工、制药、橡胶和塑料制造业(简称石化制药);(4)金属和机械产品制造业(简称金属机械);(5)机动车辆、拖车、半拖车和其他车辆的制造(简称车辆制造);(6)计算机及其他电子设备制造业(简称计算机电子)。其中,子行业 2(即纺织品、服装、木材和纸制品制造业)是典型的劳动密集制造业,子行业 6(即计算机及其他电子设备制造业)对许多发展中国家而言是含劳动密集环节的低国内增加值制造业(详见第四章)。国家及年份包括:丹麦(2008~2018 年)、德国(2008~2017 年)、匈牙利(2008~2018 年)、日本(2014~2018 年)、挪威(2013~2018 年)、波兰(2010~2018 年)、西班牙(2013~2018 年)、瑞典(2010~2018 年)。在研究制造业对外直接投资对于就业的影响时,不能忽略细分行业对外直接投资的就业效应,正如不少学者研究指出,劳动密集型行业对外直接投资会引起替代效应大于刺激效应(即导致东道国就业增加、投资国就业减少),高新技术行业将促进就业增加。按制造业各细分行业回归(关键解释变量变为制造业各细分行业对外直接投资占制造业总对外直接投资的比例,被解释变量为制造业各细分行业劳动力占制造业总劳动力的比例,其余控制变量不变)得到的结果如表 4-9 所示。

表 4 - 9　　　　　　　　　制造业各细分行业对外直接投资与对应就业

子行业	食品饮料	纺织服装	石化制药	金属机械	车辆制造	计算机与电子
OFDI	0.083 (0.089)	− 1.934 * (0.973)	0.015 (0.072)	− 0.018 (0.231)	0.193 * (0.096)	− 0.040 (0.192)
OFDI2	− 0.001 (0.002)	− 0.134 (0.096)	− 0.000 (0.001)	− 0.001 (0.006)	− 0.003 ** (0.001)	− 0.002 (0.006)
FDI	0.038 (0.137)	1.652 ** (0.774)	0.204 (0.143)	0.065 (0.052)	0.008 (0.052)	0.282 ** (0.133)
FDI2	− 0.001 (0.002)	0.074 (0.047)	− 0.005 (0.003)	0.001 (0.001)	0.000 (0.003)	0.012 (0.007)
Export	0.001 (0.017)	− 0.044 * (0.024)	− 0.088 * (0.047)	0.006 (0.111)	− 0.029 (0.067)	0.053 ** (0.023)
Reer	− 0.085 (0.067)	− 0.108 (0.124)	− 0.062 (0.057)	0.184 ** (0.077)	0.139 (0.110)	0.143 * (0.072)
Add2	− 0.001 (0.064)	0.232 ** (0.103)	0.025 (0.055)	− 0.132 * (0.070)	− 0.157 (0.107)	− 0.097 (0.389)
Open	− 0.068 (0.063)	− 0.225 ** (0.094)	0.047 (0.046)	0.033 (0.062)	0.274 ** (0.118)	0.032 (0.048)
Ln*Pgdp*	− 50.929 (75.742)	− 86.242 (119.426)	− 50.771 (54.113)	− 100.059 (69.285)	− 1.632 (121.216)	− 72.291 * (40.609)
Ln*Pgdp2*	2.310 (3.913)	5.145 (6.217)	1.721 (2.833)	6.402 * (3.652)	− 0.095 (6.168)	3.729 * (2.125)
Constant	309.7 (366.7)	396.2 (568.9)	363.5 (259.9)	362.0 (328.4)	2.641 (590.8)	334.3 (205.1)
国家固定	YES	YES	YES	YES	YES	YES
时间固定	YES	YES	YES	YES	YES	YES
Observations	59	56	59	59	59	39
R-squared	0.370	0.549	0.561	0.525	0.520	0.779

注: 括号中为标准差; **, * 分别表示 $p < 0.05$, $p < 0.1$。

　　从以上结果我们分析得出, 不同性质的制造业子行业对外直接投资 (以及东道国吸收各类制造业直接投资) 的就业效应有显著差别。食品饮料、石化制药与金属机械子行业就业受到直接投资的影响并不显著，而"纺织服装"作为典型的低端劳动密集制造业，对外直接投资显著降低了国内对应子行业的就业人数比重，而吸收直接投资则线性增加了国内纺织服装行业的就业比重。同时，作为典型的含劳动密集环节的低国内增加值制造业，"计算机和其他电子设备制造业"吸收直接投资对东道国对应子行业就业比重的正向影响显著。而对于资本与技术较为密集的车辆制造业，实证结果发现，其对外直接投资对投资国对应行业就业的影响呈现"倒 U 型"，即随对外投资首先增加投资国就业比重，待到达一定规模后再继而降低投资国就业比重。这说明对外投资高新技术行业，可能会引起东道国对于母国技术人员的需求，这会提升母国制造业就业数量，起到促进作用，总的就业效应应该同时考虑这两种效应的强弱，这也符合布洛姆斯特罗姆（Blomstrom，1994）提出的就业组合效果，即需要衡量替代效应与刺激效应的相对大小，从而决定对于就业的最终影响。

总而言之，关于制造业及制造业各类子行业对外直接投资（及吸收直接投资）对投资国与东道国相应行业就业的影响而言，总体上看，制造业整体对外投资及吸收直接投资，确实能引起投资国与东道国制造业就业比重的相应变化。从具体子行业来看，纺织服装、计算机等电子设备等劳动密集型或具有劳动密集环节的低端制造业对外直接投资，减少投资国相应行业就业、吸收直接投资增加东道国相应行业就业的效果，相对其他行业而言比较突出。这为中国未来向其他更为合适的国家通过直接投资转移低端制造业提供了就业方面的可行性，即可以通过转移劳动密集的低端制造业来帮助当地提升制造业就业水平，增加劳动者收入，从而最大幅度降低当地对于外国资本的排斥与抵制反应，这也是劳动密集或有劳动密集环节的低端制造业对外直接投资，相对于技术资本密集制造业以及"高污染、高能耗、高成本"的"三高"制造业对外投资的最大优势所在。

（三）低端制造业 OFDI 与就业：基于微观企业数据的分行业实证研究

与前文类似，我们同样利用微观企业数据，使用 PSM 倾向得分匹配方法，来考察低端制造业相对其他制造业对外直接投资对其就业的影响（但由于没有基于各企业投资东道国子公司就业的具体数据，只能研究对外直接投资对于位于投资国的母公司就业的影响）。本部分回归涉及两组数据，其一是国家统计局的中国工业企业数据库，时间跨度为 2004～2007 年，其统计调查的对象包括全部国有工业企业以及"规模以上"（主营业务收入大于 500 万元）非国有企业。其二是商务部的关于中国对外直接投资企业统计数据库。这里利用中国工业企业数据库中的企业名称与中国对外直接投资企业统计数据库中的"境内投资主体"名称进行合并。

仍然使用倾向评分匹配（PSM）方法，考察不同类型制造业企业对外直接投资与否对于企业贸易顺差的影响。处理组为全样本、低端制造业企业子样本、非低端制造业子样本中考察期内有对外直接投资的企业。而对照组则为各样本中经过计算倾向得分匹配后，那些与处理组企业具有类似对外直接投资倾向，但最终未选择对外直接投资的企业。在低端制造业分类方面，仍是根据本书第三章"中国低端制造业的分类"的结论，将各样本企业中，行业分类属于纺织服装（《中国 2017 年国民经济行业分类》中行业代码为 18），皮革、毛皮、羽毛及其制品与制鞋业（行业代码为 19），家具制造业（行业代码为 21），文教、工美、体育与娱乐用品制造业（行业代码为 24），计算机、通信和其他电子设备制造业（行业代码为 39），其他制造业（行业代码为 41）的企业划为"低端制造业企业"。其他制造业子行业企业则为非低端制造业企业。

模型的关键自变量仍然为 OFDI，即企业是否进行对外直接投资的 0/1 哑变量，为被解释变量则为 $Employ$，即该制造业企业当年的从业人数（人），所有样本涉及回归模型的相关变量统计性质如下（其中企业各年全要素生产率 TFP 依据 Levinsohn - Petrin 法即一致半参数估计法计算）。全部企业样本、低端制造业企业子样本、非低端制造业企业子样本的描述性统计特征分别如表 4 - 10、表 4 - 11、表 4 - 12 所示。

表 4 - 10 全样本企业各变量描述性统计特征

变量	含义	观测数	平均值	方差	最小值	最大值
$Employ$	（被解释变量）企业从业人数，人	1288414	225. 3865	830. 505	1	158288
$OFDI$	（关键解释变量）企业当年是否对外直接投资	1288414	0. 003	0. 056	0. 000	1. 000
$Size$	企业工业总产值（千元）的对数	1288414	10. 252	1. 288	0. 693	18. 683
$Debt$	企业负债率	1288414	- 0. 847	0. 839	- 13. 067	8. 484
$Profit$	利润率（利润总额占销售总额百分点）	1288414	- 3. 483	1. 417	- 13. 822	7. 818
TFP	企业全要素生产率（LP 法计算）	1288414	5. 645	1. 030	- 3. 850	13. 859
Kl	资本劳动比	1288414	3. 814	1. 366	- 7. 728	14. 447
Age	企业年限	1288414	8. 047	8. 743	0. 000	218

表 4 – 11　　　　　　　低端制造业企业各变量描述性统计特征

变量	含义	观测数	平均值	方差	最小值	最大值
Surplus	（被解释变量）企业从业人数，人	208495	260.088	634.852	7	89297
OFDI	（关键解释变量）企业当年是否对外直接投资	208495	0.004	0.066	0.000	1.000
Size	企业工业总产值（千元）的对数	208495	10.212	1.211	2.197	18.210
Debt	企业负债率	208495	− 0.805	0.806	− 13.067	1.852
Profit	利润率（利润总额占销售总额百分点）	208495	− 3.610	1.369	− 12.728	5.306
TFP	企业全要素生产率（LP 法计算）	208495	5.357	0.991	− 2.169	10.612
Kl	资本劳动比	208495	3.188	1.353	− 6.259	9.807
Age	企业年限	208495	7.444	6.980	0	140

表 4 – 12　　　　　　　非低端制造业企业各变量描述性统计特征

变量	含义	观测数	平均值	方差	最小值	最大值
Surplus	（被解释变量）企业从业人数，人	1079919	218.687	863.026	1	158288
OFDI	（关键解释变量）企业当年是否对外直接投资	1079919	0.003	0.053	0.000	1.000
Size	企业工业总产值（千元）的对数	1079919	10.259	1.302	0.693	18.683
Debt	企业负债率	1079919	− 0.855	0.844	− 12.780	8.484
Profit	利润率（利润总额占销售总额百分点）	1079919	− 3.459	1.425	− 13.822	7.818
TFP	企业全要素生产率（LP 法计算）	1079919	5.701	1.027	− 3.850	13.859
Kl	资本劳动比	1079919	3.935	1.335	− 7.728	14.447
Age	企业年限	1079919	8.164	9.039	0	218

　　根据倾向评分匹配（PSM）方法的框架，我们先使用 Probit 模型针对各子样本对于 OFDI（0/1 二值变量，即该制造业企业是否进行对外直接投资）进行回归，得到影响企业对外直接投资的主要影响因素及其影响程度，结果如表 4 – 13 所示。接下来依据相关变量的系数对各企业进行倾向评分估计，并使用最邻近方法（Nearest Neighbour Maching）在每个子样本中进行一对一配对，在各子样本中选择出那些条件与潜质与有对外投资的企业最为类似的，但未选择对外投资的企业作为与处理组各方面条件最为类似的对照组。并最终通过观察 ATT 值考察 OFDI 行为是否影响了制造业企业的雇佣人数，结果如表 4 – 14 所示。

表 4 - 13 　　　　　　　　　　Probit 回归结果

变量	全样本	低端制造业企业	非低端制造业企业
Size	0.292 *** (0.004)	0.281 *** (0.010)	0.292 *** (0.005)
Debt	0.078 *** (0.009)	0.053 *** (0.017)	0.089 *** (0.010)
Profit	0.033 *** (0.004)	0.048 *** (0.010)	0.031 *** (0.005)
TFP	− 0.189 *** (0.007)	− 0.209 *** (0.016)	− 0.180 *** (0.008)
Kl	0.025 *** (0.005)	0.089 *** (0.011)	0.022 *** (0.006)
Age	− 0.007 *** (0.001)	− 0.008 *** (0.002)	− 0.007 *** (0.001)
Observations	1288414	208495	1079919
R-squared	0.098	0.081	0.105

注：括号中为标准差；*** 表示 $p < 0.01$。

表 4 - 14 　　　　　　　　　各子样本倾向匹配得分估计

Variables Samples	Treated Observations	ATT	S. D	Tvalue
所有样本	4005	331.148 **	143.03	2.32
低端制造业企业	926	− 199.67 ***	71.93	− 2.78
非低端制造业企业	3079	626.00 ***	181.40	3.45

注：*** ，** 分别表示 $p < 0.01$，$p < 0.05$。

　　从表 4 - 14 的 ATT 值及其显著性可以发现，就所有工业企业整体以及非低端制造业企业子样本而言，对外直接投资行为显著增加了这些工业企业的雇佣人数。但低端制造业企业对外直接投资则反过来显著降低了企业的用工人数；由此可以判断，相对于非低端制造业企业而言，低端制造业企业对外直接投资更能显著地降低（在本国的）劳动力雇佣，从而验证了我们的理论假设与宏观回归结果。

　　综上所述，我们分别从国际宏观数据以及中国微观企业数据角度进行实证，得出了较为一致的结论，即低端制造业企业对外直接投资，会一定程度上降低投资国低端制造业企业的劳动力雇佣与就业，同时增加东道国该行业的就业，即体现出"转移就业"效应。这意味着低端制造业对外投资对东道国就业能够起到促进的作用，导致的投资阻力会较小。但另外，我们也必须注意低端制造业对外投资导致的国内低端制造业就业被挤出的问题，做好下岗工人的技能培训与再就业引导，防止出现大规模失业的情形。低端制造业对外投资，同时会给投资国国内相应行业的就业带来较为显著的负向冲击，不可将低端制造业过量、过快地转移至国外，需要在循序渐进的过程中逐渐转移夕阳产业，促进国内制造业转型升级，防止国内制造业就业短时间内受到强烈冲击。中国作为制造业发展较为成熟的国家，更加不能急于求成，急于将全部低端制造业转移至国外，而同时需要发展技术与资本密集制造业，并通过开展就业与技能培训，将转移过程中产生的低端制造业的失业人员消化到其他部门之中，以减少替代效应造成的社会福利损失，避免出现制造业空心化现象。

第三节　投资行业可行性（三）：低端制造业对外直接投资对东道国的低环境压力

环境问题是新世纪人类经济可持续发展必须密切关注的事项，随着全球生态污染日益恶化，各界学者日益关注人类经济活动是否会进一步恶化地球生态。而各国环境污染程度是否会受到全球化过程中资源重组的影响，也引起了关注。其中，作为产能输出的主要方式，对外直接投资行为导致的东道国环境问题引起了广泛关注。作为消耗能源与污染物排放的主要产业，制造业对该国的能耗与污染排放的影响则最为重要。直接投资与环境影响之间的关系一直是学术界讨论的重要议题。如前文所述，制造业对外直接投资对东道国经济各方面有可能带来一些负面影响，可能引起东道国政府及民众产生排斥与抵制的情形，导致投资失败。其中尤以"高污染、高能耗、高成本"的"三高"制造业最为典型，可能对东道国的自然资源与环境产生过度耗费与污染而引起民众抵制，增大投资阻力。

具体到本书关注的低端制造业，我们认为，不同于非金属矿物、化学原料和化学制品、黑色/有色金属冶炼等"三高"制造业，也不同于各类资本、技术密集型制造业（通常需要大量原料与生产设备而导致工业能耗相对较大），本书定义的两类低端制造业对外投资，对东道国能源与环境压力相对较小，更容易获得东道国政府批准与国际合作。这是由低端制造业劳动密集、资本/技术/能源投入相对较小的特征造成的，具有环境保护方面的可行性。为了验证这一观点，下文将主要针对低端制造业对外直接投资的能耗与环境效应进行理论与实证分析。

一、理论与文献基础

本部分主要整理已有文献关于国际直接投资对于投资国与东道国能源与环境污染方面的影响。鉴于国际贸易行为与国际投资有着密切联系，且在人类经济史上，国际贸易发展远远早于国际投资，导致许多国际贸易的环境效应理论被国际投资的环境研究所继承发展，因此在介绍国际直接投资的环境效应文献之前，需要先整理贸易的环境效应。

(一) 国际贸易的环境效应

国际贸易对环境的影响并不是一个新话题。理论方面，格罗斯曼和克鲁格（Grossman and Krueger，1992）及考佩兰德和泰勒（Copeland and Taylor，1994）最早将贸易对环境的影响划分为"规模效应""结构效应""技术效应"三方面，建立了贸易环境效应分析框架。规模效应指的是贸易自由化能够扩大生产规模，促进经济增长，而生产技术水平没有改进，资源使用效率保持不变的情况下，生产规模扩大会增加环境污染。结构效应指的是若一国在污染密集型部门具有比较优势，随贸易规模不断加大，该国环境会恶化。托贝（Tobey，1990）、格罗斯曼和克鲁格（1995）的实证研究对此持同样观点。反之，若一国在清洁产品部门具有比较优势，则自由贸易的结果是收入提高且环境也能得到改善；安德鲁和丹尼尔（Andre and Daniel，1997）进一步指出，全球贸易自由化导致的国际竞争加剧会促使各国，尤其是环境标准较低的发展中国家，为维持或增强竞争力进一步降低环境质量标准的现象，即所谓"向底线赛跑"（racing to the bottom），导致其环境恶化，这一观点事实上也可以归至"结构效应"框架。技术效应包含三层含义：首先，自由贸易带来的分工扩大和规模经济提高要素使用效率，降低单位能耗与产出污染量；其次，贸易自由化加强各国之间的技术交流，使生产技术扩散加快，当然也包括降低污染与能耗的新技术；最后，贸易促进各国收入水平提高，使居民对绿色产品需求上升，从而促进低污染绿色产品生产增加，间接保护环境。一些学者进一步在其基础上提出了产品效应、收入效应、法规效应等（Panayotou，2000）。

实证方面，许多学者基于这三个效应的框架进行了实证研究，结论也各不相同。例如有研究利用世界环境监测系统发布的 43 个国家 108 个城市的 290 多个观测站的 SO_2 排放数据，考察了 1971～1996 年贸易自由度与环境污染的关系，发现若自由贸易引起人均 GDP 上升 1%，SO_2 等污染浓度会下降 1%，而技术效应和结构效应很高，即考察期内自由贸易有利于环境的结论（Antweiler，Copeland & Taylor，2001）；也有研究发现，亚洲发展中国家因收入增加导致的技术效应还没有充分显现，国际贸易的规模负效应超过了结构正效应（Cole，Rayner & Bates，1998）；张连众等（2003）通过对我国 SO_2 排放量作为环境指标利用2000年我国31省截面数据进行分析，得出贸易自由化对环境影响的规模效应为负，结构效应和技术效应为正，贸易开放度与污染呈负相关关系；李秀香和张婷（2004）则以 CO_2 排放量作为环境指标，采用我国1981～1999年间的时间序列数据进行考察，发现贸易自由化和环境管制措施的实施使我国 CO_2 排放量减少，贸易的规模效应、结构效应、技术效应对环境的影响都为正；余北迪（2005）发现国际贸易对中国生态环境的负的规模效应大大超过了正的结构效应和技术效应，贸易对我国环境的总效应为负；叶继革和余道先（2007）专门研究了我国贸易环境效应中的结构效应，发现我国具有出口优势的工业行业多属于污染密集型行业，负的结构效应越来越大，日渐扩张的对外贸易对环境的危害越来越大；罗堃（2007）的实证研究表明，我国进口污染密集型产品可获得正向结构效应，但需承受负向技术效应，出口的情况则正好相反，而进口对环境的正向净效应远大于出口；沈利生和唐志（2008）运用投入产出模型考察外贸对我国 SO_2 排放的影响发现，对外贸易规模总体有利于我国污染减排，但近年出口产品结构恶化却加剧了污染；刘巧玲等（2012）用我国1983～2012年数据建立的联立方程模型发现，对外贸易规模与污染没有直接显著关联，但贸易对经济增长作用显著而后者显著影响污染。刘修岩和董会敏（2017）发现，出口贸易开放度对 PM2.5 平均浓度的影响并不显著，但对地均 SO_2 排放量却具有显著的正效应。类似角度的研究还有杨恺钧等（2017）、周默涵（2017）等，不再赘述。

在此基础上，一些学者具体着眼于各国贸易进出口商品中隐含的能源与碳排放对环境污染的影响。例如，玛卡多等（Machado，et al.，2001）研究了巴西进出口对其能源消耗和 CO_2 排放量的差异性影响；兰赞（Lenzen，1998）考察了澳大利亚贸易与最终消费中隐含的能源和温室气体排放；卡卡里（Kakali，2004）考察了印度1993～1994年进出口商品贸易隐含能源与碳含量的差异性，从而解释了贸易对环境污染的影响；等等。国内这一分支研究多转向利用投入产出表对碳关税、贸易隐含碳排放进行测量，成果很多，例如，刘巧玲和王奇（2016）基于2002～2007年省级数据，运用双边贸易总量方法（EEBT）和地区间投入产出分析方法（MRIO）分析了我国省份间贸易隐含 SO_2 流动情况，发现前者比后者估计的核算结果高 $18.87\% ～32.88\%$；类似的研究还有庞军等（2017）、胡剑波和郭风（2017）、彭水军和张文城（2016）等，这里也不再赘述。另外有个别学者注意到了不同贸易方式对环境污染的影响，例如徐圆（2010）认为，加工贸易所代表的国际生产网络价值链有利于中国环境的改善，会使制造业的生产和出口都变得更加清洁, 其实证研究发现, 当出口加工贸易占总出口额每增加1%, 制造业总体污染强度就会下降0.84%, 而出口制造业污染强度会下降得更多也更显著, 平均达1.83%。牛海霞和罗希晨(2009)利用1995年至2007年的相关数据, 对加工贸易出口与工业废水、废气和固体废物排放进行实证研究发现, 经济增长、加工贸易与环境污染存在长期的正向协整关系, 而经济增长与加工贸易是环境污染的主要原因。

总体而言, 关于贸易对于环境效应的影响, 已有研究的关键自变量大多是贸易规模或贸易开放度, 即认为随着贸易的发展, 其带来的规模效应、技术效应和结构效应会导致污染指标发生变化。

(二) 直接投资的环境效应

由于国际贸易与国际直接投资大多由跨国公司承担, 贸易与投资二者间存在较大关联性, 因此许多研究投资与环境问题的文献也大量沿用了格罗斯曼和克鲁格(1992)及考佩兰德和泰勒(1994)的"规模效应""结构效应""技术效应"思路, 以及著名的"污染天堂"效应, 即污染密集产业的企业倾向于在环境标准相对较低的国家或地区, 通过直接投资建立工厂进行生产, 这显然会导致制造业直接投资将环境污染由投资国转移至东道国(当然, 只限于污染密集型产业对外投资)。

一方面, 近年研究越来越多地关注国际贸易、投资行为与环境监管之间的关系。例如周杰琦和汪同三(2013)将中国1990~2010年的省级CO_2排放量作为面板数据, 研究表明, 我国对外贸易将减少环境法规, 增加高污染行业的直接投资流入, 加重环境污染。这是因为中国的比较优势集中在污染密集型。行业、贸易收入效应无法弥补环境的负面影响。许昊和王昊(2015)选择了中国30个省从2003年到2011年的面板数据, 并基于联立方程模型, 考察了中国OFDI对国内CO_2排放的影响, 结论是我国OFDI的增加将给国家带来积极的规模效应、产业结构效应和负面技术效应。三大影响的结果表明, 中国增加了对外直接投资, 增加了国内二氧化碳排放量。另一方面, 一些学者对FDI环境影响的分析与"污染天堂"理论不一致。在国内研究中, 朱书金和尹旭学(2014)对发达国家和发展中国家进行了区分。研究结果表明, 发展中国家的出口贸易将导致"底线竞赛"现象, 环境法规减少; 相反, 它将促进清洁生产和绿色生产, 并提高国家的可持续发展能力。刘烨(2016)使用了2003~2013年中国281个城市的面板数据, 研究表明引入FDI对我国的环境污染具有显著的减排效应。这是因为发达国家的外国直接投资在中国产生了丰富的东道国(区域)效应, 特别是在清洁生产技术的应用和高级企业管理理念的应用和传播方面。杨杰和卢金勇(2014)通过对 2000 年至 2011 年中国 247 个城市的 FDI，污染物排放和控制变量进行了面板数据回归分析，发现随着一个地区人均收入水平不断提高，外商直接投资会使该地区更大程度地减少和控制工业废水排放。波托斯基（Potoski，2001）使用来自美国各州的经验数据得出结论，没有"竞争底线"。经济增长的压力并没有导致一个国家降低自己的环境标准，反而通过构建清洁环境吸引外资更为重要。科尼斯基（Konisky，2007）将美国各州 1985 ~ 2000 年的数据作为实证研究基础，也得出了相似的结论。虽然美国各州愿意通过吸引投资以发展经济和提升就业，但他们不会"竞争性地"减少自己的环境监管水平，等等。还有一些学者的研究结论并未反映两者之间明显的相关性。例如伍兹（Woods，2006）使用分析状态具有不同水平的环境法规要求时的状态行为，结论是，当一国环境监管水平比该国的竞争对手高时，该国会自动调整环境监管水平，环境监管水平低于它的竞争对手时，则会采取"不动"的措施导致环境法规减少。

总而言之，如今学术界对国际贸易和对外直接投资对环境状况的影响的研究成果并不算少，专门研究制造业对外投资的环境效应的研究也很多，且已经有了例如"规模效应""结构效应""技术效应"等较为标准的分析框架。但针对不同类型制造业行业对外投资环境效应的差异性研究十分缺乏。以劳动密集、低增值率、低技术与资金门槛为特征的低端制造业对外投资，给东道国带来的环境效应显然是与其他制造业部门有所差异的。其相对较少的资本与设备、技术投入（尤其是第一类低端制造业），将给东道国制造业生产带来显著的结构效应，使其拥有生产低端制造业产品的比较优势，可能使其整体制造业能耗与污染排放强度降低。下文将用各层面实证研究来验证这一观点。

二、实证研究 1：基于 OECD 提供的 45 个国家面板数据

这里我们首先仍然使用 OECD 提供的 45 个国家 2005 ~ 2018 年制造业各子行业对外投资及吸收直接投资数据，结合各国单位 GDP 能耗强度与二氧化碳排放强度来考察两者之间的联系。建立面板数据模型如下：

$$PTFC_{it} = c + \beta_1 OFDI_{it} + \beta_2 OFDI_{it}^2 + \beta_3 FDI_{it} + \beta_4 FDI_{it}^2 \beta_i \sum z_{it} + \varepsilon_{it} \quad (4.3)$$

$$PCO_{2it} = c + \beta_1 OFDI_{it} + \beta_2 OFDI_{it}^2 + \beta_3 FDI_{it} + \beta_4 FDI_{it}^2 \beta_i \sum z_{it} + \varepsilon_{it} \quad (4.4)$$

$PTFC_{it}$：模型被解释变量，各国各年度单位工业增加值的工业能耗强度，单位为"吨油当量/亿美元"，根据国际能源署 IEA 公布的分行业能耗数据与世界银行 WDI 公布的工业增加值（2010 年美元不变价）计算。

PCO_{2it}：模型被解释变量，各国各年度单位工业增加值中的工业 CO_2 排放

量，单位为"千克/亿美元"，根据国际能源署 IEA 公布的分行业 CO_2 排放数据与世界银行公布的工业增加值（2010 年美元不变价）计算。

$OFDI_{it}$：模型关键解释变量，各国各年度制造业对外直接投资存量占当年 GDP 比重（百分点）。后文分细分行业研究时也指代各国家制造业细分行业对外直接投资占制造业对外直接投资比例。该变量是从投资国角度考察制造业对外直接投资对投资国工业能耗与排放的影响。

$OFDI_{it}^2$：模型关键解释变量，各国各年度制造业对外直接投资存量占 GDP 比例的平方，研究的是对外直接投资对于能耗与排放数量的非线性影响（非线性影响不一定存在，视具体模型显著性而定）。

FDI_{it}：模型关键解释变量，各国各年度制造业吸收直接投资存量占当年 GDP 比重（百分点）。后文研究各国制造业细分行业对外投资时，也指代各国家制造业细分行业对外直接投资占制造业对外直接投资比例。该变量是从东道国角度考察吸收制造业直接投资对东道国工业能耗与排放的影响。

FDI_{it}^2：模型关键解释变量，各国各年度制造业吸收直接投资存量占当年 GDP 比重的平方，研究的是吸收直接投资对于东道国能耗与排放的非线性影响（非线性影响不一定存在，视具体模型显著性而定）。

模型的控制变量包括：

$Renew_{it}$：各国各年最终能源消耗中的现代可再生能源比重（百分点），反映各国能源使用结构。

$Add2_{it}$：制造业规模情况，用工业增加值占 GDP 比值表示（百分点）。

$Open_{it}$：各国贸易开放度，用各国货物贸易总额/GDP 的百分点来表示。

$Export_{it}$：各国制造业出口占总出口比重，表示制造业在出口中的地位（百分点）。

$LnPgdp_{it}$：一国经济发展阶段，用人均 GDP 的对数形式表示。

（一）制造业整体对外直接投资的环境效应

我们首先不细分子行业，直接考察制造业整体对外投资对东道国和投资国工业能耗强度与 CO_2 排放强度的影响，回归结果如表 4-15 所示。

表 4-15　　　　　　　　制造业整体对外直接投资的环境效应

模型变量	(1) PTFC2	(2) PTFC2	(3) PTFC2	(4) PCO_2	(5) PCO_2	(6) PCO_2
OFDI	-0.059 * (0.032)	-0.049 (0.031)	-0.052 * (0.031)	-0.074 (0.091)	0.014 (0.091)	0.016 (0.091)

续表

模型 变量	(1) PTFC2	(2) PTFC2	(3) PTFC2	(4) PCO_2	(5) PCO_2	(6) PCO_2
OFDI2	0.000 (0.000)	0.000 (0.000)	0.000 (0.000)	0.000 (0.000)	−0.000 (0.000)	−0.000 (0.000)
FDI	0.134 *** (0.031)	0.132 *** (0.031)	0.136 *** (0.030)	0.053 (0.088)	0.072 (0.090)	0.069 (0.089)
FDI2	−0.001 *** (0.000)	−0.001 *** (0.000)	−0.001 *** (0.000)	−0.001 (0.001)	−0.001 (0.001)	−0.001 (0.001)
Renew	0.023 (0.042)	0.028 (0.042)	0.016 (0.040)	−0.317 *** (0.121)	−0.256 ** (0.123)	−0.249 ** (0.121)
Add2	0.504 *** (0.097)	0.513 *** (0.097)	0.466 *** (0.089)	0.699 ** (0.280)	0.738 ** (0.286)	0.771 *** (0.261)
Open	−0.012 (0.010)	−0.012 (0.010)		0.009 (0.029)	0.008 (0.030)	
Export	0.031 (0.026)			0.361 *** (0.074)		
LnPgdp	−10.80 *** (1.423)	−10.41 *** (1.387)	−10.22 *** (1.376)	−34.34 *** (4.092)	−29.91 *** (4.093)	−30.00 *** (4.068)
Constant	112.8 *** (14.14)	110.9 *** (14.07)	108.7 *** (13.94)	338.2 *** (40.75)	318.4 *** (41.58)	319.6 *** (41.27)
国家固定	YES	YES	YES	YES	YES	YES
时间固定	YES	YES	YES	YES	YES	YES
Observations	502	503	505	490	491	492
R-squared	0.299	0.295	0.294	0.313	0.274	0.276

注：括号中为标准差；***，**，*分别表示 $p < 0.01$，$p < 0.05$，$p < 0.1$。

从回归结果可以看到，从工业能耗角度，考察期内制造业整体对外直接投资对投资国的工业能耗起到显著的线性降低作用，而吸收制造业直接投资对于东道国工业能耗强度的影响呈现倒"U"型，即吸收制造业直接投资首先使得东道国工业能耗显著上升，到达一定程度后再出现下降。这说明至少在短期内，制造业直接投资的"污染天堂"现象仍然存在。制造业产能通过直接投资转移，一定程度上也是工业能耗向东道国转移的过程。从控制变量来看，其他影响工业能耗强度的因素还包括产业结构（第二产业占比越高，工业能耗强度越高）和经济发展水平（经济发展水平越高，工业能耗强度越低，体现了经济发展与技术进步的节能效应），而从工业 CO_2 排放强度来看，无论是 OFDI 或是吸收 FDI，对于工业 CO_2 排放强度的影响都不太显著。但能源结构（可再生和回收能源比重）、产业结构（第二产业占比）、国际贸易（制造业出口比重）对 CO_2 排放强度影响很大。

（二）制造业细分行业对外直接投资的环境效应

下面区分细分行业，考察制造业各子行业对外投资对东道国和投资国工业能耗强度与 CO_2 排放强度的影响。国家及年份包括：丹麦（2008～2018年）、德国（2008～2017年）、匈牙利（2008～2018年）、日本（2014～2018年）、挪威（2013～2018年）、波兰（2010～2018年）、西班牙（2013～2018年）、瑞典（2010～2018年）。工业能耗强度和工业 CO_2 排放强度与制造业各子行业直接投资的回归结果分别如表4-16和表4-17所示。

表 4-16　　制造业各细分行业对外直接投资的环境效应：工业能耗强度

子行业 变量	食品饮料	纺织服装	石化制药	金属机械	车辆制造	计算机与电子
	PTFC	PTFC	PTFC	PTFC	PTFC	PTFC
OFDI	0.010 (0.064)	−0.220 (0.162)	−0.033 * (0.019)	0.033 (0.118)	0.201 * (0.104)	0.393 (0.236)
OFDI2	−0.000 (0.001)			0.000 (0.003)	−0.009 ** (0.004)	−0.012 (0.008)
FDI	−0.197 ** (0.093)	−0.146 ** (0.062)	0.065 *** (0.020)	−0.062 * (0.031)	0.038 * (0.019)	0.298 (0.246)
FDI2	0.004 ** (0.002)			0.001 ** (0.001)		−0.008 (0.008)
Renew	−0.061 (0.102)	−0.151 (0.093)	0.139 *** (0.018)	−0.228 *** (0.078)	−0.244 *** (0.086)	−0.269 ** (0.108)
Add2	0.170 (0.258)	0.307 (0.334)	0.264 *** (0.062)	0.117 (0.233)	0.273 (0.271)	−0.303 (0.471)
Open	0.027 (0.043)	0.020 (0.042)	−0.004 (0.007)	0.018 (0.038)	0.064 (0.046)	0.071 (0.066)
Export	−0.015 (0.012)	−0.014 (0.011)	0.036 *** (0.012)	0.200 *** (0.070)	0.016 (0.012)	−0.019 (0.033)

续表

子行业 变量	食品饮料	纺织服装	石化制药	金属机械	车辆制造	计算机与电子
	PTFC	*PTFC*	*PTFC*	*PTFC*	*PTFC*	*PTFC*
Ln*Pgdp*	-9.192 (7.112)	-9.523 (7.821)	-5.125*** (0.569)	-16.479** (7.081)	-26.033*** (8.463)	-8.372 (9.798)
Constant	101.023 (73.462)	103.507 (80.475)	50.768*** (6.255)	164.995** (72.462)	268.986*** (85.850)	93.136 (99.924)
国家固定	YES	YES	YES	YES	YES	YES
时间固定	YES	YES	YES	YES	YES	YES
Observations	63	57	63	63	60	47
R-squared	0.331	0.387	0.418	0.442	0.418	0.479

注：括号中为标准差；***，**，* 分别表示 $p < 0.01$，$p < 0.05$，$p < 0.1$。

表 4-17　制造业各细分行业对外直接投资的环境效应：工业 CO_2 排放强度

子行业 变量	食品饮料	纺织服装	石化制药	金属机械	车辆制造	计算机与电子
	PCO_2	PCO_2	PCO_2	PCO_2	PCO_2	PCO_2
OFDI	-0.036 (0.125)	-0.682 (0.690)	0.031 (0.026)	-0.059 (0.220)	0.142 (0.212)	0.196 (0.243)
OFDI2	0.001 (0.002)	0.054 (0.066)		0.003 (0.005)	-0.008 (0.008)	-0.008 (0.009)
FDI	-0.295 (0.182)	-0.118* (0.072)	0.069** (0.028)			0.521** (0.217)
FDI2	0.007* (0.004)			0.004*** (0.001)	0.006** (0.002)	-0.011* (0.006)
Renew	0.027 (0.199)	0.047 (0.045)	-0.022 (0.024)	-0.261* (0.145)	-0.317* (0.166)	0.162*** (0.042)
Add2	0.056 (0.505)	0.390*** (0.101)	0.278*** (0.085)	0.118 (0.432)	0.538 (0.529)	0.648*** (0.187)
Open	0.003 (0.085)	-0.052*** (0.018)	-0.034*** (0.010)	-0.054 (0.069)	0.081 (0.089)	-0.050*** (0.015)
Export	-0.011 (0.024)	-0.027* (0.015)	-0.052*** (0.017)	0.357*** (0.102)	0.144** (0.054)	

续表

子行业 变量	食品饮料	纺织服装	石化制药	金属机械	车辆制造	计算机与电子
	PCO_2	PCO_2	PCO_2	PCO_2	PCO_2	PCO_2
Ln$pgdp$	−9.002 (13.934)	−8.833*** (0.958)	−6.639*** (0.778)	−17.331 (12.832)	−46.889*** (17.113)	−7.762*** (0.506)
$Constant$	106.286 (143.940)	106.120*** (11.655)	84.607*** (8.557)	172.753 (132.270)	477.310*** (172.460)	106.250*** (6.453)
国家固定	YES	YES	YES	YES	YES	YES
时间固定	YES	YES	YES	YES	YES	YES
Observations	63	57	63	63	60	47
R-squared	0.308	0.358	0.415	0.454	0.408	0.397

注：括号中为标准差；***，**，* 分别表示 $p < 0.01$，$p < 0.05$，$p < 0.1$。

可见，在工业能耗强度层面，从吸收直接投资对东道国工业能耗影响的角度来看，作为第一类低端制造业典型代表的纺织服装业，其吸收直接投资与东道国工业能耗强度呈现显著的线性负向影响。而作为对比，资源、能源密集型的石化制药、金属机械行业吸收直接投资与东道国工业能耗强度，要么为显著线性正向影响，要么为"U"型影响；资本与技术密集的车辆制造业则为显著正向影响。从对外直接投资对投资国工业能耗强度影响的角度来看，资源、能源密集型的石化制药业对外直接投资，将带来投资国工业能耗强度的线性降低；资本与技术密集的车辆制造业对外直接投资，将导致投资国工业能耗强度先提高、再下降的倒"U"型影响。总结而言，相对其他制造业子行业而言，第一类低端制造业，这里即纺织服装业直接投资对东道国工业能耗强度具有显著的降低作用。

而在工业 CO_2 排放强度层面，由表4-17可见，从对外直接投资对投资国 CO_2 排放的影响来看，制造业各子行业对外直接投资对其影响都不显著。但从吸收直接投资与东道国排放强度的角度来看，作为第一类低端制造业的纺织服装业，吸收直接投资对东道国 CO_2 排放强度呈现显著负相关，而第二类低端制造业的计算机与电子设备制造业，吸收直接投资与东道国 CO_2 排放强度呈现倒"U"型影响，即先导致东道国排放强度上升，再降低排放强度。而其他行业吸收直接投资，要么线性增加东道国 CO_2 排放强度（石化制药），要么呈现"U"型影响（金属机械、车辆制造；由于仅二次项显著，没有一次项，同样意味着吸收直接投资会增加排放强度）。总结而言，相对于其他制造业子行业，两类低端制造业吸收直接投资一定程度上能够降低东道国工业 CO_2 的排放强度，具有环境友好性。

三、实证研究 2：基于中国国内低端制造业区位转移样本

前文采用的样本均为 OECD 提供的 2000～2018 年 45 个国家直接投资的数据样本，而涉及细分行业时仅有 8 个国家，样本相对较少。另外，涉及污染排放时，世界银行 WDI 数据库或国际能源署 IEA 也仅能提供工业 CO_2 排放的数据，并不够全面。下面我们采用另一种思路进行实证。中国进入 21 世纪以来已经开始了国内低端制造业的区位转移过程，低端制造业在中国各省区之间的转移，一定程度上反映了国内低端制造业对外省的直接投资与接受直接投资的状况，其对投资省（低端制造业对外转移的省份）与东道省（承接低端制造业的省份）工业能耗和排放的影响，可以作为低端制造业直接投资环境效应的较好反映，且中国省级数据获取，相比基于制造业细分行业的跨国直接投资数据更为容易且全面。由于数据可获得性的限制，我们无法获得中国各省对各外省制造业直接投资的数据，更无法获取各省对各外省低端制造业细分行业直接投资的数据，这里将各省各年加工贸易金额占比作为关键自变量，其对应的正是劳动密集、外向型、低附加值的低端制造业生产过程，用其反映各省低端制造业的发展程度，并考察各省各年加工贸易比重与本地工业能耗和排放强度的关系。理论上，若本省加工贸易比重在一定时期内出现趋势性下降，则反映本省外向型劳动密集的低端制造业产能正在向外转移。因此本部分实证研究的角度为：考察中国各省低端制造业的发展状况对于各省工业能耗与排污强度的影响，以此来反映低端制造业对外直接投资或吸收直接投资对于投资国或东道国环境的影响。

（一）低端制造业发展与工业三废排放强度

首先考察以加工贸易比重衡量的低端制造业发展水平对我国各省份主要工业三废（废水、废气、固体废弃物）排放强度的影响。由于贸易方式数据可获得性的限制，数据为我国 28 个省份 2006～2015 年省级面板数据（《中国环境统计年鉴》从 2016 年开始停止公布各省份工业三废排放数据，因此仅有至 2015 年的面板数据）。模型设计与变量含义如下（z 为各控制变量矩阵）：

$$iwater/iair/isolid_{it} = c + \beta_1 Pshare_{it} + \beta_i \sum z_{it} + \varepsilon_{it} \qquad (4.5)$$

$iwater$（$iair$，$isolid$）：模型被解释变量，分别为各省各年单位工业增加值中所含工业废水排放量 $iwater$（10000 吨/亿元，对数形式）、工业废气排放量 $iair$（亿立方米/亿元，对数形式）及工业固体废弃物产生量 $isolid$（吨/亿元，对数形式）。用工业增加值作为分母，其作用相当于控制了各省 GDP 等规模变量。

$Pshare$：模型关键解释变量，各省加工贸易占比。以当地加工贸易额占其货

物贸易比重表示，其下降也反映本省区产业结构由劳动密集型向资本、技术密集型的提升过程，用以衡量某省份低端制造业发展水平。

其余控制变量参照安特卫勒、考佩兰德和泰勒（Antweiler, Copeland and Taylor, 2001）的经典模型，并结合中国省级宏观数据可获取性特点及牛海霞和罗希晨（2009）、刘修岩和董会敏（2017）的研究，选取以下可能影响各省工业排污强度的变量如下：

Open：各省贸易开放度，用进出口总额与国内生产总值之比表示，它代表传统研究中的贸易规模效应。

Solution$_i$：各省对相应污染物的污染处理投资额的对数形式，包括对应于工业废水排放的废水治理投资（万元）、对应工业废气排放的废气治理投资（元）、治理固体废弃物投资（万元）。

Taxt：各省政府资源税征收总额（万元）的对数。资源税是政府约束企业对煤、矿、油等能源使用数量的重要工具，而这些能源使用的数量很可能影响该地区工业排污强度。

Polufeet：各省政府排污费征收总额（万元）的自然对数。排污费是政府增加企业排污成本的重要工具，其征收规模同样可能明显影响某地区工业排污强度。

Foreign：各省工业中外资力量占比，用该地区规模以上制造业企业主营业务收入中外资制造业企业占比的百分点表示，其系数反映外资企业对本地各类工业污染强度的影响。

Crisis：金融危机虚拟变量，2009年以前取0，当年及之后取1，用来衡量金融危机对各地贸易品生产及排污强度的影响。

前文模型可能存在一定由被解释变量和解释变量互为因果产生的问题。例如各种污染物治理投资额变量*Solution*的变化固然可能影响当年排污强度，但反过来各省份排污强度同样影响当年污染治理投资额，如当年污染越强则政府可能越有压力和必要增加污染治理投资额；政府排污费征收额*Polufee*及资源税征收额*Taxt*同样存在这个问题，因此分别取*Solution*、*Polufeet*、*Taxt*的滞后一期*L. Solution*、*L. Polufeet*、*L. Taxt*进入模型来降低污染强度对其的影响。此外，由于本模型被解释变量限于工业内部单位增加值污染排放，因此无须控制各地区第三产业占比等跨行业结构变量。

数据来源方面，以上涉及贸易与外资的数据来自各省份历年统计年鉴、海关统计、各省份历年国民经济与社会发展公报及国家统计局网站公布的地区年度数据库；涉及污染及其处理、排污费的数据来自历年《中国环境年鉴》《中国能源年鉴》《中国环境统计年鉴》。

我们针对工业三废排放强度，对 2006~2015 年 28 个省份全体进行基础性检验，利用 Stata 13.0 采取普通 OLS 方法进行全体 28 个省份范围的回归，结果如表 4-18 所示。

表 4-18　　低端制造业发展水平与工业三废排放强度的关联性（固定效应模型）

变量	工业废水排放强度			工业废气排放强度			工业固体废弃物排放强度		
	Model1	Model2	Model3	Model1	Model2	Model3	Model1	Model2	Model3
Pshare	−0.008 *** (0.002)	−0.008 *** (0.002)	−0.010 *** (0.002)	−0.012 *** (0.005)	−0.011 *** (0.005)	−0.010 ** (0.005)	−0.000 (0.001)	−0.000 (0.002)	−0.000 (0.002)
Open	−0.439 ** (0.230)	−0.446 ** (0.228)		0.189 (0.209)	0.185 (0.209)		0.064 (0.207)	0.069 (0.202)	
L. Solution	−0.057 ** (0.028)	−0.056 ** (0.028)	−0.056 ** (0.028)	0.029 (0.020)			−0.006 (0.007)	−0.007 (0.007)	
L. Taxt	−0.345 *** (0.040)	−0.339 *** (0.036)	−0.331 *** (0.036)	−0.325 *** (0.036)	−0.336 *** (0.035)	−0.333 *** (0.035)	−0.085 ** (0.034)	−0.089 ** (0.032)	−0.090 *** (0.031)
L. Polufeet	0.029 (0.072)			−0.103 * (0.058)	−0.089 (0.057)	−0.094 (0.056)	−0.019 (0.065)		
Foreign	0.030 *** (0.007)	0.031 *** (0.007)	0.028 *** (0.007)	0.022 *** (0.007)	0.021 *** (0.007)	0.018 *** (0.006)	0.016 ** (0.006)	0.015 ** (0.006)	0.016 *** (0.006)
Crisis	−0.264 *** (0.049)	−0.265 *** (0.049)	−0.243 *** (0.048)	−0.278 *** (0.044)	−0.292 *** (0.044)	−0.298 *** (0.046)	−0.060 (0.044)	−0.060 (0.044)	−0.058 (0.043)
Constant	9.586 *** (0.239)	8.663 *** (0.596)	7.474 *** (0.599)	12.12 *** (0.665)	12.58 *** (0.667)	12.95 *** (0.657)	10.371 *** (0.658)	10.217 *** (0.405)	10.169 *** (0.391)
样本数	243	243	243	243	243	243	243	243	243
F-test	26.0 ***	26.4 ***	37.6 ***	42.58 ***	44.25 ***	48.14 ***	51.89 ***	52.22 ***	58.56 ***
R-squared	0.646	0.646	0.645	0.755	0.748	0.749	0.573	0.589	0.590

注：括号中为标准差；***，**，* 分别表示 $p < 0.01$，$p < 0.05$，$p < 0.1$。

从回归结果来看，主要结论可归纳如下：

关键变量方面，用来衡量各省份低端制造业发展状况的加工贸易占比越高，其对应的工业废水和废气排放强度越低，这与徐圆（2010）的研究结论一致，体现了加工贸易代表的低端制造业生产过程中更多用劳动力取代机械设备，从而可能降低机械在运转过程中的能源使用和废水或废气排放量，导致排污强度降低。而对工业固体废弃物影响不显著——这从加工贸易或低端制造业生产特性角度来看，很好理解且符合逻辑：加工贸易与低端制造业本身是大量利用廉价劳动力对于原材料、元器件加工组装为成品再出口的生产组织方式，其生产过程中本来就可能伴随大量固体废弃物，因此其比重增加无法如同降低废气和废水排放强度一样降低固体废弃物产生强度。

控制变量方面，值得一提的结果包括以下两点：第一，资源税、排污费以及污染治理投资是政府可以采取的三种控制污染排放强度的常见政策，从本书实证结果来看，在考察期内财政资源税控制排污强度的效果较好，无论针对废水、废气还是固体废弃物的排放强度都起到了显著的抑制作用，这可能是由于企业在决定原燃料投入及排污强度之前，就考虑到了相对确定的且较难以规避的税收成本，从而进行了相应的财务与生产、采购、技术改进规划。而排污费征收与污染治理投资这两个事后政策，针对不同污染物效果不同，其中排污费的降低污染效果基本不显著，这可能是因为我国早从1979年就开始征收的排污费在执行过程中存在数量与质量上的不确定性，例如，姚圣和程娜（2014）、石昶和陈荣（2012）、李涛（2016）等认为政治关联与寻租现象普遍，是地方政府监督成本过高导致执行力度不够等原因造成的。而污染治理投资对于废水排放强度有一定抑制效果，但对废气和固体废弃物排放强度效果并不算显著。第二，外资在本省份经济中的比重越高，该省份工业三废排污强度相应越大，这再次说明现阶段外资向中国投资行为仍符合"污染天堂假说"现象，外资企业对我国环境的负面影响仍较为显著。

考虑到本模型的被解释变量与几个被解释变量，即各种工业污染物每年排污强度以及排污费、资源税、对应污染物处理投资等解释变量可能存在跨期延续关系，即使如上文使用滞后项，直接使用固定效应模型仍可能会导致结果有偏。因此我们再采取 GMM 动态面板方法，加入排污强度滞后项作为解释变量，并将污染治理投资和排污费、资源税征收额处理为内生变量进行稳健性检验。Sys – GMM 检验结果如表 4 – 19 所示。

表 4 – 19　　低端制造业发展水平与工业三废排放强度的关联性（Sys – GMM 模型）

变量	工业废水排放强度			工业废气排放强度			工业固体废弃物产生强度		
Pshare	− 0.003 * (0.0015)	− 0.003 * (0.0015)	− 0.003 * (0.0015)	− 0.006 * (0.003)	− 0.006 ** (0.003)	− 0.006 ** (0.003)	− 0.000 (0.001)	− 0.000 (0.001)	− 0.000 (0.001)
Y（−1）	0.617 *** (0.086)	0.616 *** (0.086)	0.616 *** (0.082)	0.628 *** (0.066)	0.627 *** (0.068)	0.626 *** (0.068)	0.843 *** (0.094)	0.814 *** (0.094)	0.799 *** (0.094)
Y（−2）	0.168 ** (0.069)	0.165 ** (0.067)	0.162 ** (0.066)	0.133 * (0.077)	0.133 * (0.077)	0.132 * (0.077)	0.145 * (0.086)	0.142 * (0.086)	0.145 * (0.085)

续表

变量	工业废水排放强度			工业废气排放强度			工业固体废弃物产生强度		
Open	−0.297 **	−0.289 **	−0.288 **	−0.292 ***	−0.288 ***	−0.287 ***	−0.049	−0.047	
	(0.145)	(0.146)	(0.140)	(0.087)	(0.088)	(0.089)	(0.056)	(0.055)	
Solution	−0.039 **	−0.039 **	−0.040 **	−0.005	−0.005	−0.005	−0.009 **	−0.009 **	−0.010 **
	(0.015)	(0.015)	(0.015)	(0.008)	(0.009)	(0.009)	(0.005)	(0.005)	(0.005)
Taxt	−0.076 **	−0.077 **	−0.078 **	−0.026 *	−0.025 *	−0.025 *	−0.027 *	−0.026 *	−0.025 *
	(0.032)	(0.033)	(0.033)	(0.016)	(0.015)	(0.015)	(0.016)	(0.016)	(0.016)
Polufeet	−0.020	−0.020		−0.065	−0.066		−0.008	−0.008	
	(0.035)	(0.035)		(0.050)	(0.050)		(0.022)	(0.023)	
Foreign	0.006 *			0.004			0.001		
	(0.003)			(0.006)			(0.002)		
AR（1）	−2.99 ***	−2.88 ***	−2.90 ***	−2.66 ***	−3.12 ***	−3.13 ***	−3.94 ***	−4.18 ***	−4.22 ***
AR（2）	−1.30	−1.25	−1.27	−0.68	−0.72	−0.75	−1.11	−1.18	−1.22
Sargan	73.18	72.11	72.79	85.77	86.98	87.14	153.48	155.42	156.85
Hansen	22.85	21.86	21.65	18.38	18.42	18.58	19.41	20.25	20.87
Observations	162	162	162	162	162	162	162	162	162

注：括号中为标准差；***，**，* 分别表示 $p < 0.01$，$p < 0.05$，$p < 0.1$。

由稳健性检验来看，GMM 方法检验结果，同样显示出衡量各地低端制造业发展程度的加工贸易占比，对本地工业废水及废气排污强度呈现显著负向影响，同时对固体废弃物产生强度影响不显著——固定效应和 GMM 方法都给出了类似的结论。此外，GMM 回归结果表明被解释变量一期、二期滞后项均显著，也证实了各地工业三废的排污强度确实具有一定的跨期延续性。

（二）低端制造业发展与工业能耗强度

分析了各省份低端制造业发展状况（以加工贸易比重表示）对当地工业排污强度的影响后，下面尝试分析其对排污强度的影响途径。众所周知，工业品生产过程中各类燃料能源投入强度，即能耗强度是影响工业三废排放强度的最直接因素，煤炭等燃料的燃烧产物与废弃物等是工业污染的重要来源，单位产值能耗与污染排放强度理论上应成正比关系。因此后文再考察各省份贸易方式结构对能耗强度指标的影响，若能耗效应模型实证结果呈现与前文类似的特点，则可从一个侧面证实低端制造业发展的环境效应的"低端制造业发展水平（贸易方式比重）——单位能耗强度——单位排污强度"作用渠道。

我们获得的能耗数据包含三个指标，包括各省份单位工业增加值总能耗（*ienergy*）（万吨标准煤/亿元）、单位工业增加值煤炭能耗（*icoal*）（万吨/亿元）、单位工业增加值三大油（汽油、煤油、柴油）能耗（*ioil3*）（万吨/亿元），数据来源为《中国能源统计年鉴》。我们需要从中选择出与工业三废排污强度（*iwater*、*iair*、*isolid*）最为相关的，并将其与贸易方式结构进行下一步回归验证。因此我们先用获得的三种能耗指标与工业三废排污强度指标进行一个简单的相关分析。2006～2017 年 28 个省份考察期内各能耗指标与排污强度指标的相关系数矩阵如表 4 – 20 所示。

表 4 – 20　　　　　　　各类污染物排放强度与能耗强度的相关系数矩阵

变量	*iwater*	*iair*	*isolid*	*icoal*	*ioil3*	*ienergy*
iwater	1.0000					
iair	0.5128	1.0000				
isolid	0.2766	0.7899	1.0000			
icoal	0.2045	0.7812	0.7230	1.0000		
ioil3	0.0972	0.1023	0.0147	0.1503	1.0000	
ienergy	0.3125	0.7796	0.6452	0.8820	0.4747	1.0000

从表 4 – 20 中的相关系数矩阵可以发现，考察期内与工业三废排污强度正相关性较强的能耗指标，是单位工业增加值总能耗 *ienergy* 及单位工业增加值煤炭能耗 *icoal* 两个，此外这两个指标本身也高度相关，这也反映了考察期内我国总能源消耗的主要形式仍是煤炭消耗。在此基础上，下面再通过实证模型来考察贸易方式结构 *Pshare* 对 *ienergy* 及 *icoal* 这两个能耗强度指标的影响。

实证方面，分别以单位生产总值总能耗强度、煤炭耗费强度的对数形式 *ienergy*、*icoal* 作为被解释变量，加工贸易比重 *Pshare*（及其二次项）作为关键被解释变量，控制变量中去除原模型（3.5）中与能耗无关的针对每种污染物治理的费用支出 *Solution*，同时增加反映各省份能源使用结构的自变量 *Estruct*，为该省总能源消耗量（10000 吨标准煤当量）中煤炭消耗量（10000 吨）的比重，该值越高，说明该省能源结构越落后。同时再增加一个衡量地区产业结构的自变量 *Add3*，为该省份第三产业增加值占比，该值越高，说明该省份产业结构越优化。面板数据模型设计如式（4.6）所示，固定效应实证结果如表 4 – 21 所示。

$$icoal_{it}/ienergy_{it} = c + \beta_1 Pshare_{it} + \beta_2 Pshare_{it}^2 + \beta_2 Open_{it} + \beta_3 Taxt_{it} + \beta_4 Polufeet_{it}$$
$$+ \beta_5 Foreign_{it} + \beta_6 Estruct_{it} + \beta_7 Add3_{it} + \varepsilon_{it} \tag{4.6}$$

表 4－21　　　　　单位煤耗/总能耗强度影响因素回归结果（固定效应模型）

变量	(1)	(2)	(3)	(4)	(5)	(6)
	icoal	*icoal*	*icoal*	*ienergy*	*ienergy*	*ienergy*
Pshare	0.028 **	0.028 **	0.028 **	0.011		
	(0.012)	(0.012)	(0.012)	(0.008)		
Pshare^2	－ 0.000 **	－ 0.000 **	－ 0.000 **	－ 0.000 *	－ 0.000 *	－ 0.000 **
	(0.000)	(0.000)	(0.000)	(0.000)	(0.000)	(0.000)
Polufeet	0.262 **	0.249 **	0.249 **	0.096	0.100	
	(0.127)	(0.120)	(0.120)	(0.083)	(0.074)	
Foreign	－ 0.028 **	－ 0.028 **	－ 0.028 **	－ 0.017 **	－ 0.019 **	－ 0.018 **
	(0.013)	(0.013)	(0.013)	(0.009)	(0.008)	(0.008)
Estruct	0.029 ***	0.029 ***	0.029 ***	0.006 **	0.005 **	0.005 **
	(0.003)	(0.003)	(0.003)	(0.002)	(0.002)	(0.002)
Add3	0.179 ***	0.179 ***	0.179 ***	0.138 ***	0.141 ***	0.138 ***
	(0.016)	(0.015)	(0.015)	(0.010)	(0.010)	(0.009)
Open	－ 0.007	－ 0.006	－ 0.006	－ 0.003		
	(0.004)	(0.004)	(0.004)	(0.003)		
Taxt	－ 0.019			－ 0.065		
	(0.120)			(0.079)		
Constant	－ 8.199 ***	－ 8.155 ***	－ 8.155 ***	－ 2.846 ***	－ 2.967 ***	－ 1.830 ***
	(1.645)	(1.593)	(1.593)	(1.075)	(0.946)	(0.430)
国家固定	YES	YES	YES	YES	YES	YES
时间固定	YES	YES	YES	YES	YES	YES
Observations	323	333	333	323	333	333
R-squared	0.639	0.637	0.637	0.756	0.751	0.750

注：括号中为标准差；*** ，** ，* 分别表示 $p < 0.01$，$p < 0.05$，$p < 0.1$。

从回归结果可见，控制了其他相关变量后，用以衡量低端制造业发展水平的加工贸易比重，对当地单位工业增加值煤耗强度呈现显著倒 "U" 型影响，即随低端制造业的发展，煤耗强度呈现一定程度的上升，达到一定规模后，煤耗强度开始下降。而加工贸易比重的二次项，对于当地单位工业增加值总能耗起到显著的负向影响，而一次项不显著，是对称轴为纵轴的倒 "U" 型，这意味着低端制造业的发展会降低当地总能耗强度。

综上所述，我们利用中国 28 个省 2006～2015 年、2006～2017 年省级面板数据，发现全国整体范围内，作为衡量各省份低端制造业发展程度的加工贸易比重，显著降低了工业三废中废水、废气排放强度与能耗强度。这也印证了前面基于 2000～2018 年国际宏观面板数据模型关于低端制造业对外直接投资对东道国工业 CO_2 排放强度负向影响的结论。可见，低端制造业对外投资对于东道国，或者说当地低端制造业的发展对于本地环境污染与能耗，是有显著降低作用的，不会加剧当地的环境污染与能耗，具有清洁性与环境友好性，相比"三高"制造业与其他类型制造业，低端制造业对外投资面临东道国的环境阻力会更小。

第四节　投资主体可行性：中国低端制造业的国际竞争优势

　　对外直接投资理论中的垄断优势理论认为：企业对外直接投资有利可图的必要条件，是具备东道国企业所没有的垄断优势。因此本部分将从投资主体角度，考察中国（而非其他国家）对外投资低端制造业是否存在较强的国际竞争优势。

　　由第三章中国低端制造业的筛选与国内发展状况可知，中国从 1982 年以来，从几乎没有对外贸易发展到世界第一贸易大国，代表低端制造业的加工贸易可谓立下了汗马功劳。根据海关的统计数据，中国加工贸易占整体贸易额比重，由 1982 年的 0.79% 迅速上升至 1998 年最高点的 53.4%，随后至 2006 年保持在 47%～52% 之间高位波动，直至 2006 年以后才出现明显下降。可以说，改革开放 40 多年来，中国低端制造业的发展经历了一个从开端到迅速发展，再到成熟、转型的完整过程，且转型仍未结束，中西部省份仍处在承接东部沿海地区低端制造业的过程中。这一过程中，中国的外向型纺织服装加工、玩具制造、制鞋、家具制造、计算机与电子设备等低端制造业企业，也是经历了从无到有、由弱到强的发展历程，企业累积了大量宝贵的经营资本与生产组织经验。虽然低端制造业产品，尤其是第一类要素投入劳动密集制造业产品，本身技术含量不高，企业规模要求也不大，但所有中国低端制成品制造企业作为一个整体，在世界市场上已经拥有了显著的整体比较优势，成为所谓的"世界工厂"，而以计算机、通信及其他电子产品为代表的第二类低端制造业产品技术含量则相对较高，更容易获得垄断优势。这为中国低端制造业企业进行对外直接投资，奠定了坚实的主体竞争力基础。

　　由于数据可获得性限制，我们无法将中国低端制造业企业的生产经营能力与其他国家同类企业进行比较。但至少从宏观上，我们能够比较中国与其他主要国家低端制造业制成品在世界贸易市场上的竞争优势，由此来反馈出中国对外投资低端制造业企业的主体竞争优势。我们将从低端制造业制成品出口的国际市场占有率、TC 指数、RCA 指数三个最为常用的指标，来分析比较中国低端制造业企业在世界市场的竞争优势。

一、各国各类低端制成品国际市场占有率的变化趋势与国际比较

按本书第三章对近年中国低端制造业的分类，下面考察比较中国及其他主要国家这些低端制造业产品的国际市场占有率，即各国该类产品出口额占世界出口额的比重，该指标反映了各国低端制造业产品生产与出口的国际地位。

具体到产品，由于本书对低端制造业的筛选是基于中国《国民经济行业分类》（GB/T 4754-2017），属于行业分类，与国际贸易中通行的产品分类并不相同，需要先将各类产品筛选匹配至对应的行业。世界贸易组织 WTO 提供了基于 SITC 标准分类的各国各类产品贸易额，但其提供的产品分类为综合分类（SITC Revision 3 Aggregate），类别较少；而 UN Comtrade 数据库则提供了基于 HS 与 SITC 分类标准的各国各类产品的详细贸易额。但 UN Comtrade 不提供世界作为整体的进出口数据下载，这使得我们无法据此计算各国低端制成品的国际市场占有率，只能根据 WTO 数据库提供的简化的 SITC 标准分类来进行产品与行业匹配。根据 WTO 数据库数据，将以下产品作为低端制成品，其与本书基于中国《国民经济行业分类》筛选出的低端制造业对应情况如表 4-22 所示。注意表中仅为WTO 提供的可获取数据的产品，并非全部低端制成品。

表 4-22　　　　基于 SITC3 综合编码的低端制成品范围
及其对应低端制造业（可获取的）

SITC3 综合分类码	产品名称	对应的低端制造业	对应低端制造业类别
SI3_AGG - MAMTOTEP - Electronic data processing and office equipment	电子数据处理设备与办公设备	计算机、通信和其他电子设备制造业	第二类
SI3_AGG - MAMTOTTL - Telecommunications equipment	通信设备	计算机、通信和其他电子设备制造业	第二类
SI3_AGG - MAMTOTIC - Integrated circuits and electronic components	集成电路与电子零部件	计算机、通信和其他电子设备制造业	第二类
SI3_AGG - MATE - Textiles	纺织品	纺织服装、服饰业	第一类
SI3_AGG - MACL - Clothing	服装	纺织服装、服饰业	第一类

表 4-22 前三行是本书第二类低端制造业，即"有劳动密集环节的低增值率制造业"对应的制成品，而后两行产品则为本书第一类低端制造业，即"要素投

入劳动密集型制造业"的典型代表。我们收集了 2000～2018 年包括中国在内的世界主要发达国家与发展中国家的进出口数据,计算出各国这些低端制成品(总体及分类)国际市场占有率的变化趋势,如表 4 – 23 至表 4 – 25 所示。

表 4 – 23　　　　　世界主要国家部分低端制成品国际市场占有率　　　　单位:%

年份	中国	美国	英国	法国	德国	日本	俄罗斯	印度	墨西哥	巴西
2000	7.26	13.12	4.48	3.41	4.99	8.78	0.08	0.91	3.43	0.26
2001	8.95	12.20	4.69	3.31	5.36	7.57	0.08	0.98	3.77	0.30
2002	11.38	10.42	4.48	3.04	5.49	7.27	0.08	1.01	3.50	0.27
2003	14.44	9.46	3.35	2.89	5.90	7.11	0.08	0.99	2.98	0.26
2004	16.65	8.61	2.94	2.75	6.25	6.87	0.08	0.95	2.86	0.23
2005	19.42	8.12	3.54	2.48	5.76	6.00	0.07	1.02	2.70	0.31
2006	21.72	7.74	4.75	2.42	5.42	5.38	0.08	0.99	2.77	0.28
2007	24.67	7.19	1.95	2.16	5.59	5.26	0.07	0.99	2.58	0.21
2008	26.01	7.07	1.75	2.04	5.29	5.09	0.07	1.06	2.90	0.22
2009	27.66	6.83	1.74	1.92	4.93	4.60	0.08	1.44	2.96	0.19
2010	29.49	6.81	1.51	1.74	4.60	4.51	0.07	1.25	3.00	0.15
2011	30.98	6.67	1.44	1.76	4.51	3.97	0.09	1.52	2.77	0.13
2012	33.02	6.62	1.33	1.60	4.08	3.77	0.11	1.43	2.91	0.11
2013	34.57	6.33	1.30	1.55	3.93	3.06	0.13	1.62	2.76	0.09
2014	34.41	6.41	1.29	1.51	4.07	2.80	0.19	1.50	2.78	0.07
2015	35.28	6.57	1.24	1.43	3.82	2.71	0.15	1.52	2.84	0.08
2016	33.41	6.62	1.23	1.46	3.98	2.78	0.12	1.51	2.84	0.07
2017	32.52	6.19	1.11	1.40	4.07	2.73	0.11	1.42	2.77	0.07
2018	32.36	5.99	1.07	1.42	4.11	2.55	0.11	1.34	2.69	0.06

数据来源:根据 WTO 数据库提供的分类货物贸易数据计算。

表 4 – 24　　　　　世界主要国家部分第一类低端制成品国际市场占有率　　　　单位:%

年份	中国	美国	英国	法国	德国	日本	俄罗斯	印度	墨西哥	巴西
2000	14.75	5.53	2.48	3.41	5.13	2.13	0.18	3.27	3.16	0.33
2001	15.61	5.11	2.35	3.43	5.25	1.95	0.17	3.21	2.95	0.33

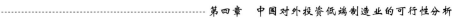

续表

年份	中国	美国	英国	法国	德国	日本	俄罗斯	印度	墨西哥	巴西
2002	17.28	4.66	2.24	3.43	5.36	1.82	0.17	3.25	2.78	0.30
2003	19.43	4.04	2.27	3.51	5.52	1.71	0.15	3.14	2.31	0.35
2004	20.92	3.75	2.24	3.38	5.69	1.70	0.14	3.15	2.10	0.35
2005	23.92	3.61	2.02	3.22	5.39	1.54	0.12	3.54	1.96	0.35
2006	27.18	3.31	1.92	3.07	5.35	1.40	0.10	3.48	1.61	0.32
2007	29.13	2.84	1.91	3.16	5.58	1.30	0.09	3.32	1.24	0.29
2008	30.14	2.75	1.73	3.08	5.69	1.29	0.07	3.46	1.12	0.26
2009	31.50	2.66	1.67	2.97	5.63	1.24	0.07	3.98	1.08	0.21
2010	34.01	2.77	1.56	2.60	5.18	1.25	0.05	3.96	1.04	0.21
2011	34.73	2.67	1.54	2.40	5.00	1.21	0.06	4.20	0.95	0.18
2012	36.51	2.73	1.59	2.25	4.58	1.20	0.10	4.17	0.96	0.17
2013	37.60	2.62	1.57	2.19	4.44	0.97	0.10	4.73	0.92	0.15
2014	37.44	2.57	1.61	2.18	4.43	0.90	0.11	4.51	0.90	0.13
2015	38.25	2.71	1.63	2.09	4.08	0.90	0.10	4.78	0.95	0.14
2016	36.24	2.61	1.61	2.16	4.25	0.97	0.10	4.70	0.93	0.13
2017	35.16	2.55	1.57	2.18	4.63	0.94	0.12	4.66	0.89	0.13
2018	34.26	2.46	1.56	2.27	4.82	0.91	0.12	4.30	0.87	0.11

数据来源：根据 WTO 数据库提供的分类货物贸易数据计算。

表 4-25　　　世界主要国家部分第二类低端制成品国际市场占有率　　　单位：%

年份	中国	美国	英国	法国	德国	日本	俄罗斯	印度	墨西哥	巴西
2000	4.51	15.90	5.21	3.41	4.93	11.21	0.04	0.04	3.53	0.24
2001	6.23	15.10	5.65	3.26	5.40	9.86	0.04	0.07	4.10	0.29
2002	8.89	12.85	5.43	2.88	5.54	9.57	0.05	0.07	3.80	0.26
2003	12.32	11.76	3.81	2.63	6.07	9.41	0.05	0.07	3.26	0.22
2004	14.96	10.54	3.22	2.51	6.47	8.92	0.06	0.08	3.16	0.18
2005	17.72	9.82	4.11	2.20	5.89	7.68	0.05	0.07	2.98	0.29
2006	19.73	9.36	5.78	2.18	5.44	6.83	0.07	0.08	3.20	0.27
2007	22.94	8.88	1.96	1.78	5.60	6.81	0.07	0.09	3.10	0.18

续表

年份	中国	美国	英国	法国	德国	日本	俄罗斯	印度	墨西哥	巴西
2008	24.39	8.76	1.75	1.63	5.13	6.59	0.07	0.11	3.59	0.20
2009	26.13	8.49	1.77	1.50	4.65	5.95	0.09	0.42	3.72	0.18
2010	27.79	8.32	1.49	1.42	4.38	5.73	0.07	0.23	3.74	0.13
2011	29.40	8.36	1.40	1.49	4.30	5.14	0.10	0.38	3.54	0.11
2012	31.59	8.20	1.23	1.34	3.88	4.83	0.12	0.32	3.71	0.08
2013	33.29	7.90	1.18	1.27	3.72	3.94	0.14	0.30	3.53	0.07
2014	33.07	8.11	1.14	1.22	3.91	3.64	0.22	0.16	3.61	0.05
2015	34.00	8.22	1.07	1.15	3.71	3.48	0.17	0.13	3.65	0.05
2016	32.18	8.36	1.06	1.16	3.87	3.56	0.13	0.14	3.66	0.04
2017	31.47	7.64	0.92	1.08	3.85	3.44	0.11	0.13	3.52	0.04
2018	31.61	7.38	0.88	1.09	3.83	3.19	0.11	0.18	3.40	0.04

数据来源：根据 WTO 数据库提供的分类货物贸易数据计算。

由表4-23至表4-25可见，从低端制成品整体来看，进入21世纪后，中国低端制成品国际市场占有率呈现迅速上升趋势，2002年就超越美国成为世界第一，2015年达到最高点的35.3%，遥遥领先其他主要国家，2016年后该比重开始下降（这与前文中国低端制造业发展趋势完全一致，反映了中国低端制造业的转型过程），2018年降至32.4%，但仍然大幅高于第二位的美国6.0%的水平。英、美、日、法、德等主要发达国家，以及巴西、俄罗斯、墨西哥同期内均处于下降趋势，仅有印度处于略微上升的趋势，但2018年其占有率也仅为1.3%，完全无法与中国相比。可见中国在低端制造业总体国际市场占有率上，相对其他主要国家有非常显著的整体竞争优势。再从分类低端制成品来看，无论是第一类还是第二类低端制成品，21世纪后中国的国际市场占有率均同样迅速提高，2016年开始缓慢回调，但仍远高于世界其他主要发达国家与发展中国家。而相对于纺织服装等第一类劳动密集的低端制成品，美国、日本等发达国家的电子设备、通信设备、集成电路等第二类低端制成品的国际市场占有率在21世纪初还领先中国，2002年、2003年很快被中国超过并不断下降。可见，从国际市场占有率的角度来看，中国低端制造业企业的国际市场总体竞争力非常强大，规模优势明显。

二、各国各类低端制成品 RCA 指数的变化趋势与国际比较

以国际市场占有率来衡量各国竞争优势有一个显著的缺陷，即它未能去除国家规模的干扰。国家规模越大，一般而言各类产品的出口规模与国际市场占有率很可能大于小国。因此我们接着再用 RCA 指数来考察各国低端制成品的国际竞争优势。巴拉萨（Balassa）于 1965 年提出的 RCA 指数也被称为显示性比较优势指数，计算方法为"一个国家某种商品出口额占其出口总值的份额与世界出口总额中该类商品出口额所占份额的比率"，用公式表示即为：

$$RCA_{ij} = (X_{ij}/X_{tj})/(X_{iw}/X_{tw}) \tag{4.7}$$

其中，X_{ij} 表示国家 j 出口产品 i 的出口额，X_{tj} 表示国家 j 的出口总额；X_{iw} 是世界出口产品 i 的出口额，X_{tw} 是世界出口总额。

从该指数的构成特点可以看出，RCA 指数可以用于测度一个国家内各个产业（产品组）相对出口的比重。与前面的国际市场占有率相比，由于该指数将各国与世界的总贸易额作为分母，可以有效地缓解国家规模对于竞争优势的影响。从数量上说，RCA 值接近 1，表示产品或产业既无比较优势，也无比较劣势；RCA 值大于 1，说明该国该产品或产业出口比重大于在世界的出口比重，因此在国际市场上具有比较优势，具有一定国际竞争力；RCA 值小于 1，即说明该国该产品或产业在国际市场上不具有比较优势，国际竞争力相对较弱。再具体一点，若 RCA > 2.5，意味着该国产品或产业具有极高的国际市场竞争力；若 1.25 ≤ RCA ≤ 2.5，则说明该国产品国际竞争力较强；而若 0.8 ≤ RCA ≤ 1.25，意味着该该产品具有中度国际竞争力；最后若 RCA < 0.8，则表明该国该项产品或产业国际市场竞争力很弱。

由于计算 RCA 指数仍然需要世界作为整体的分类产品出口额，因此仍只能基于 WTO 数据库提供的简化的 SITC 标准分类来进行产品与行业匹配，即沿用表 4 - 22 的制成品作为低端制成品的代表。主要国家整体低端制造业与分类低端制造业的 RCA 指数变化趋势如表 4 - 26 至表 4 - 28 所示。

表 4 - 26 世界主要国家部分低端制成品整体 RCA 指数

年份	中国	美国	英国	法国	德国	日本	俄罗斯	印度	墨西哥	巴西
2000	1.88	1.08	1.02	0.67	0.58	1.18	0.05	1.38	1.33	0.31
2001	2.08	1.04	1.06	0.63	0.58	1.16	0.05	1.40	1.47	0.32
2002	2.27	0.98	1.04	0.60	0.58	1.13	0.05	1.34	1.41	0.29

续表

年份	中国	美国	英国	法国	德国	日本	俄罗斯	印度	墨西哥	巴西
2003	2.50	0.99	0.82	0.56	0.60	1.14	0.04	1.27	1.37	0.27
2004	2.59	0.97	0.78	0.56	0.63	1.12	0.04	1.15	1.40	0.22
2005	2.68	0.95	0.94	0.56	0.62	1.06	0.03	1.08	1.33	0.27
2006	2.72	0.92	1.27	0.59	0.59	1.01	0.03	0.98	1.35	0.25
2007	2.84	0.88	0.61	0.54	0.59	1.03	0.03	0.93	1.33	0.18
2008	2.94	0.89	0.59	0.54	0.59	1.05	0.02	0.88	1.61	0.18
2009	2.89	0.81	0.61	0.50	0.55	1.00	0.03	1.10	1.62	0.15
2010	2.86	0.82	0.55	0.51	0.56	0.90	0.03	0.85	1.54	0.11
2011	2.99	0.83	0.52	0.54	0.56	0.89	0.04	0.92	1.45	0.09
2012	2.98	0.79	0.52	0.52	0.54	0.88	0.04	0.89	1.45	0.08
2013	2.97	0.76	0.45	0.51	0.52	0.81	0.05	0.97	1.38	0.07
2014	2.79	0.75	0.48	0.49	0.52	0.77	0.07	0.88	1.33	0.06
2015	2.57	0.72	0.44	0.47	0.48	0.72	0.07	0.94	1.24	0.07
2016	2.56	0.73	0.48	0.47	0.48	0.69	0.07	0.92	1.22	0.06
2017	2.55	0.71	0.45	0.46	0.50	0.69	0.06	0.84	1.20	0.05
2018	2.53	0.70	0.43	0.48	0.51	0.67	0.05	0.80	1.16	0.05

数据来源：根据 WTO 数据库提供的分类货物贸易数据计算。

表 4 - 27　　　　　　　　世界主要国家部分第一类低端制成品 RCA 指数

年份	中国	美国	英国	法国	德国	日本	俄罗斯	印度	墨西哥	巴西
2000	3.82	0.46	0.57	0.67	0.60	0.29	0.11	4.97	1.23	0.39
2001	3.64	0.43	0.53	0.66	0.57	0.30	0.10	4.59	1.15	0.35
2002	3.45	0.44	0.52	0.67	0.57	0.28	0.10	4.29	1.13	0.32
2003	3.37	0.42	0.56	0.68	0.56	0.27	0.08	4.04	1.06	0.36
2004	3.25	0.42	0.59	0.69	0.58	0.28	0.07	3.79	1.03	0.34
2005	3.30	0.42	0.54	0.73	0.58	0.27	0.05	3.74	0.96	0.31
2006	3.40	0.39	0.51	0.75	0.59	0.26	0.04	3.47	0.78	0.28
2007	3.35	0.35	0.60	0.79	0.59	0.25	0.03	3.10	0.64	0.25
2008	3.41	0.35	0.59	0.81	0.64	0.27	0.02	2.87	0.62	0.21

续表

年份	中国	美国	英国	法国	德国	日本	俄罗斯	印度	墨西哥	巴西
2009	3.29	0.32	0.59	0.77	0.63	0.27	0.03	3.03	0.59	0.17
2010	3.30	0.33	0.57	0.76	0.63	0.25	0.02	2.68	0.53	0.16
2011	3.36	0.33	0.55	0.74	0.62	0.27	0.02	2.54	0.50	0.13
2012	3.30	0.33	0.62	0.73	0.61	0.28	0.03	2.60	0.48	0.13
2013	3.23	0.31	0.54	0.72	0.58	0.26	0.04	2.85	0.46	0.12
2014	3.04	0.30	0.60	0.71	0.56	0.25	0.04	2.66	0.43	0.11
2015	2.79	0.30	0.58	0.68	0.51	0.24	0.05	2.95	0.41	0.12
2016	2.77	0.29	0.63	0.69	0.51	0.24	0.06	2.85	0.40	0.11
2017	2.76	0.29	0.63	0.72	0.57	0.24	0.06	2.76	0.38	0.10
2018	2.68	0.29	0.62	0.76	0.60	0.24	0.05	2.58	0.38	0.09

表 4-28　　　　世界主要国家部分第二类低端制成品 RCA 指数

年份	中国	美国	英国	法国	德国	日本	俄罗斯	印度	墨西哥	巴西
2000	1.17	1.31	1.19	0.67	0.58	1.51	0.03	0.06	1.37	0.28
2001	1.45	1.28	1.27	0.62	0.59	1.51	0.03	0.10	1.60	0.30
2002	1.78	1.21	1.25	0.57	0.58	1.49	0.03	0.09	1.54	0.28
2003	2.13	1.23	0.94	0.51	0.61	1.51	0.10	0.10	1.50	0.23
2004	2.33	1.19	0.85	0.51	0.66	1.45	0.10	0.10	1.55	0.17
2005	2.44	1.15	1.10	0.50	0.64	1.36	0.02	0.10	1.46	0.26
2006	2.47	1.11	1.55	0.53	0.60	1.28	0.08	0.08	1.55	0.24
2007	2.64	1.09	0.62	0.45	0.59	1.34	0.03	0.08	1.60	0.15
2008	2.76	1.10	0.59	0.43	0.57	1.36	0.03	0.09	2.00	0.16
2009	2.73	1.01	0.62	0.39	0.52	1.29	0.04	0.32	2.03	0.14
2010	2.70	1.00	0.54	0.41	0.53	1.14	0.03	0.16	1.92	0.10
2011	2.84	1.03	0.50	0.46	0.54	1.15	0.23	0.23	1.86	0.08
2012	2.86	0.98	0.47	0.44	0.51	1.12	0.04	0.20	1.85	0.06
2013	2.86	0.95	0.41	0.42	0.49	1.04	0.18	0.18	1.76	0.05
2014	2.68	0.95	0.42	0.40	0.50	1.00	0.10	0.10	1.73	0.04
2015	2.48	0.91	0.38	0.38	0.46	0.92	0.08	0.08	1.59	0.04

续表

年份	中国	美国	英国	法国	德国	日本	俄罗斯	印度	墨西哥	巴西
2016	2.46	0.92	0.42	0.37	0.47	0.88	0.07	0.09	1.57	0.04
2017	2.47	0.88	0.37	0.36	0.47	0.87	0.06	0.08	1.52	0.04
2018	2.47	0.86	0.35	0.37	0.48	0.84	0.05	0.11	1.47	0.04

数据来源：根据 WTO 数据库提供的分类货物贸易数据计算。

从表4-26可见，2003年以后，我国整体低端制成品RCA指数基本处于2.5~3之间，尽管2013年以后有所下降，但至2018年仍然处于2.5以上，说明我国低端制成品整体在国际市场具有极强的竞争力，远高于第二位墨西哥和其他世界主要发达与发展中国家。

具体到中国两类不同低端制造业的制成品RCA指数，发展趋势则存在显著差异。由表4-27可知，中国以纺织服装服饰为代表的第一类劳动密集型低端制成品的RCA指数一直处于下降趋势，21世纪初曾达到将近4.0的高水平，之后一直处于下降趋势，2018年降至2.38，但也极具竞争力。值得注意的是，在纺织服装服饰领域的低端制成品竞争中，印度的RCA指数绝对值也非常高（也处于下降趋势），是中国第一类低端制成品的主要竞争对手，其他国家基本都在1.0以下，处于竞争劣势。而从计算机、通信和其他电子设备制造业为代表的第二类低端制造业来看，如表4-28所示，进入21世纪后，中国第二类低端制成品RCA指数则迅速提升，2013年达到最高点2.86，之后也处于回调趋稳趋势，2018年保持了2.47的水平，仍然在世界市场上高居第一位，且与墨西哥、日本、美国等主要竞争对手的优势越来越大（这些国家的第二类低端制造业制成品RCA指数都在持续下降）。因此，综上而言，无论第一类还是第二类低端制成品，中国都在世界市场上具有极强的竞争优势，世界主要国家短期内不但难以赶上，就以计算机、通信和其他电子设备制造业为代表的第二类低端制造业制成品而言，差距还可能越来越大。

三、各国各类低端制成品TC指数的变化趋势与国际比较

前文国际市场占有率及RCA指数有一个共同特点，即都是单纯从出口角度考虑各国某类产品的国际市场竞争力，认为其他因素不变时，某产品出口绝对值或相对比重越多，竞争力越强，而不考虑是否进口同类产品。一些观点认为，如果一国既大量出口某类产品，也同时大量（甚至比出口更多）进口该类产品，则该行业产品的国际竞争力应该比单纯出口该行业产品的国家更弱。而TC指数正

是从这个角度来分析一国某产品的竞争力的。TC指数是竞争优势指数，也叫贸易竞争力指数，是指一国各类产品进出口贸易的差额占其进出口贸易总额的比重。TC指数＝（出口－进口）/（出口＋进口）。指数越接近于1竞争力越大，等于1时表示该产品只出口不进口；指数越接近于－1竞争力越弱，等于－1时表示该产业只进口不出口；等于0时表示该产品竞争力处于中间水平，既有出口也有同等数量的进口。更具体而言，TC取值为（－1，0.6）时有极大的竞争劣势；TC取值为（－0.6，－0.3）时有较大的竞争劣势；TC取值为（－0.3，0）时有微弱的竞争劣势；TC取值为（0，0.3）时有微弱的竞争优势；TC取值为（0.3，0.6）时有较强的竞争优势；TC取值为（0.6，1）时则有极强的竞争优势。可见，TC指数是衡量某国各产业产品整体贸易竞争力（而非出口竞争力）的典型指标，与前文的RCA指数或国际市场占有率有所差异，它重点考虑某国某产品出口与进口的数量关系，而并不考虑产品的出口市场份额，也不与其他国家进行比较，仅考虑自身贸易。

具体到产品，由于计算TC指数不涉及世界作为一个整体的分类产品出口额，因此UN Comtrade较为详细的分类产品贸易数据便可以利用，比前面两个指标归纳低端制成品更为全面。我们基于UN Comtrade提供的根据HS国际贸易货物分类标准的各国分类产品进出口数据，参考李艳丽（2011）对于劳动密集型制成品的筛选，以及本书对于低端制造业的定义与筛选，将HS标准中部分产品归纳为低端制成品，另外还列出了2018年中国各低端制造业子行业制成品的TC指数。从表4－29中可以看到，2018年我国各低端制成品的TC指数均在0以上，即均处于"出口大于进口"的竞争优势，且除了"电机、电气设备及其零件；录音机及放声机、电视图像、声音的录制和重放设备及其零件、附件"的第二类低端制成品TC指数相对较低（0.12），其余绝大部分第一类低端制成品TC指数都在0.6以上，具有很强的贸易竞争力。

表4－29　　　　基于HS编码的低端制成品范围及其对应低端制造业

产品大类	HS二位码（章）	产品描述	对应的低端制造业	对应的低端制造业类别	2018年TC指数
第八类	42	皮革制品；鞍具及挽具；旅行用品、手提包及类似容器；动物肠线制品	皮革、毛皮、羽毛及其制品和制鞋业	第一类	0.80
	43	毛皮、人造毛皮及其制品	皮革、毛皮、羽毛及其制品和制鞋业	第一类	0.61

产品大类	HS 二位码（章）	产品描述	对应的低端制造业	对应的低端制造业类别	2018 年 TC 指数
第十一类	57	地毯及纺织材料的其他铺地制品	纺织服装、服饰业	第一类	0.91
	58	特种机织物；簇绒织物；花边；装饰毯；装饰带；刺绣品	纺织服装、服饰业	第一类	0.82
	59	浸渍、涂布、包覆或层压的纺织物；工业用纺织制品	纺织服装、服饰业	第一类	0.63
	60	针织物及钩编织物	纺织服装、服饰业	第一类	0.83
	61	针织或钩编的服装及衣着附件	纺织服装、服饰业	第一类	0.91
	62	非针织或非钩编的服装及衣着附件	纺织服装、服饰业	第一类	0.89
	63	其他纺织品；成套物品；旧衣着及旧纺织品；碎织物	纺织服装、服饰业	第一类	0.97
第十二类	64	鞋靴、护腿和类似品及其零件	皮革、毛皮、羽毛及其制品和制鞋业	第一类	0.82
	65	帽类及其零件	纺织服装、服饰业	第一类	0.96
	66	雨伞、阳伞、手杖、鞭子、马鞭及其零件	其他制造业	第一类	0.98
	67	已加工羽毛、羽绒及其制品；人造花；人发制品	文教、工美、体育和娱乐用品制造业	第一类	0.94
第十六类	85	电机、电气设备及其零件；录音机及放声机、电视图像、声音的录制和重放设备及其零件、附件	计算机、通信和其他电子设备制造业	第二类	0.12
第十八类	92	乐器及其零件、附件	文教、工美、体育和娱乐用品制造业	第一类	0.54
第二十类	94	家具；寝具、褥垫、弹簧床垫、软坐垫及类似的填充制品；未列名灯具及照明装置；发光标志、发光名牌及类似品；活动房屋	家具制造业；文教、工美、体育和娱乐用品制造业	第一类	0.92
	95	玩具、游戏品、运动用品及其零件、附件	文教、工美、体育和娱乐用品制造业	第一类	0.93

数据来源：根据 UN Comtrade 贸易数据库的 HS 编码分类贸易数据计算。

由表 4 - 30 可见，21 世纪以来中国各低端制成品 TC 指数大部分处于上升趋势，这说明这些低端制造业的贸易竞争力仍然在扩大，相对贸易规模的贸易顺差仍在增加，且大部分行业 TC 指数都在 0.6 以上，具有很强的贸易竞争力。仅有

表 4 - 30　中国 2000～2018 年各低端制成品 TC 指数变化情况

年份	42	43	57	58	59	60	61	62	63	64	65	66	67	85	92	94	95
2000	0.98	0.38	0.90	0.05	-0.50	-0.02	0.94	0.92	0.98	0.94	0.98	0.94	0.87	-0.05	0.63	0.93	0.95
2001	0.98	0.45	0.87	0.13	-0.44	0.01	0.93	0.92	0.98	0.94	0.98	0.95	0.85	-0.04	0.64	0.92	0.94
2002	0.98	0.49	0.88	0.28	-0.31	0.17	0.94	0.93	0.98	0.95	0.98	0.96	0.85	-0.06	0.65	0.92	0.94
2003	0.97	0.60	0.86	0.37	-0.19	0.21	0.95	0.94	0.98	0.94	0.98	0.97	0.84	-0.08	0.72	0.90	0.94
2004	0.97	0.71	0.86	0.41	-0.04	0.25	0.95	0.95	0.98	0.94	0.98	0.97	0.83	-0.05	0.73	0.91	0.94
2005	0.96	0.77	0.87	0.52	0.10	0.32	0.96	0.95	0.98	0.94	0.98	0.98	0.85	-0.01	0.76	0.93	0.94
2006	0.94	0.55	0.87	0.60	0.15	0.37	0.97	0.96	0.98	0.95	0.98	0.99	0.83	0.02	0.77	0.93	0.94
2007	0.93	0.42	0.87	0.72	0.25	0.42	0.97	0.96	0.97	0.94	0.98	0.99	0.82	0.08	0.76	0.93	0.91
2008	0.92	0.32	0.88	0.76	0.38	0.47	0.97	0.95	0.97	0.93	0.98	0.99	0.84	0.12	0.77	0.93	0.93
2009	0.91	0.47	0.87	0.70	0.45	0.50	0.98	0.96	0.97	0.94	0.98	0.99	0.86	0.11	0.74	0.91	0.93
2010	0.90	0.52	0.87	0.69	0.51	0.57	0.98	0.95	0.97	0.94	0.98	0.99	0.87	0.11	0.73	0.89	0.93
2011	0.88	0.52	0.89	0.72	0.57	0.63	0.97	0.93	0.97	0.93	0.98	0.99	0.86	0.12	0.71	0.91	0.92
2012	0.88	0.53	0.88	0.73	0.56	0.65	0.97	0.92	0.97	0.93	0.98	0.99	0.89	0.12	0.70	0.93	0.92
2013	0.88	0.50	0.89	0.74	0.58	0.69	0.97	0.91	0.97	0.93	0.98	0.99	0.89	0.12	0.70	0.93	0.93
2014	0.87	0.53	0.88	0.77	0.58	0.75	0.96	0.92	0.97	0.92	0.98	0.99	0.92	0.15	0.69	0.93	0.90
2015	0.87	0.38	0.89	0.78	0.60	0.78	0.95	0.91	0.97	0.90	0.98	0.99	0.92	0.16	0.67	0.94	0.92
2016	0.85	0.47	0.90	0.78	0.60	0.79	0.94	0.91	0.97	0.88	0.97	0.99	0.92	0.15	0.61	0.93	0.92
2017	0.83	0.49	0.91	0.80	0.61	0.81	0.92	0.90	0.96	0.86	0.96	0.99	0.93	0.13	0.59	0.92	0.93
2018	0.80	0.61	0.91	0.82	0.63	0.83	0.91	0.89	0.97	0.82	0.96	0.98	0.94	0.12	0.54	0.92	0.93

注：表头数字代表产品 HS 二位码。

数据来源：根据 WTO 数据库提供的分类货物贸易数据计算。

代表第二类低端制成品的"电机、电气设备及其零件；录音机及放声机、电视图像、声音的录制和重放设备及其零件、附件"（对应 HS 二位码为 85）的 TC 指数相对较低，最高点也仅达到 0.16，2018 年为 0.12，不过也处于 0 以上。这说明我国除了出口大量这类虽然原材料与零部件中含有高技术成分，但主要为加工组装的低国内增加值的低端制成品，但同时也进口不少这类产品。这正是由这类产品的"低国内增加值"特点决定的，即需要大量进口同类产品的零部件进行组装加工，且国内增值率不高。

下面我们再综合第一类低端制成品与第二类低端制成品的 TC 指数，对包括中国在内的主要国家进行 2000～2019 年的横向比较，具体如图 4 – 4 所示。

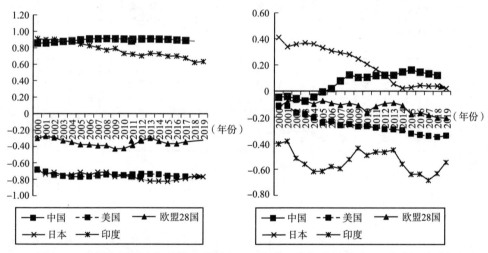

图 4 – 4　世界主要国家部分第一类（左图）与第二类低端制成品 TC 指数（右图）
数据来源：根据 UN Comtrade 数据库提供的分类货物贸易数据计算。

由图 4 – 4 可知，从各主要国家第一类低端制成品 TC 指数变化趋势来看，2000～2019 年美欧日等主要发达国家 TC 指数均为负数，其中欧盟处于 – 0.4～ – 0.2 之间，而美日则处于 – 0.6～ – 0.8 之间，贸易竞争力非常低。而中国与印度 TC 指数则较高，遥遥领先其他国家。但中国进入 21 世纪后，第一类低端制成品 TC 指数基本平稳保持在 0.8～0.9 之间，属于具有极强的贸易竞争优势，而印度则是出现了显著下降，2019 年已经下降至接近 0.6。而从第二类低端制成品来看，21 世纪初最具贸易竞争优势的是日本，2000 年高达 0.41，但随后下降迅速，2019 年几乎接近于 0。而中国第二类制成品 TC 指数则呈现与日本等发达国家相反的快速上升趋势，2015 年、2016 年之后出现回调，但仍然显著高于日本及美印欧等主要国家（均为负数）。

综上所述，我们分别计算了包括中国在内的世界主要国家各类低端制成品的国际市场占有率、RCA 指数及 TC 指数，从不同角度分析了中国低端制造业在世界市场的国际竞争力。可以看到，21 世纪后中国低端制成品的出口及贸易竞争力上升明显，几乎是遥遥领先于美日欧等世界主要发达国家以及主要发展中国家，仅有印度能勉强与中国竞争，但中国仍处于优势。其中第一类低端制成品出口与贸易基本一直保持相对主要发达国家的绝对优势，而第二类低端制成品的国际竞争优势则是历经了 21 世纪初的高速赶超与增长过程。尽管 2015 年后由于制造业产业升级，中国两类低端制成品竞争力相对之前都稍有下降，但其国际市场的绝对优势地位仍然无法撼动，"世界工厂"名副其实。这体现了我国低端制造业对外投资整体的巨大宏观优势。这种优势，包括生产与营业、贸易等管理经验将体现在我国为数众多的低端制造业企业对外投资方面，即具有比任何其他国家都强大的投资主体优势。

本 章 小 结

本章旨在从"投资行业可行性""投资主体可行性"两个角度，系统梳理中国对外进行低端制造业直接投资的可行性。

第一，本章从"投资行业可行性"角度，从理论与实证层面分析了"低端制造业"对外投资相对于其他行业对外投资的可行性，即低端制造业对外直接投资对东道国（及投资国自身）的经济效应是否更有利于投资成功，从而为中国低端制造业对外投资提供可行性基础。研究发现，基于 OECD 提供的 2000~2018 年国家层面的宏观面板数据、中国工业企业数据库、中国对外直接投资企业统计数据库、海关数据库等提供的微观企业层面数据，可以发现，低端制造业对外投资具有三个重要的经济效应，包括"向投资国转移贸易顺差""增加投资国低端制造业就业""降低投资国工业污染与能耗强度"三个作用，这些经济效应均能导致中国低端制造业对外投资遭受的东道国阻力比其他制造业投资更小，从而增加投资成功率，具有理论与实证上的可行性。第二，本章继续从"投资主体可行性"角度梳理中国低端制造业的国际竞争力，从而分析了中国各类低端制造业及其产品相对于世界主要国家的国际竞争优势。通过对近年中国与其他国家典型低端制造业制成品出口国际市场占有率、RCA 指数与 TC 指数的计算，发现 21 世纪后，中国低端制成品的出口及贸易竞争力上升明显，遥遥领先于美日欧等世界主要发达国家以及主要发展中国家。其中第一类低端制成品出口与贸易基本一直保持相对主要发达国家的绝对优势，而第二类低端制成品的国际竞争优势则是历经了 21 世纪初的高速赶超与增长过程，这体现了我国低端制造业对外投资整体的巨大宏观优势。这种优势，包括生产与营业、贸易等管理经验将体现在我国为数众多的低端制造业企业对外投资方面，即具有比任何其他国家都强大的投资主体优势。

综合以上两个层面的分析，可以认为，低端制造业对外投资本身比其他行业更具有投资可行性，能够促进东道国就业、提高东道国贸易顺差，对东道国环境的负面影响也小；中国低端制造业企业及其产品在国际市场具有较强的竞争优势。因此，中国向国外投资低端制造业的可行性很高。

第五章

中国低端制造业重点投资候选国的区位选择

第四章从理论机制与实证研究的角度，阐述了低端制造业通过对外直接投资转移产能具有理论与经验上的合理性，受到的投资阻力相对其他制造业较小，在行业、主体、投资区域方面都具有可行性，容易产生双赢的局面。本章接下来主要研究中国低端制造业对外投资的区位选择问题，即在众多与中国签署了经贸合作协议的国家中选择出那些最适合投资低端制造业的国家。思路上，首先，分析、挖掘影响低端制造业发展的主要因素，进而据此建立"低端制造业投资指数"指标体系，其次，通过计算并比较各国该指数的绝对值及近年发展趋势，从众多国家中，初步筛选出最适合发展低端制造业的国家，作为中国低端制造业对外投资的重点投资候选国。

本章在分析挖掘低端制造业发展的影响因素时，是基于国内低端制造业省级面板数据，将目光聚焦于中国低端制造业的国内发展与转移状况，以中国各省份低端制造业发展状况来挖掘中国低端制造业发展的影响因素（以经济因素为主）进而设计"低端制造业投资指数"指标体系，以此作为筛选低端制造业对外重点投资候选国的初步经济依据和基础，这是因为基于已有公开数据的可获得性，我们无法获得各国细分行业的制造业发展（例如产值或就业人数）的足够详细的数据进行实证研究，并且外国低端制造业发展的影响因素，也不一定适用于中国低端制造业企业。但显然，在不同国家投资、发展低端制造业，必然会受到各国极具差异性的政治制度、国内外军事与治安环境、整体基础设施与产业配套、政府外资政策以及国家间经济贸易合作等大量重要因素的影响，这都是以中国国内省级低端制造业发展数据模型所无法衡量的，因为本国国内各省的政治与治安环境、民族/语言/宗教结构、基础设施、产业配套、国际合作等没有差异、差异很小或是可以区域连通。因此在本章仅依据国内低端制造业发展的影响因素编制指标，"初步"筛选出中国低端制造业的重点投资候选国的基础上，对外投资企业还需要结合东道国政治与治安、民族/语言/宗教结构、产业配套与基础设施、政府外资政策与国际经济合作等不同国家特有的差异性因素，结合企业特点进一步筛选最为合适的投资国，或排除不合适的投资候选国。

第一节　影响低端制造业发展的经济指标

在前文已经筛选出两类六个低端制造业子行业、并计算出 2006～2018 年各省份低端制造业就业人数（令其为 Lnlow，取对数）的基础上，下面以 Lnlow 作为衡量各地低端制造业发展的被解释变量，利用 2006～2018 年 31 省份面板数据研究影响中国低端制造业发展的因素，由于近年中国低端制造业发展主要表现为东部向中西部省份转移，因此也可以说是考察影响中国低端制造业国内转移的因素，并将之作为国内实验，作为后文初步筛选条件合适的国家转移低端制造业的基本经济指标依据。

需要再次强调的是，本部分选择用中国低端制造业国内发展的省级面板数据并分析低端制造业发展的影响因素，作为筛选中国低端制造业对外投资目标国影响因素的主要依据，而并没有使用世界各国低端制造业发展的面板数据，或者中国或世界低端制造业对外直接投资数据来挖掘影响低端制造业发展的因素，似乎是舍弃最为直接的数据而采用国内的间接数据——毕竟国际投资不同于国内投资，在其他国家发展低端制造业不同于在中国国内。国际投资，或在不同国家发展低端制造业，会受到差异性极大的各国政治制度、治安环境、民族/语言/宗教结构、产业配套与基础设施条件、政府间经贸/金融协定等其他跨国因素的影响，而国内投资一般更多受纯经济因素影响，受这些国际因素影响较小。这样做的原因有二：

首先，是数据可获得性的问题。若要用世界面板定量分析各国低端制造业发展的影响因素，就需要各国制造业细分行业的发展数据，例如产量或就业人数等，这些分国别的详细制造业分行业产业或就业数据难以收集完整。若要定量分析低端制造业对外直接投资的影响因素（主要是东道国的因素，因为要借此筛选潜在的投资东道国），需要的数据是中国（或其他国家）按投资东道国分的各年制造业细分行业对外直接投资的面板数据，才能通过回归得出母国对东道国制造业低端制造业直接投资的影响因素。从中国提供的对外直接投资数据来看，商务部从 2003 年起公布的历年《中国对外直接投资公报》仅提供了中国各年整体制造业对外直接投资数据，并未提供分东道国制造业对外直接投资数据，更没有按照东道国分的、区分制造业细分行业的直接投资数据；而若要参考世界其他国家低端制造业对外投资的经验，无论 IMF、世界银行还是联合国，均只提供各年各国对外直接投资总额，未能提供各国各年分行业直接投资数据，更不提供按照投资东道国分的制造业细分行业的对外直接投资数据。另外，经合组织（OECD）提供了45个国家制造业对外直接投资数据，此外还有少数国家的制造业细分行业对外直接投资数据，但同样没有按东道国区分的数据；并且这些国家大多为发达国家，其低端制造业对外投资的影响因素还不一定适用于中国。

其次，本书的研究属于对中国低端制造业对外投资的"先导性"研究，是为中国低端制造业企业量身定做的投资分析，并且第四章第四节已经说明，中国长期以来是低端制造业最具有国际竞争力的代表性国家，占据低端制造业产品国际市场的30%～40%，遥遥领先其他主要国家，中国低端制造业的发展与区位转移具有代表性，因此在选择低端制造业发展因素的指标时最好能借鉴中国经验，无须舍近求远。如前所述，由于2001年中国对外直接投资整体才刚刚起步，制造业对外投资起步更晚，2018年末中国制造业对外直接投资存量仅占中国对外直接投资存量的不到10%，其比重落后于租赁与商业服务业、批发与零售、金融业等服务业。而制造业直接投资更是2013年之后才陆续开始，且大多集中在装备制造业方面，低端制造业尤其是纺织服装等外向型劳动密集制造业对外投资很少，几乎没有现成的经验及数据可循。而我国内部低端制造业的区位转移早已开始，且拥有大量各年基于制造业各细分行业的统计数据，正好可以作为中国向国外投资低端制造业之前的"国内实验"，借由分析近年各省份低端制造业发展的影响因素，作为筛选中国低端制造业对外投资东道国的重要依据。

综上所述，我们考虑到数据可获得性及中国低端制造业对外直接投资实践，本书通过以低端制造业国内区位转移为国内实验，运用2006～2018年31省份面板数据来考察影响我国低端制造业发展的影响因素，并将其作为后文筛选对外投资重点目标国的初步依据，详见本章第二节。

此外，如前所述，国际直接投资相对于国内投资而言，除了经济指标以外，还会受到各国差异性极大的政治与治安状况、宗教/民族/语言结构、政府外资政策及政府间贸易/金融协议等经贸合作、配套设施与产业配套等其他跨国差异因素的影响，投资企业还需考虑各重点投资候选国的这些因素，是否适合承接低端制造业，并最终筛选出相对较为适合的重点投资国家。

一、变量选取与模型设计

结合已有文献，我们将可能影响当地低端制造业发展的因素分为四类：成本因素、人口结构因素、基础设施因素、经济发展阶段，尽量覆盖各方面可能影响低端制造业发展的经济因素。

第一，成本因素。由于低端制造业产品生产与销售依赖于低廉的投入成本，利用较低的成本支持低价打开国外市场，因此某地区平均工资、土地、水电燃料等成本相对越低，越可能为低端制造业提供生存土壤。

第二，人口结构因素。低端制造业高度依赖大量廉价劳动力，因此各地人口结构相关变量，例如人口密度、性别结构、年龄结构、城乡分布、受教育水平等因素，对于当地劳动力供给与素质，进而对于低端制造业的发展理论上可能影响较大。

第三，基础设施因素。低端制造业企业选择生产区位时，除了追求工资、地价等方面的低成本，当地公路、铁路、通信电信、网络等基础设施状况也可能影响到其选址。但除了面向国外市场的劳动密集型低端制造业，中高端制造业的发展也会受到基础设施的影响，某地区相对优秀的基础设施条件甚至可能促进当地制造业向高端转型。因此当被解释变量是当地低端制造业就业人员就业人数的时候，当地基础设施对于低端制造业发展的影响可能是不确定的，甚至是负向的。

第四，经济发展阶段。低端制造业由于产品同质性强，相对依赖廉价劳动力成本，同时为了争夺国外市场，必须依赖低价格优势，企业利润率往往相对较低。但许多生产和出口企业之所以选择低端制造业，只因为其相对投入较少、门槛较低，无须投入大量固定资产与技术，也无须参与产品设计研发、营销等环节（例如采取加工贸易方式生产的制造业）。因此制造业企业进入市场初期，尤其是外向型制造业企业进入国际市场初期，如果受经验和资金的限制，则很可能选择低端制造业。待资金和经验积累达到一定程度，再从事高利润高投入的中高端制造业。这在宏观上体现为：同一地域内，经济发展初期，由于区域整体资本和技术缺乏，且劳动力与其他成本较低，低端制造业占比较大，地区政府也倾向于依赖低端制造业提升工业基础和就业水平；但后期随着经济的发展，整体资本积累与技术进步加快，同时各类生产成本也开始上升，导致低端制造业企业开始向中高端转型，低端制造业比重开始回落。因此在实证上以人均国民收入或人均 GDP 及其平方项同时进入模型，用以考察经济增长对本地低端制造业发展的可能的非线性影响。

综上思路，解释变量的具体分指标如图 5 – 1 所示。

下面以各省份 6 个低端制造业子行业就业人数之和（万人，取对数）Lnlow 作为衡量各地低端制造业发展的被解释变量，利用 2006～2018 年 31 省份的面板数据研究影响中国低端制造业发展的因素。模型如下：

$$\text{Ln}low_{it} = c + \alpha_1 \sum Cost_{it} + \alpha_2 \sum LaborStruct_{it} + \alpha_3 \sum Basic_{it}$$
$$+ \alpha_4 Trend_{it} + \varepsilon_{it} \tag{5.1}$$

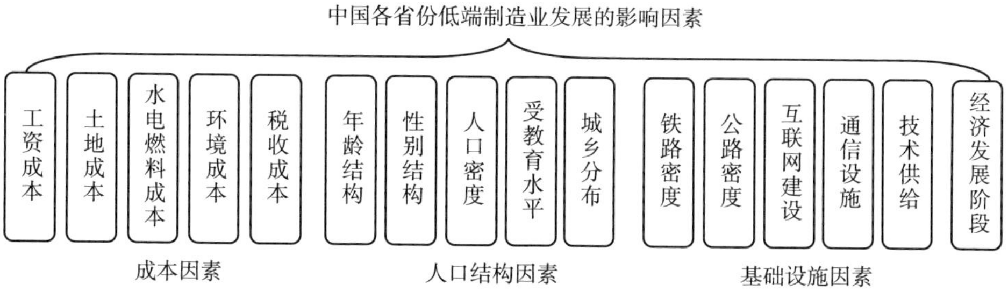

中国各省份低端制造业发展的影响因素

| 工资成本 | 土地成本 | 水电燃料成本 | 环境成本 | 税收成本 | 年龄结构 | 性别结构 | 人口密度 | 受教育水平 | 城乡分布 | 铁路密度 | 公路密度 | 互联网建设 | 通信设施 | 技术供给 | 经济发展阶段 |

成本因素　　　　　　　人口结构因素　　　　　　基础设施因素

图 5－1　中国低端制造业发展可能的影响因素

各解释变量的符号、定义与数据来源如表 5－1 所示。

表 5－1　　　　　　　　**各解释变量符号、含义与数据来源**

解释变量	子变量	对应符号	子变量详细描述	数据来源
Cost 成本因素	工资成本	LnWage	各省份各年制造业平均工资（元/年）对数	国家统计局数据库
	土地成本	LnLandp	各省份各年商业营业用房平均售价（元/平方米）对数	国家统计局数据库
	水电燃料成本	Energyp	各省份水电燃料价格定基指数，均以 2005 年为 1	根据国家统计局数据计算
	环境成本	Environp	各省份工业污染治理投资额/工业增加值（百分点）	根据国家统计局数据计算
	税收成本	Tax	各省份宏观税负强度，政府财政税收收入/GDP（百分点）	根据国家统计局数据计算
LaborStruct 人口结构因素	年龄结构	Age	各省份老年＋幼儿抚养比（百分点）	根据国家统计局数据计算
	性别结构	Sex	各省份人口抽样调查（男性/女性×100）2010 年为平均值	根据国家统计局数据计算
	人口密度	LnPdensity	各省份年末常住人口/面积（人/平方公里）对数	根据国家统计局数据计算
	教育水平	Edu	各省份 10 万人中高校在校生人数对数	国家统计局数据库
	城乡结构	Urban	各省份城镇常住人口/常住人口（百分点）	根据国家统计局数据计算

续表

解释变量	子变量	对应符号	子变量详细描述	数据来源
Basic 基础设施	铁路运输	*Rail*	各省份每平方千米面积中铁路运营长度（米）	根据国家统计局数据计算
	公路运输	*Road*	各省份每平方千米面积中公路运营长度（千米）	根据国家统计局数据计算
	互联网	*Internet*	各省份每百人互联网宽带接口数	根据国家统计局数据计算
	通信设施	Ln*Tele*	各省份每平方千米长途电缆长度（米）对数	根据国家统计局数据计算
	技术供给	*Tech*	各省份技术市场成交额/GDP，千分点	根据国家统计局数据计算
Trends 经济发展阶段	人均 GDP	Ln*Pgdp*	各省份人均 GDP（元/年）对数	国家统计局数据库
	人均 GDP 平方项	Ln*Pgdp2*	各省份人均 GDP（元/年）对数的平方项	根据国家统计局数据计算

二、基础回归

由于豪斯曼检验强烈否定随机效应与混合面板模型，我们直接给出静态固定效应面板模型（控制国家固定与时间固定效应）普通 OLS 回归结果，参见表 5 - 2 的 Model 1 ~ Model 5。

表 5 - 2　　　　　　2006 ~ 2018 年中国低端制造业发展的影响
因素回归结果（固定效应与 GMM）

变量	OLS 固定效应模型					GMM 方法	
	Model 1	Model 2	Model 3	Model 4	Model 5	Model 6	Model 7
lowc（-1）						0. 326 *** (0. 086)	0. 327 *** (0. 084)
lowc（-2）						0. 118 ** (0. 055)	0. 137 ** (0. 068)
Ln*Mwage*	-2. 444 *** (0. 476)	-2. 413 *** (0. 459)	-2. 380 *** (0. 450)	-2. 303 *** (0. 408)	-2. 456 *** (0. 451)	-3. 282 ** (1. 111)	-3. 290 *** (1. 112)
Ln*Landp*	0. 211 (0. 170)	0. 211 (0. 169)	0. 220 (0. 168)	0. 221 (0. 164)		-0. 721 (0. 855)	-0. 720 (0. 852)

续表

变量	OLS 固定效应模型					GMM 方法	
	Model 1	Model 2	Model 3	Model 4	Model 5	Model 6	Model 7
Energyp	−0.736 (0.540)	−0.710 (0.530)	−0.750 (0.515)	−0.682 (0.490)		9.692 *** (2.353)	9.688 *** (2.455)
Environp	−0.129 (0.091)	−0.128 (0.089)	−0.121 (0.087)	−0.122 (0.087)		0.667 (0.487)	0.657 (0.480)
Tax	0.012 (0.031)	0.011 (0.030)				0.273 (0.231)	0.281 (0.240)
Age	−0.035 *** (0.012)	−0.035 *** (0.011)	−0.034 *** (0.011)	−0.033 *** (0.011)	−0.024 *** (0.009)	−0.062 *** (0.026)	−0.061 *** (0.029)
Sex	0.002 (0.008)	0.001 (0.008)				−0.048 (0.027)	−0.038 (0.024)
Ln*Pdensity*	1.628 * (0.918)	1.568 * (0.884)	1.640 ** (0.863)	1.487 ** (0.768)	0.400 *** (0.182)	8.995 * (4.727)	8.902 ** (4.725)
Edu	0.499 (0.401)	0.533 (0.382)	0.541 (0.381)	0.618 * (0.341)		1.625 *** (0.655)	1.510 *** (0.651)
Urban	0.079 *** (0.017)	0.079 *** (0.016)	0.077 *** (0.016)	0.079 *** (0.015)	0.090 *** (0.011)	0.147 ** (0.071)	0.158 *** (0.067)
Rail	−0.001 (0.009)					−0.028 (0.033)	
Road	−0.088 (0.450)					−0.285 (1.254)	
Internet	−0.013 ** (0.005)	−0.012 ** (0.005)	−0.013 ** (0.005)	−0.013 *** (0.004)	−0.014 *** (0.004)	−0.013 (0.037)	
Ln*Tele*	−0.572 *** (0.165)	−0.572 *** (0.162)	−0.565 *** (0.158)	−0.572 *** (0.157)	−0.342 *** (0.137)	−3.125 *** (0.511)	−3.142 *** (0.508)
Tech	−0.009 ** (0.004)	−0.009 ** (0.004)	−0.009 ** (0.004)	−0.009 ** (0.004)	−0.008 *** (0.003)	0.005 (0.005)	
Ln*Pgdp*	0.767 (2.163)	0.709 (2.142)	0.754 (2.085)				
Ln*Pgdp*2	−0.027 (0.102)	−0.028 (0.101)	−0.030 (0.099)				

续表

变量	OLS 固定效应模型					GMM 方法	
	Model 1	Model 2	Model 3	Model 4	Model 5	Model 6	Model 7
constant	8.927 (13.38)	8.834 (13.24)	8.052 (12.78)	11.78 * (6.617)	22.62 *** (3.748)		
时间固定	控制	控制	控制	控制	控制		
国家固定	控制	控制	控制	控制	控制		
AR（1）						−3.291 ***	−3.43 ***
AR（2）						−0.61	−0.46
Hansen P 值						1.000	1.000
样本数	369	369	369	369	403	307	307
R-squared	0.619	0.617	0.622	0.613	0.525		

注：括号中为标准差；***，**，* 分别表示 $p < 0.01$，$p < 0.05$，$p < 0.1$。

三、稳健性检验：GMM 动态面板

普通 OLS 法的参数估计量必须在满足经典假设时，比如模型的随机误差服从正态分布或某一已知分布时，才是可靠的估计量。而动态面板 GMM 方法无须知道随机误差项的准确分布信息，允许随机误差项存在异方差和序列相关，因而其参数估计量比其他参数估计方法更有效。同时，考虑到本模型的被解释变量，即各省份低端制造业就业人数占比可能存在跨期延续关系（换句话说，劳动力的跨行业流动存在时间滞后），直接使用固定效应模型，也仍可能会导致结果有偏。因此我们再采取 GMM 动态面板方法，加入被解释变量滞后项，作为解释变量进行稳健性检验。此外，动态面板方法以被解释变量滞后项作为工具变量，也可缓解被解释变量与部分解释变量互为因果导致的内生性问题。实证结果见表 5－2 的 Model 6、Model 7（由于被解释变量滞后项本身包含了趋势性，故去除人均 GDP 及其二次项）。

根据表 5－2 的回归结果，固定效应静态面板模型给出的结论如下：成本因素中，影响最为显著的是当地制造业平均工资水平，与当地低端制造业就业人数呈显著负相关，土地成本、环境成本、资源成本及税收成本影响不显著；人口结构因素中，当地人口抚养比显著负相关，人口密度、城镇化水平、人口受教育水平（在部分模型中）显著正相关，性别结构则不显著；基础设施中，互联网、通信设施、技术供给与当地低端制造业就业负相关，铁路与公路影响则不显著；经济发展阶段对于当地低端制造业就业影响也不显著。

　　这个结果指向性非常清晰：从宏观来看，考察期内我国低端制造业企业偏好选择那些工资水平低的、人口结构中壮年劳动力较多的、人口密度高的、城市人口比重高（农村人口较为分散且容易受到土地制约的）、劳动力受教育水平相对好的地区进行生产制造，而对土地成本、环境成本、资源成本、税收成本、人口性别等因素不太敏感。而"路桥网讯科"等基础设施的提升，对低端制造业的促进作用并不显著，甚至拉低当地低端制造业就业数量——如前文所述，这并不是说明基础设施对低端制造业不重要，而是说明基础设施的提升可能促进当地制造业升级，降低低端制造业就业，提升中高端制造业就业。总之，实证结果说明，某地区"劳动力越便宜、密集、年轻、城镇化程度越高、受教育程度越好"，低端制造业就越容易发展。

　　以 GMM 动态面板方法得出的结论与固定效应静态面板模型大部分信息是一致的：当地制造业平均工资水平、幼儿与老人抚养比与低端制造业就业显著负相关；人口密度、城镇化水平与低端制造业就业显著正相关；以"路桥网讯科"为代表的基础设施与低端制造业就业要么负相关，要么不相关。另外，劳动力受教育水平与当地低端制造业就业比重显著正相关。原因也容易理解，低端制造业相对中高端制造业需要更大量地投入劳动力，在其他条件（例如工资水平等）相同的前提下，即使是第一类劳动密集制造业企业，也愿意在当地劳动者教育素质高的地区投资设厂，而第二类以计算机、通信及电子产品为代表的有劳动密集环节的低端制造业，对劳动力的素质要求相对更高。

　　因此，综合静态面板与动态面板实证模型的结论，可以认为，考察期内中国低端制造业企业选址考虑因素十分集中于当地劳动力因素，包括当地工资成本（劳动力价格）、劳动力年龄结构、人口密度、人口城镇化水平、劳动力受教育水平。某地区劳动力越便宜、越密集、越年轻、城镇人口越多、素质越高，越容易吸引低端制造业发展。而相比之下，各类基础设施、环境与土地成本等，对低端制造业影响要么不显著，要么还促成中高端制造业发展。需要再次强调的是，虽然实证结果中，各地基础设施对低端制造业就业影响并不显著甚至负相关，但这只说明基础设施对于制造业升级有积极影响，更有利于中高端制造业发展，低端制造业同样也需要基础设施的支持，但对基础设施的依赖程度不如中高端制造业。

四、分低端制造业类别回归

　　以上关于中国低端制造业发展的影响因素研究，是基于本书的两类共 6 项制造业子行业总体数据进行的，而这两类低端制造业在影响因素上可能存在区别。例如以计算机、通信和电子设备为代表的第二类低端制造业，由于必须投入资本与技术含量较高的机械设备与零部件（即使是进口的），因此在对劳动者受教育水平、水电能耗等方面的要求方面，可能要高于第一类低端制造业。而第一类以要素投入劳动密集为特性的低端制造业，则对低廉劳动力价格、较高的劳动力密度等方面要求较高，而对劳动力受教育水平则可能要求相对更小，因此需要分类进行回归考察不同类型低端制造业发展的影响因素。分别以 Ln$low1$ 与 Ln$low2$ 代表各省份各年第一类、第二类低端制造业就业人数（万人）的自然对数作为被解释变量，同样利用式（5.1）进行固定效应回归。结果对比如表 5–3 所示。

表 5–3　　　分类低端制造业发展影响因素回归结果对比（固定效应模型）

变量	第一类低端制造业 （纺织服装、皮革鞋类等）				第二类低端制造业 （计算机、通信与电子产品）			
	Model 1	Model 2	Model 3	Model 4	Model 5	Model 6	Model 7	Model 8
	Ln$low1$	Ln$low1$	Ln$low1$	Ln$low1$	Ln$low2$	Ln$low2$	Ln$low2$	Ln$low2$
Ln$Wage$	−2.246 *** (0.462)	−1.696 *** (0.424)	−1.565 *** (0.403)	−1.661 *** (0.362)	−2.037 ** (0.809)	−2.573 *** (0.744)	−2.519 *** (0.732)	−3.029 *** (0.693)
Ln$Landp$	0.039 (0.165)	0.006 (0.165)	0.016 (0.162)		0.222 (0.270)	0.258 (0.268)	0.279 (0.266)	
$Energyp$	−0.169 (0.524)	0.034 (0.503)	0.127 (0.484)		−1.973 ** (0.926)	−1.970 ** (0.895)	−1.976 ** (0.892)	−2.295 *** (0.815)
$Environp$	−0.039 (0.088)	−0.049 (0.089)	−0.033 (0.086)		−0.293 (0.189)	−0.283 (0.188)	−0.243 (0.186)	
Tax	0.018 (0.030)	0.014 (0.030)			0.027 (0.048)	0.033 (0.048)	0.033 (0.048)	
Age	−0.038 *** (0.011)	−0.035 *** (0.011)	−0.036 *** (0.011)	−0.033 *** (0.009)	−0.050 *** (0.018)	−0.050 *** (0.017)	−0.052 *** (0.017)	−0.035 ** (0.015)
Sex	−0.001 (0.008)	−0.002 (0.008)			0.002 (0.012)	0.003 (0.012)	0.003 (0.012)	
Ln$Pdensity$	2.535 *** (0.892)	2.258 *** (0.823)	1.873 ** (0.758)	0.448 ** (0.178)	−1.305 (1.483)	−1.258 (1.355)	−1.550 (1.316)	
Edu	0.277 (0.389)	0.591 * (0.353)	0.756 ** (0.336)	0.555 * (0.283)	1.211 * (0.620)	0.972 * (0.558)	1.150 ** (0.528)	1.145 ** (0.446)

续表

变量	第一类低端制造业 （纺织服装、皮革鞋类等）				第二类低端制造业 （计算机、通信与电子产品）			
	Model 1	Model 2	Model 3	Model 4	Model 5	Model 6	Model 7	Model 8
	Ln*low*1	Ln*low*1	Ln*low*1	Ln*low*1	Ln*low*2	Ln*low*2	Ln*low*2	Ln*low*2
Urban	0.054 *** (0.016)	0.064 *** (0.016)	0.058 *** (0.015)	0.052 *** (0.013)	0.092 *** (0.026)	0.085 *** (0.025)	0.091 *** (0.024)	0.093 *** (0.021)
Rail	−0.006 (0.008)	−0.008 (0.008)			0.028 ** (0.013)	0.029 ** (0.013)	0.038 *** (0.011)	0.017 * (0.010)
Road	−0.731 * (0.437)	−0.275 (0.411)			1.030 (0.704)	0.603 (0.650)		
Internet	−0.010 ** (0.005)	−0.011 ** (0.005)	−0.011 ** (0.004)	−0.011 *** (0.004)	−0.019 *** (0.008)	−0.018 ** (0.007)	−0.019 *** (0.007)	−0.018 *** (0.006)
Ln*Tele*	−0.444 *** (0.161)	−0.452 *** (0.161)	−0.446 *** (0.155)	−0.205 (0.134)	−0.670 *** (0.254)	−0.658 *** (0.253)	−0.675 *** (0.251)	−0.201 (0.145)
Tech	−0.008 ** (0.004)	−0.007 * (0.004)	−0.005 (0.004)	−0.003 (0.003)	−0.005 (0.006)	−0.006 (0.006)		
Ln*Pgdp*	0.565 (2.100)				0.600 (3.332)			
Ln*Pgdp*2	0.022 (0.099)				−0.073 (0.157)			
Constant	2.643 (12.992)	3.279 (6.692)	2.438 (6.534)	11.642 *** (3.906)	20.486 (22.008)	26.315 ** (12.165)	26.055 ** (12.093)	22.657 *** (7.348)
地区效应	控制	控制	控制	控制	控制	控制	控制	控制
时间固定	控制	控制	控制	控制	控制	控制	控制	控制
样本数	369	369	369	403	344	344	344	374
R-squared	0.393	0.377	0.371	0.351	0.498	0.492	0.489	0.470

注：括号中为标准差；***，**，* 分别表示 $p < 0.01$，$p < 0.05$，$p < 0.1$。

回归结果很清晰地展示了两类不同类型的低端制造业发展影响因素的异同。相同之处在于：制造业平均工资水平、幼儿与老人抚养比均显著负向影响其就业；城镇化水平、劳动力受教育水平均显著正向影响其就业；以"路桥网讯科"为代表的基础设施要么负向影响低端制造业就业，要么与之不相关。差异之处在于：

其一，水电燃料价格对第二类低端制造业产生显著负向影响，而对第一类低端制造业影响不显著。其原因正体现了两类低端制造业的差别，因为以计算机、通信和电子产品为代表的第二类低端制造业虽然也依赖廉价劳动能力，但基于其产品本身的高科技特点，除了需要投入相当金额的资本、技术、核心零部件以外，还需要投入较多生产流水线与机械设备（即使是进口的），这导致其对于水电燃料等能耗显著高于低端制造业，可能导致其容易受到水电燃料价格上升的冲击。而以纺织服装、服饰、皮革、文教、工美、体育和娱乐用品等轻工业产品为代表的第一类低端制造业，能源与机械设备的投入则相对较低，水电燃料价格对其影响不显著也符合逻辑。

其二，人口密度对于第一类低端制造业正向影响较为显著，而对于第二类低端制造业影响不显著。原因如前文统计所显示，这显然是因为以纺织、服装、鞋类制造业等为代表的第一类低端制造业，相对于第二类低端制造业，在要素投入上更为"劳动密集"，需要大量的廉价劳动力集中作业。而第二类低端制造业在要素投入上并非如此劳动密集，由图 3 - 1 与附表 1 可以看到，我国"计算机、通信与其他电子设备制造业"的劳动密集度在 28 个制造业子行业中位列倒数第 4，有相对较大的资本与技术等其他投入（但国内增值率很低，大量来自进口）。

其三，城镇化水平与受教育水平对于第二类低端制造业的影响，相对于第一类低端制造业而言程度更高。这也容易理解。就城镇化水平而言，现阶段我国城镇居民对于计算机、通信与其他电子设备产品的需求显然要高于农村居民，而对于服装系列等第一类低端制造业产品需求则不一定，无论城乡均有大量需求。就劳动力受教育水平而言，第二类低端制造业产品涉及较多技术要素，其对劳动力素质要求当然高于服装鞋类等第一类低端制造业。

综上所述，基于 2006～2018 年 31 省份的省际面板数据实证研究，我们将影响中国整体低端制造业以及各类低端制造业发展的影响因素整理如表 5 - 4 所示。

表 5 - 4　　　　中国低端制造业发展影响因素整理（综合静态与动态面板模型）

解释变量	子变量	整体低端制造业	第一类低端制造业	第二类低端制造业
Cost 成本因素	工资成本	负相关	负相关	负相关
	土地成本	不显著	不显著	不显著
	水电燃料成本	不显著	不显著	负相关
	环境成本	不显著	不显著	不显著
	税收成本	不显著	不显著	不显著

解释变量	子变量	整体低端制造业	第一类低端制造业	第二类低端制造业
LaborStruct 人口结构因素	社会抚养率	负相关	负相关	负相关
	性别结构	不显著	不显著	不显著
	人口密度	正相关	正相关	不显著
	教育水平	正相关	正相关	正相关
	城乡结构	正相关	正相关	正相关
Basic 基础设施	铁路运输	不显著或负相关	不显著或负相关	不显著或负相关
	公路运输			
	互联网普及率			
	通信设施			
	技术供给			
Trends 经济发展阶段	人均 GDP	不显著	不显著	不显著
	人均 GDP 平方项			

五、稳健性检验：以当地加工贸易比重反映低端制造业发展状况

如前文所述，加工贸易是利用国内廉价劳动力加工组装零部件并出口制成品的贸易方式，且是我国长期以来占比较大的贸易方式，其生产过程投入劳动力多而投入资本、技术较少（当然也有一些投入设备与技术相对较多的子行业，例如第二类低端制造业，在我国国内多生产采用加工贸易的方式，与加工贸易比重相关系数很高，但相对也有昂贵的设备与技术投入），正对应外向型劳动密集制造业的生产方式。因此，各省份对外贸易额中加工贸易金额的比重（以下简称"各省份加工贸易比重"），也可以作为反映当地低端制造业发展程度的另一指标。令各省加工贸易比重 *Pshare* 为被解释变量代替原模型中的低端制造业就业人数占比，其余解释变量不变进行稳健性检验。基于 2006～2018 年省级数据的固定效应模型与 GMM 模型回归结果如表 5-5 所示。

表 5-5　　　　　　　低端制造业国内转移影响因素回归结果
（固定效应与 GMM，以加工贸易比重为被解释变量）

变量	Model 1	Model 2	Model 3	Model 4	Model 5	Model 6	Model 7
lowc（-1）						0.847 *** (0.055)	0.830 *** (0.057)

续表

变量	Model 1	Model 2	Model 3	Model 4	Model 5	Model 6	Model 7
Ln*Mwage*	− 39. 78 *** （13. 05）	− 41. 44 *** （12. 79）	− 40. 92 *** （12. 71）	− 43. 34 *** （12. 53）	− 45. 35 *** （11. 62）	− 10. 58 ** （5. 534）	− 8. 386 ** （4. 005）
Ln*Landp*	4. 877 （4. 31）	5. 143 （4. 28）	5. 440 （4. 21）	4. 789 （4. 17）		4. 625 （3. 378）	
Energyp	− 8. 976 （13. 79）	− 9. 281 （13. 77）	− 8. 931 （13. 72）	− 6. 142 （13. 07）		20. 20 （12. 79）	24. 31 （13. 06）
Environp	3. 000 （2. 344）	2. 764 （2. 315）	2. 779 （2. 311）	2. 400 （2. 283）		− 1. 848 （3. 314）	
Tax	− 0. 599 （0. 787）	− 0. 590 （0. 786）	− 0. 612 （0. 783）			− 0. 120 （0. 396）	
Age	0. 033 （0. 274）	0. 049 （0. 273）	0. 039 （0. 271）			− 0. 443 ** （0. 210）	− 0. 257 * （0. 154）
Sex	− 0. 285 （0. 186）	− 0. 267 （0. 184）	− 0. 269 （0. 184）			0. 191 （0. 202）	
Ln*Pdensity*	17. 24 *** （2. 53）	21. 03 *** （2. 77）	22. 14 *** （2. 55）	16. 04 *** （2. 56）	16. 60 *** （4. 195）	17. 11 * （10. 36）	21. 02 * （13. 10）
Edu	− 2. 969 （9. 454）	− 3. 729 （9. 375）				− 0. 267 （2. 462）	
Urban	1. 557 *** （0. 392）	1. 545 *** （0. 391）	1. 492 *** （0. 367）	1. 554 *** （0. 359）	1. 484 *** （0. 319）	0. 956 ** （0. 476）	1. 002 *** （0. 377）
Rail	0. 135 （0. 203）					− 0. 090 （0. 140）	
Road	− 23. 948 ** （10. 723）	− 21. 348 ** （9. 972）	− 20. 446 ** （9. 696）	− 22. 079 ** （9. 631）	− 19. 650 ** （8. 315）	− 19. 13 （15. 37）	− 20. 17 * （12. 62）
Internet	− 0. 259 ** （0. 116）	− 0. 254 ** （0. 116）	− 0. 249 ** （0. 115）	− 0. 236 ** （0. 114）	− 0. 206 ** （0. 096）	0. 024 （0. 122）	
InTele	− 9. 997 ** （3. 909）	− 9. 472 ** （3. 824）	− 9. 549 ** （3. 814）	− 9. 650 *** （3. 664）	− 8. 760 *** （3. 245）	− 5. 422 （0. 789）	− 7. 163 ** （3. 304）
Tech	− 0. 223 ** （0. 093）	− 0. 207 ** （0. 090）	− 0. 220 *** （0. 084）	− 0. 218 *** （0. 084）	− 0. 247 *** （0. 075）	− 0. 023 （0. 028）	
Ln*Pgdp*	192. 90 *** （50. 73）	189. 78 *** （50. 46）	182. 74 *** （47. 18）	186. 61 *** （43. 22）	190. 55 *** （34. 17）		

续表

变量	Model 1	Model 2	Model 3	Model 4	Model 5	Model 6	Model 7
Ln$Pgdp$2	− 8.972*** (2.395)	− 8.835*** (2.383)	− 8.551*** (2.270)	− 8.697*** (2.101)	− 8.839*** (1.703)		
Constant	− 699.67** (334.0)	− 687.25** (333.1)	− 685.03** (332.6)	− 679.89** (308.4)	− 600.32*** (189.9)		
时间固定	控制	控制	控制	控制	控制		
国家固定	控制	控制	控制	控制	控制		
AR（1）						− 3.06***	− 2.84***
AR（2）						− 1.55	− 1.58
Hansen P 值						1.000	1.000
样本数	333	333	333	333	360	277	277
R-squared	0.347	0.347	0.345	0.334	0.332		

注：括号中为标准差；***，**，*分别表示 $p < 0.01$，$p < 0.05$，$p < 0.1$。

综合静态与动态面板模型可以发现，以当地加工贸易比重作为低端制造业发展的代理变量时，其影响因素与用低端制造业就业人数作为代理变量时非常类似。某地区制造业劳动力工资越低、越密集、越年轻、城镇人口越多、素质越高，当地开展加工贸易的比重就越高。而各类基础设施对低端制造业的影响要么不显著，要么还不利于其发展——其实证结果与前文非常类似，可见结论是较为稳健的。此外，经济发展阶段对加工贸易发展呈现倒"U"型影响，说明随经济发展（人均收入的上升），以加工贸易为代表的低端制造业先增加再减少，这也符合工业由低端至高端的发展规律。

综上所述，我们得出了最影响中国低端制造业发展（国内区位转移）的5个因素：制造业平均工资水平、幼儿与老人抚养比（显著负向影响）、人口密度、城镇化水平、劳动力受教育水平（显著正向影响）。本章第二节将应用这5个变量，对于广大与中国签署了较多经贸合作协议的国家进行初步筛选，以选出最适合承接中国低端制造业的目标国。

第二节　重点投资候选国的区位选择

本章第一节应用中国 2006～2018 年省级面板数据，得出了影响中国低端制造业发展的主要指标，而从第三章的相关图表可以看到，2006 年之后，正是中国低端制造业开始在国内梯度区位转移的阶段，同期中国与世界各国的贸易投资合作也愈发密切，故将各大洲与中国签署了较多相关经贸合作协议的国家作为中国低端制造业对外直接投资的候选样本国家，并依据中国国内低端制造业发展的影响指标，从中筛选出若干重点投资候选国。

再次强调，由于选择重点投资候选国家需要考虑的因素非常多，覆盖政治、经济、军事、历史、地理等多方面，如果对于每个国家都全面考察，则工作量大且效率极低。因此本章仅根据前文得出的基于中国国内低端制造业发展的影响指标（多为经济指标）作为初步选择依据，筛选出重点投资候选国。这一部分可能会选出一些并不合适的重点投资候选国，需要投资的企业再从这些国家中结合政治与治安、民族/语言/宗教结构、基础设施与产业配套能力、政府外资政策、国际经贸合作等国内模型未能考虑的国际差异性因素，筛选出最终的重点目标国家。

一、指标设计与数据来源

本部分将依据第一节的中国低端制造业国内发展较为显著的几个影响因素，设计"低端制造业投资指数"，用以作为筛选重点投资候选国的关键指标。

（一）低端制造业投资指数设计

由于前文得出了几个显著影响中国低端制造业发展的因素，即（1）工资成本（负相关）、（2）人口抚养比（负相关）、（3）人口密度（正相关）、（4）人口城镇化水平（正相关）、（5）劳动力受教育水平（正相关），我们将分别整理与中国有较多经贸合作协议的经贸伙伴国家的这些指标，并将其各自 5 个指标与中国当年对应指标进行对比，得到各自指标的相对得分，并将这些指标进行算数平均，得到各国分别的总体"低端制造业投资指数"。计算公式如下：

$$Linherit_i^t = 1 + \Big[\sum_{n=1}^{5} \pm \Big(\frac{X_{in}^t - C_n^t}{C_n^t} \Big) \Big] \Big/ 5 \qquad (5.2)$$

其中，$Linherit_i^t$ 表示目标国 i 国 t 年低端制造业投资指数。X_{in}^t 表示 i 国 t 年第 n 个指标水平，C_n^t 表示中国 t 年第 n 个指标的对应水平。± 表示在该 5 个指标中，与中国低端制造业发展正相关的影响因素（包括人口密度、城镇化水平、受教育水平）取正号，而负相关的影响因素（工资成本、人口抚养比）取负号。

若某国某个单独指标对比值大于 0，则意味着该国这个指标方面比中国更适合发展低端制造业。小于 0 则说明其发展低端制造业的该指标条件不如中国。而从总体来看，若某国 $Linherit_i^t > 1$，则意味着当年该国低端制造业发展的综合条件比中国更好，其值越大则越适合我国向其转移低端制造业；若 $Linherit_i^t < 1$，则意味着目标国低端制造业综合发展条件比中国差，且值越小越不适合。基于以上标准，我们可以选出最适合承接中国低端制造业的国家。另外，我们还考虑各国经济发展阶段对低端制造业的影响，如某国最近年份人均 GDP 已超过 9250 美元/年，依据世界银行 2018 年的分类，则意味着该国已经达到中高收入国家（Upper Middle Income Country）的平均水平，国内低端制造业已经开始走下坡路，将不再考虑（中国 2018 年人均 GDP 达到 9771 美元，已经可列入中高收入国家，开始逐渐失去低端制造业发展的土壤）。

举例而言，若某年中国制造业工资水平为 50000 元/年，人口抚养比为 35%，人口密度为 100 人/平方公里，城镇化水平为 45%，大专以上学历人数比重为 20%。而某国同年制造业工资成本为 40000 元/年，人口抚养比为 25%，人口密度为 120 人/平方公里，城镇化水平为 30%，大专以上学历人数比重为 15%，其该年"低端制造业投资指数"便为：

$$Linherit_i^{2016} = 1 + \left(-\frac{40000-50000}{50000} - \frac{25-35}{35} + \frac{120-100}{100} + \frac{30-45}{45} + \frac{15-20}{20} \right)/5$$
$$= 1.049$$

总体指数大于 1，意味着该年该国低端制造业发展的综合条件比中国好，其经济基本面适合中国向其转移低端制造业。

另外可以预计，以这些指标筛选适合投资低端制造业的国家，以下几类国家可能很难入选：（1）经济发展水平过于落后的贫穷国家：该类国家虽然工资水平、经济发展阶段方面得分可能较高，但往往在劳动力教育水平、城镇化水平、人口抚养比方面得分很低。（2）经济发展水平过高的发达国家：该类国家与第（1）类国家相反，在劳动力教育水平、城镇化水平方面可能得分较高，但在工资水平、经济发展阶段方面得分很低。（3）地广人稀的国家：该类国家在人口密度、城镇化水平方面得分将很低。（4）人口过多的国家：该类国家在人口密度方面得分可能很高，但人口抚养比（老人＋幼儿）、受教育水平得分等可能受到拖累。

（二）数据来源与处理

由于世界银行等国际机构提供的国际数据与国内数据单位与口径并不完全一致，我们选择的指标如表 5-6 所示。

表5-6   国家对比指标及其来源

指标	采用的国际对比指标	数据来源
制造业工资成本	制造业每月平均收入（美元）	国际劳工组织数据库
人口年龄结构	社会抚养比（百分点）	世界银行WDI数据库
人口密度	每平方公里国土人数（人）	世界银行WDI数据库
人口城乡分布	城镇人口占总人口比重（百分点）	世界银行WDI数据库
人口受教育水平	高等教育毛入学率（百分点）	世界银行、联合国教科文组织
经济发展阶段	人均GDP（美元）	世界银行WDI数据库

我们将2005年以来与中国签署较多相关经贸协议且有充分数据的131个国家作为筛选范围，其中绝大多数为发展中国家。另外，总体而言各国制造业工资水平、高等教育毛入学率两个数据普遍存在部分年份数据缺失的情况，相应的处理方法如下所示：

第一，代表人口受教育水平的高等教育毛入学率数据缺失的具体处理方法为：在2000~2018年存在数据的国家中，若缺失数据的某年（或某几年）前后均有数据，则假定这几年毛入学率是平稳变化的，用其总差值计算出各年相等的差值并计算各年估计值。若缺失数据的某年（或某几年）仅前或后端有数据，则直接用其前或后端最近年份数据作为估计值（短期内高校入学率受通货膨胀等宏观变量影响程度相对较小）。

第二，由ILO发布的各国制造业平均工资水平基于各国各年份调查，数据缺失较为严重，除了多个国家仅有4~8年数据以外，不少国家没有统计数据。为了不浪费已有的4个指标、尽可能增加样本，在2000~2018年存在数据的国家中，若缺失数据的某年（或某几年）前后均有数据，则假定这几年制造业工资水平平稳变化，用其总差值计算出各年相等的差值并计算各年估计值。如果缺失数据的某年或某几年仅前或后端有数据，则假定一国制造业工资水平增长速度与该国同期人均GDP增长速度相同，以此可根据离最近年份的确切数据估算各年工资水平。尽管如此，仍有伊朗、伊拉克、叙利亚、阿曼、科威特、巴林、突尼斯、苏丹、利比亚、摩洛哥、毛里塔尼亚、阿尔及利亚、不丹、阿富汗、塔吉克斯坦、土库曼斯坦、安提瓜和巴布达、智利、委内瑞拉、苏里南、厄瓜多尔、秘鲁、格林纳达、古巴、巴巴多斯、塞内加尔、塞拉利昂、几内亚、莫桑比克、加蓬、吉布提、尼日利亚、肯尼亚、乍得、刚果（布）、津巴布韦、赤道几内亚、莱索托、贝宁、巴布亚新几内亚、密克罗尼西亚联邦41个国家考察期内并没有制造业工资的任何统计数据，无法估计，只能使用这41个国家当年人均国民收入代替制造业平均工资（当然中国的对比数据也相应变为人均国民收入，即假定两国人均收入之比基本等同于制造业工资之比），这样处理后，此 41 国均可有该项得分数据。

二、2018 年低端制造业投资指数分国别排名

（一）各国低端制造业投资指数（2018）

表 5－7 列出了 2018 年与中国有较多经贸合作协议的 131 个国家各指标相对中国得分及总体低端制造业投资指数（叙利亚、黎巴嫩、多米尼克、玻利维亚、南苏丹、索马里、纳米比亚、所罗门群岛、基里巴斯 9 国部分指标缺失且无法处理，未进行计算，最终共 131 个国家。另外由于伊朗缺乏 2018 年制造业工资与人均 GNI 及人均 GDP 数据，只计算至 2017 年，表中数据为 2017 年；委内瑞拉则由于缺乏人均 GNI 及人均 GDP 数据，仅至 2014 年）。此外由式（5.2）可知，作为对照的中国，其 5 项指标得分均为 0，综合低端制造业投资指数则为 1。

表 5－7 中国家名后加上 "＊＊" 的为 2018 年低端制造业投资指数大于 1 的国家，加上 "＊" 的为 2018 年低端制造业投资指数极其接近 1 的国家。

表 5－7　　　　　　　　2018 年各国低端制造业投资指数一览表

地区	国家	人口密度得分	城镇化水平得分	受教育水平得分	人口年龄结构得分	制造业成本得分	低端制造业投资指数	人均 GDP（美元/年）
东亚、东南亚	中国	0.0000	0.0000	0.0000	0.0000	0.0000	1.0000	9771
	东帝汶	－ 0.4252	－ 0.4831	－ 0.6492	－ 0.7976	0.8182	0.6926	2036
	蒙古国	－ 0.9862	0.1571	0.2962	－ 0.3019	0.4840	0.9298	4122
	韩国	2.5703	0.3771	0.8645	0.0672	－ 2.8792	1.2000	31363
	新加坡	52.6101	0.6906	0.6756	0.2302	－ 2.8463	11.2720	64582
	马来西亚	－ 0.3531	0.2854	－ 0.1083	－ 0.0936	0.2953	1.0052	11373
	印度尼西亚 ＊＊	－ 0.0040	－ 0.0647	－ 0.2825	－ 0.1855	0.8395	1.0606	3894
	缅甸	－ 0.4456	－ 0.4830	－ 1.0000	－ 0.1719	0.8502	0.7499	1326
	泰国 ＊＊	－ 0.0839	－ 0.1556	－ 0.0260	－ 0.0093	0.5100	1.0470	7274
	老挝	－ 0.7938	－ 0.4082	－ 0.7042	－ 0.4322	0.7123	0.6748	2424

续表

地区	国家	人口密度得分	城镇化水平得分	受教育水平得分	人口年龄结构得分	制造业成本得分	低端制造业投资指数	人均GDP（美元/年）
东亚、东南亚	柬埔寨	-0.3795	-0.6046	-0.7405	-0.3769	0.7793	0.7356	1385
	越南**	1.0770	-0.3928	-0.4359	-0.0824	0.7145	1.1761	2567
	文莱	-0.4513	0.3124	-0.3796	0.0433	0.4730	0.9995	31628
	菲律宾**	1.4111	-0.2070	-0.2990	-0.3959	0.5951	1.2209	3103
西亚、北非	伊朗（2017）**	-0.6646	0.2835	0.4190	-0.1016	0.3676	1.0608	5628
	伊拉克	-0.4032	0.1914	-0.6807	-0.7692	0.4672	0.7611	5834
	土耳其**	-0.2790	0.2703	0.8859	-0.2251	0.1638	1.1632	9370
	约旦**	-0.2441	0.5381	-0.3199	-0.5213	0.5560	1.0018	4242
	以色列	1.7673	0.5624	0.2520	-0.6416	-2.9005	0.8079	41715
	沙特阿拉伯	-0.8943	0.4174	0.3445	0.0214	-0.6440	0.8490	23339
	也门	-0.6361	-0.3805	-0.7994	-0.8268	0.8688	0.6452	944
	阿曼	-0.8948	0.4292	-0.2484	0.1916	-0.6004	0.7754	16415
	阿联酋	-0.0859	0.4627	-0.2719	0.5399	-1.7497	0.7790	43005
	卡塔尔	0.6151	0.6759	-0.6469	0.5667	-1.8177	0.8786	68794
	科威特	0.5650	0.6906	0.0743	0.2154	-2.6247	0.7841	33994
	巴林	12.5982	0.5095	-0.0024	0.3156	-1.3140	3.4214	24051
	阿塞拜疆*	-0.1893	-0.0587	-0.4524	-0.0378	0.6387	0.9801	4721
	埃及	-0.3335	-0.2781	-0.3051	-0.5827	0.8624	0.8726	2549
	亚美尼亚**	-0.3011	0.0676	0.0784	-0.1575	0.7565	1.0888	4212
	格鲁吉亚*	-0.5600	-0.0088	0.1923	-0.3116	0.5934	0.9811	4717
	突尼斯	-0.4982	0.1656	-0.3647	-0.1897	0.6300	0.9486	3448
	苏丹	-0.8430	-0.4144	-0.6657	-0.9498	0.8351	0.5925	977
	利比亚	-0.9744	0.3542	0.1955	-0.2020	0.3235	0.9394	7242
	摩洛哥	-0.4558	0.0558	-0.2899	-0.2862	0.6734	0.9395	3238

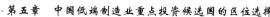

续表

地区	国家	人口密度得分	城镇化水平得分	受教育水平得分	人口年龄结构得分	制造业成本得分	低端制造业投资指数	人均GDP（美元/年）
西亚、北非	埃塞俄比亚	− 0.2637	− 0.6490	− 0.8398	− 0.9652	0.8976	0.6360	772
	毛里塔尼亚	− 0.9712	− 0.0926	− 0.9012	− 0.8823	0.8774	0.6060	1189
	阿尔及利亚	− 0.8805	0.2278	0.0150	− 0.4219	0.5783	0.9038	4115
南亚	马尔代夫	10.5875	− 0.3270	− 0.3830	0.2256	0.2618	3.0730	10331
	斯里兰卡 **	1.3294	− 0.6877	− 0.6121	− 0.3121	0.8147	1.1064	4102
	孟加拉国 **	7.3558	− 0.3807	− 0.5936	− 0.2103	0.8292	2.4001	1698
	巴基斯坦 *	0.8557	− 0.3801	− 0.8206	− 0.6198	0.8193	0.9709	1482
	不丹	− 0.8667	− 0.3086	− 0.6926	− 0.1515	0.6860	0.7333	3243
	阿富汗	− 0.6162	− 0.5690	− 0.8086	− 1.0788	0.9419	0.5739	521
	尼泊尔	0.3208	− 0.6663	− 0.7547	− 0.3994	0.8975	0.8796	1034
中欧、东欧	俄罗斯	− 0.9405	0.2583	0.6186	− 0.1953	0.1705	0.9823	11289
	塞尔维亚 **	− 0.4619	− 0.0517	0.3271	− 0.2757	0.6059	1.0288	7247
	罗马尼亚	− 0.4295	− 0.0871	− 0.0467	− 0.2665	− 0.0808	0.8179	12301
	捷克	− 0.0724	0.2475	0.2663	− 0.3318	− 0.7337	0.8752	23079
	斯洛伐克	− 0.2363	− 0.0917	− 0.0785	− 0.1147	− 0.6100	0.7738	19443
	斯洛文尼亚	− 0.3081	− 0.0780	0.5530	− 0.3097	− 1.2985	0.7118	26124
	波黑	− 0.5624	− 0.1844	− 0.5387	− 0.1231	0.5460	0.8275	6066
	爱沙尼亚	− 0.7952	0.1645	0.3761	− 0.3898	− 0.6351	0.7441	23266
	乌克兰 **	− 0.4808	0.1724	0.6337	− 0.1768	0.6252	1.1548	3095
	拉脱维亚	− 0.7911	0.1520	0.7401	− 0.3931	− 0.1979	0.9020	17861
	波兰	− 0.1639	0.0153	0.3403	− 0.1943	− 0.3409	0.9313	15421
	摩尔多瓦 **	− 0.1674	− 0.2793	− 0.2131	0.0702	0.6204	1.0062	3227
	保加利亚 **	− 0.5638	0.2681	0.4079	− 0.3678	0.3156	1.0120	9273
	克罗地亚	− 0.5074	− 0.0373	0.3148	− 0.3288	− 0.4461	0.7990	14910
	匈牙利	− 0.2726	0.2062	− 0.0416	− 0.2494	− 0.5524	0.8180	16162
	北马其顿	− 0.4433	− 0.0201	− 0.1870	− 0.0691	0.2980	0.9157	6084
	阿尔巴尼亚 **	− 0.2948	0.0197	0.0861	− 0.1326	0.6480	1.0653	5269
	立陶宛	− 0.6998	0.1442	0.4311	− 0.3073	− 0.2400	0.8656	19153

续表

地区	国家	人口密度得分	城镇化水平得分	受教育水平得分	人口年龄结构得分	制造业成本得分	低端制造业投资指数	人均GDP（美元/年）
中欧、东欧	白俄罗斯**	-0.6850	0.3287	0.7277	-0.1481	0.3604	1.1167	6290
	黑山	-0.6881	0.1295	0.1082	-0.2280	0.0908	0.8825	8844
	奥地利	-0.2773	-0.0145	0.6808	-0.2344	-3.6776	0.2954	51462
南欧、西欧、北欧	希腊	-0.4390	0.3365	1.6994	-0.3743	-0.1319	1.2181	20324
	马耳他	9.1857	0.5995	-0.0395	-0.3096	-1.8526	2.5167	30098
	葡萄牙	-0.2434	0.1024	0.2634	-0.3556	-0.0408	0.9452	23408
	意大利	0.3849	0.1908	0.2239	-0.3957	-1.7767	0.7254	34483
	卢森堡	0.6858	0.5381	-0.6215	-0.0628	-4.4519	0.2176	116640
	塞浦路斯	-0.1324	0.1295	0.1877	-0.0854	-1.0834	0.8032	28159
中亚	乌兹别克斯坦	-0.4778	-0.1466	-0.8009	-0.2236	0.7865	0.8275	1532
	塔吉克斯坦	-0.5580	-0.5413	-0.9934	-0.6350	0.8932	0.6331	827
	哈萨克斯坦	-0.9544	-0.0291	0.0669	-0.3819	0.3984	0.8200	9813
	吉尔吉斯斯坦	-0.7780	-0.3855	-0.1845	-0.4425	0.7454	0.7910	1281
	土库曼斯坦	-0.9161	-0.1278	-0.8426	-0.3460	0.2875	0.6110	6967
拉丁美洲	乌拉圭	-0.8672	0.6117	0.2474	-0.3562	-0.2312	0.8809	17278
	安提瓜和巴布达	0.4751	-0.5841	-0.5093	-0.1046	-0.6797	0.7195	16727
	巴拿马	-0.6213	0.1447	-0.0554	-0.3411	0.1486	0.8551	15579
	圭亚那	-0.9733	-0.5502	-0.7703	-0.3118	0.4958	0.5780	4979
	特立尼达和多巴哥	0.8263	-0.1009	-0.7638	-0.1189	-0.6860	0.8313	17130
	智利	-0.8302	0.4803	0.7482	-0.1256	-0.5507	0.9444	15923
	委内瑞拉（2014）	-0.7656	0.6245	0.8689	-0.4452	-0.7440	0.9077	16054
	苏里南	-0.9751	0.1168	-0.7518	-0.2780	0.4493	0.7122	6234
	厄瓜多尔	-0.5363	0.0789	-0.1129	-0.3422	0.3541	0.8883	6345
	秘鲁*	-0.8315	0.3171	0.3979	-0.2668	0.3161	0.9865	6941
	哥斯达黎加	-0.3400	0.3413	0.0910	-0.1043	-0.0546	0.9867	12027

续表

地区	国家	人口密度得分	城镇化水平得分	受教育水平得分	人口年龄结构得分	制造业成本得分	低端制造业投资指数	人均GDP（美元/年）
拉丁美洲	萨尔瓦多**	1.0889	0.2176	−0.4351	−0.3560	0.6517	1.2334	4058
	多米尼加**	0.4828	0.3706	0.1840	−0.3348	0.6776	1.2760	8051
	格林纳达	1.2097	−0.3868	0.9800	−0.2279	−0.0201	1.3110	10640
	古巴*	−0.2652	0.3024	−0.2113	−0.1316	0.1347	0.9658	8822
	牙买加**	0.8267	−0.0588	−0.4639	−0.1930	0.2255	1.0673	5354
	巴巴多斯	3.4935	−0.4734	0.2929	−0.2258	−0.6290	1.4916	17949
撒哈拉以南非洲	卢旺达**	2.3614	−0.7090	−0.8671	−0.8586	0.8653	1.1584	773
	塞内加尔	−0.4449	−0.2022	−0.7478	−1.1183	0.8510	0.6676	1522
	马达加斯加	−0.6957	−0.3713	−0.8956	−0.9156	0.9389	0.6121	528
	南非	−0.6789	0.1218	−1.0000	−0.2964	−0.0187	0.6255	6374
	塞拉利昂	−0.2856	−0.2890	−0.9613	−0.9447	0.9482	0.6935	534
	科特迪瓦	−0.4686	−0.1416	−0.8154	−1.0063	0.7951	0.6726	1716
	喀麦隆	−0.6404	−0.0470	−0.7478	−1.0526	0.8151	0.6655	1534
	塞舌尔	0.4180	−0.0416	−0.6625	−0.1228	0.9982	1.1178	16434
	几内亚	−0.6594	−0.3890	−0.7716	−1.1730	0.9101	0.5834	879
	加纳	−0.1181	−0.0523	−0.6899	−0.6945	0.6384	0.8167	2202
	赞比亚	−0.8427	−0.2643	−0.9187	−1.1957	0.5925	0.4742	1540
	莫桑比克	−0.7472	−0.3916	−0.8555	−1.2425	0.9514	0.5429	499
	加蓬	−0.9446	0.5109	−0.8359	−0.6892	0.2780	0.6638	7953
	安哥拉	−0.8334	0.1076	−0.8155	−1.3779	0.5761	0.5314	3432
	吉布提	−0.7211	0.3149	−0.8944	−0.2795	0.6628	0.8165	3083
	尼日利亚	0.4497	−0.1489	−0.7989	−1.1588	0.7928	0.8272	2028
	肯尼亚	−0.3913	−0.5430	−0.7734	−0.7994	0.8288	0.6643	1711
	乍得	−0.9171	−0.6102	−0.9358	−1.4339	0.9292	0.4064	728
	刚果（布）	−0.8965	0.1313	−0.7497	−0.9780	0.8266	0.6667	2148
	津巴布韦	−0.7484	−0.4555	−0.8023	−1.0509	0.8108	0.5507	2147
	坦桑尼亚	−0.5714	−0.4290	−0.9208	−1.1663	0.8316	0.5488	1051
	布隆迪*	1.9335	−0.7797	−0.8804	−1.2594	0.9705	0.9969	272

149

地区	国家	人口密度得分	城镇化水平得分	受教育水平得分	人口年龄结构得分	制造业成本得分	低端制造业投资指数	人均GDP（美元/年）
撒哈拉以南非洲	佛得角**	-0.0905	0.1112	-0.5179	-0.2392	0.8013	1.0130	3635
	乌干达	0.4362	-0.5981	-0.9044	-1.3633	0.9089	0.6959	643
	冈比亚	0.5188	0.0358	-0.9462	-1.1802	0.8995	0.8655	716
	多哥	-0.0223	-0.2950	-0.7130	-0.9588	0.8967	0.7815	679
	赤道几内亚	-0.6854	0.2196	-0.9634	-0.6193	0.2770	0.6457	10262
	利比里亚	-0.6627	-0.1353	-0.7644	-0.9727	0.8862	0.6702	677
	莱索托	-0.5319	-0.5241	-0.7985	-0.4909	0.8531	0.7015	1299
	科摩罗**	2.0148	-0.5103	-0.8223	-0.8309	0.7770	1.1257	1415
	贝宁	-0.3134	-0.2002	-0.7574	-1.0810	0.9080	0.7112	902
	马里	-0.8946	-0.2839	-0.8913	-1.4775	0.8775	0.4660	900
	尼日尔	-0.8806	-0.7223	-0.9128	-1.7415	0.8657	0.3217	414
大洋洲	巴布亚新几内亚	-0.8719	-0.7774	-0.9649	-0.5982	0.7283	0.5032	2730
	新西兰	-0.8749	0.4630	0.6211	-0.3493	-3.1650	0.3390	41945
	萨摩亚	-0.5328	-0.6916	-0.8505	-0.8744	0.1289	0.4359	4183
	密克罗尼西亚联邦	0.0847	-0.6162	-0.7210	-0.3730	0.6406	0.8030	3568
	汤加	-0.0338	-0.6090	-0.8744	-0.7446	0.1695	0.5815	4364
	瓦努阿图	-0.8382	-0.5727	-0.9063	-0.8266	0.4866	0.4686	3124

数据来源：世界银行 WDI 数据库，联合国教科文组织，国际劳工组织。

（二）低端制造业投资指数 >1 或极其接近 1 的国家列表（2018）

我们根据各国 2018 年投资指数得分，从 131 个与中国有较多经贸合作协议的国家中根据投资指数大于 1 或非常接近 1 的条件进行筛选，同时排除了经济发展阶段不适合的国家（2018 年人均 GDP 超过 9250 美元/年。其中土耳其为 9370 美元/年，刚刚超过，且低于中国 9771 美元/年的水平，故予以加入），最终得到 2018 年较为适合承接中国低端制造业的 28 个国家，按得分从高到低排名，及其优势与劣势列出如表 5-8、表 5-9 所示。

表 5 - 8　　　　　　2018 年低端制造业投资指数大于 1 或极其
接近 1 的国家列表（按指数高低）

排名	国家	投资指数	相对中国的优势	相对中国的劣势	地区
1	孟加拉国	2.4001	人口密度、工资成本	受教育水平、城镇化水平、年龄结构	南亚
2	多米尼加	1.2760	人口密度、城镇化水平、受教育水平、工资成本	年龄结构	拉丁美洲
3	萨尔瓦多	1.2334	人口密度、城镇化水平、工资成本	受教育水平、年龄结构	拉丁美洲
4	菲律宾	1.2209	人口密度、工资成本	受教育水平、城镇化水平、年龄结构	东南亚
5	越南	1.1761	人口密度、工资成本	受教育水平、城镇化水平、年龄结构	东南亚
6	土耳其	1.1632	城镇化水平、受教育水平、工资成本	人口密度、年龄结构	西亚
7	卢旺达	1.1584	人口密度、工资成本	受教育水平、城镇化水平、年龄结构	撒哈拉以南非洲
8	乌克兰	1.1548	城镇化水平、受教育水平、工资成本	人口密度、年龄结构	东欧
9	科摩罗	1.1257	人口密度、工资成本	城镇化水平、受教育水平、年龄结构	撒哈拉以南非洲
10	白俄罗斯	1.1167	城镇化水平、受教育水平、工资成本	人口密度、年龄结构	东欧
11	斯里兰卡	1.1064	人口密度、工资成本	受教育水平、城镇化水平、年龄结构	南亚
12	亚美尼亚	1.0888	城镇化水平、受教育水平、工资成本	人口密度、年龄结构	西亚
13	牙买加	1.0673	人口密度、工资成本	受教育水平、城镇化水平、年龄结构	拉丁美洲
14	阿尔巴尼亚	1.0653	城镇化水平、受教育水平、工资成本	人口密度、年龄结构	东欧
15	伊朗（2017）	1.0608	城镇化水平、受教育水平、工资成本	人口密度、年龄结构	西亚

续表

排名	国家	投资指数	相对中国的优势	相对中国的劣势	地区
16	印度尼西亚	1.0606	工资成本	受教育水平、城镇化水平、年龄结构、人口密度	东南亚
17	泰国	1.0470	工资成本	受教育水平、城镇化水平、年龄结构、人口密度	东南亚
18	塞尔维亚	1.0288	受教育水平、工资成本	城镇化水平、人口密度、年龄结构	东欧
19	佛得角	1.0130	城镇化水平、工资成本	受教育水平、人口密度、年龄结构	撒哈拉以南非洲
20	保加利亚	1.0120	城镇化水平、受教育水平、工资成本	人口密度、年龄结构	东欧
21	摩尔多瓦	1.0062	年龄结构、工资成本	受教育水平、城镇化水平、人口密度	东欧
22	约旦	1.0018	城镇化水平、工资成本	受教育水平、人口密度、年龄结构	西亚
23	布隆迪	0.9969	人口密度、工资成本	城镇化水平、受教育水平、年龄结构	撒哈拉以南非洲
24	秘鲁	0.9865	城镇化水平、受教育水平、工资成本	人口密度、年龄结构	拉丁美洲
25	格鲁吉亚	0.9811	受教育水平、工资成本	城镇化水平、人口密度、年龄结构	西亚
26	阿塞拜疆	0.9801	工资成本	受教育水平、城镇化水平、年龄结构、人口密度	西亚
27	巴基斯坦	0.9709	人口密度、工资成本	城镇化水平、受教育水平、年龄结构	南亚
28	古巴	0.9658	城镇化水平、工资成本	受教育水平、人口密度、年龄结构	拉丁美洲

表5-9　　2018年低端制造业投资指数大于1或极其接近1的国家列表（按地区）

地区	国家
东亚、东南亚	菲律宾、越南、印度尼西亚、泰国
西亚、北非	土耳其、亚美尼亚、伊朗、约旦、格鲁吉亚、阿塞拜疆

续表

地区	国家
南亚	孟加拉国、斯里兰卡、巴基斯坦
中欧、东欧	乌克兰、白俄罗斯、阿尔巴尼亚、塞尔维亚、保加利亚、摩尔多瓦
南欧、西欧、北欧	（无）
中亚	（无）
拉丁美洲	多米尼加、萨尔瓦多、牙买加、秘鲁、古巴
撒哈拉以南非洲	卢旺达、科摩罗、佛得角、布隆迪
大洋洲	（无）

表 5-8、表 5-9 清晰地表明，从经济角度看，综合了人口密度、城镇化水平、受教育水平、人口抚养比、制造业工资水平来看，最适合承接中国低端制造业的 28 个国家中，亚洲国家 13 个（包括南亚国家 3 个、东南亚国家 4 个、西亚国家 6 个）、东欧国家 6 个、拉丁美洲国家 5 个、非洲国家 4 个。可见亚洲、非洲、拉美、东欧是中国转移低端制造业产能的重点地区。

另外，所有国家的投资优势均已在上表中注明。可以发现全部 28 个国家相对中国拥有制造业成本优势，这是中国近年来工资成本与收入水平不断上升的结果，也是这些国家承接中国低端制造业的最重要的基础。同时多达 27 个国家都对中国存在人口年龄结构的劣势（人口抚养比更高）。除这两个共同优劣势之外，该 28 个国家中，大多数西亚与东欧国家相对于中国发展低端制造业的其他共同优势，在于人口城镇化水平和受教育水平，劣势则在人口密度与工资成本方面。而大多数南亚、东南亚、非洲国家则正相反，其相对于中国发展低端制造业的共同优势在于人口密度、工资成本方面，劣势在于受教育水平、城镇化水平方面。这也反映了西亚、东欧国家与南亚、东南亚、非洲不同的经济发展阶段。

三、1990~2018 年分地区国家低端制造业投资指数动态变化趋势

前文的分析仅限于 2018 年各国低端制造业投资指数的分布情况，无法反映该指数的动态变化趋势，难以判断是否在较长时期内适合投资低端制造业。我们的研究希望为今后一段时期内中国低端制造业对外投资的区位选择提供较有持续性的参考，因此下面分区域给出较长时间内（1990~2018 年）131 个国家低端制造业投资指数的变化情况（已排除各区域 2018 年人均 GDP 高于世界银行统计的中高收入国家平均水平的 9250 美元/年的国家。另外，一些国家仅有部分年份数

据）。由于该指数基本反映了各国在低端制成品生产与销售市场上的国际竞争力，且根据设定，历年中国指数均恒定为 1，因此也可反映出各国低端制造业竞争力相对于中国的变化趋势。同时，还可以根据各国低端制造业投资指数的变化趋势，从前文选出的 2018 年投资指数大于 1 或极其接近 1 的 28 个国家中再进一步筛选出低端制造业发展条件相对于中国持续向好的"重点投资候选国"。

（一）东亚、东南亚地区（排除了中高收入国家：韩国、文莱、马来西亚）

如表 5-10 所示，从东亚、东南亚国家样本的情况来看，20 世纪 90 年代菲律宾、印度尼西亚、泰国、蒙古国发展低端制造业的条件明显优于中国。但进入 90 年代中后期尤其是进入 21 世纪以来，得益于中国不断提高的人口城镇化水平和受教育水平，中国发展低端制造业的条件已经逐渐逼近这些国家，到 2018 年，印度尼西亚、泰国低端制造业投资指数已经与中国相差无几，且略高于中国，而蒙古国则已经低于中国。仅有菲律宾在 2005 年后相对中国仍然稳定保持着发展低端制造业的一定优势，主要优势体现在其较高的人口密度（根据世界银行的数据，2010 年后菲律宾人口密度大致在 300~350 人/平方公里，而中国同期则在 140~150 人/平方公里左右），以及较低的制造业工资水平方面（根据国际劳工组织的数据，中国于 2004 年制造业平均工资开始超过菲律宾，且差距不断扩大，菲律宾 2018 年制造业收入为 242 美元/月，而中国同期则接近 900 美元/月）。另外，在 20 世纪 90 年代发展低端制造业的条件类似或者弱于中国的国家中，仅有越南保持了良好的向上趋势，自从 20 世纪 90 年代后半期开始，其低端制造业投资指数已超过了中国且基本保持稳定。越南相对中国的优势在于不断增加的人口密度，以及相对中国较为稳定的低制造业工资成本优势。

表 5-10　　　　　1990~2018 年东亚、东南亚国家低端制造业投资指数变化趋势

年份	中国	东帝汶	蒙古国	印度尼西亚	缅甸	泰国	老挝	柬埔寨	越南	菲律宾
1990	1.0000	N/A	1.2136	1.3456	N/A	1.5056	0.5168	0.6318	1.1333	2.0763
1991	1.0000	N/A	1.1938	1.3794	N/A	1.5633	0.5054	0.5616	1.0581	2.3673
1992	1.0000	N/A	1.5030	1.4620	N/A	1.6614	0.5117	0.5551	1.0446	2.2974
1993	1.0000	N/A	1.5096	1.4134	N/A	1.6250	0.4875	0.5540	1.0471	2.2892
1994	1.0000	N/A	1.3731	1.3721	N/A	1.4452	0.4811	0.5576	1.0388	2.0039
1995	1.0000	N/A	1.2635	1.3305	N/A	1.3326	0.5050	0.5511	1.0514	1.8387
1996	1.0000	N/A	1.3139	1.2903	N/A	1.3022	0.5355	0.5675	1.0866	1.7918

年份	中国	东帝汶	蒙古国	印度尼西亚	缅甸	泰国	老挝	柬埔寨	越南	菲律宾
1997	1.0000	N/A	1.3824	1.3459	N/A	1.4549	0.5568	0.5730	1.1856	1.7306
1998	1.0000	N/A	1.4319	1.3753	N/A	1.6213	0.5696	0.6149	1.2716	1.7038
1999	1.0000	N/A	1.5646	1.3669	N/A	1.7156	0.5722	0.6353	1.2810	1.6362
2000	1.0000	0.7550	1.5200	1.2935	1.0086	1.6391	0.5631	0.6508	1.2187	1.5606
2001	1.0000	0.6885	1.4247	1.1946	0.9892	1.5535	0.5641	0.6443	1.1739	1.4520
2002	1.0000	0.6409	1.2918	1.1228	0.9308	1.3814	0.5695	0.6361	1.1363	1.3242
2003	1.0000	0.6136	1.2131	1.0790	0.8751	1.2710	0.5590	0.6303	1.1103	1.2387
2004	1.0000	0.5381	1.1734	1.0527	0.8496	1.2187	0.5557	0.6197	1.1275	1.2118
2005	1.0000	0.4744	1.1684	1.0400	0.8315	1.2197	0.5732	0.6208	1.1438	1.1884
2006	1.0000	0.4304	1.1520	1.0222	0.8158	1.1992	0.5796	0.6453	1.1464	1.1777
2007	1.0000	0.4760	1.1449	1.0275	0.8042	1.2483	0.6131	0.6699	1.1742	1.1949
2008	1.0000	0.4612	1.1514	1.0583	0.8045	1.2671	0.6399	0.6996	1.1924	1.2349
2009	1.0000	0.5421	1.1811	1.0657	0.8015	1.2576	0.6700	0.7256	1.1934	1.2220
2010	1.0000	0.5412	1.1554	1.0511	0.7958	1.2329	0.6700	0.7466	1.2111	1.2277
2011	1.0000	0.5806	1.1282	1.0629	0.7986	1.2386	0.6821	0.7587	1.2245	1.2449
2012	1.0000	0.5958	1.0899	1.0774	0.7917	1.1775	0.6748	0.7538	1.2076	1.2317
2013	1.0000	0.6097	1.0558	1.0649	0.7952	1.1202	0.6779	0.7457	1.1952	1.2354
2014	1.0000	0.6104	0.9784	1.0295	0.7834	1.0601	0.6582	0.7228	1.1891	1.2154
2015	1.0000	0.6290	0.9805	1.0392	0.7921	1.0590	0.6600	0.7191	1.1684	1.2156
2016	1.0000	0.6504	0.9390	1.0460	0.7974	1.0453	0.6594	0.7189	1.1617	1.2187
2017	1.0000	0.6726	0.9292	1.0544	0.8045	1.0455	0.6631	0.7251	1.1726	1.2341
2018	1.0000	0.6926	0.9298	1.0606	0.7499	1.0470	0.6748	0.7356	1.1761	1.2209

注：N/A 表示数据缺失。
数据来源：笔者整理计算得到。

综上所述，在 2018 年东亚与东南亚低端制造业投资指数大于 1 或接近 1 的 4 个国家中，菲律宾、越南两国该指数的发展趋势最好，最适合承接低端制造业的 "重点投资候选国"。其 1990～2018 年的 5 项指标与低端制造业投资指数相对中国的得分数据参见附表 2［正数表示优于中国，负数表示劣于中国，参考式（5.2）］。

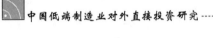

（二）西亚、北非地区（排除了中高收入国家：以色列、沙特、阿曼、阿联酋、卡塔尔、科威特、巴林）

如表5-11所示，从西亚、北非国家样本的情况来看，与东南亚类似，20世纪90年代相当多西亚、北非国家，例如，格鲁吉亚、亚美尼亚、阿塞拜疆、约旦、埃及发展低端制造业的条件远远优于中国，主要优势体现在城镇化水平与受教育水平上；土耳其、伊朗与中国处于类似水平；苏丹、突尼斯、阿尔及利亚、伊拉克、摩洛哥、毛里塔尼亚条件则劣于中国。然而进入21世纪之后，随着中国城镇化与居民受教育水平的快速提高，差距迅速缩小，之前领先中国较多的格鲁吉亚、亚美尼亚、阿塞拜疆、约旦、埃及5国迅速被中国赶超，2018年格鲁吉亚、阿塞拜疆、埃及的低端制造业投资指数已经小于1，意味着其发展低端制造业的条件已经不如中国；而亚美尼亚和约旦的低端制造业投资指数相对中国也是不断下降，2018年与中国差距已经很小，其主要原因仍然是劳动力受教育水平和城镇化水平被中国逐渐赶上。另外，值得注意的是，西亚、北非地区相当多国家，例如以色列、沙特、阿曼、阿联酋、卡塔尔、科威特、巴林等国经济总体较为富裕，人均GDP已经超过中高收入国家平均水平，不适合发展低端制造业。

该地区的土耳其值得单独一提。土耳其是北约成员国，也是经济合作与发展组织创始会员国和二十国集团的成员，拥有雄厚的工业基础，为世界新兴经济体之一，亦是全球发展最快的国家之一。20世纪80年代实行对外开放政策以来，土耳其经济实现了跨越式发展，由经济基础较为落后的传统农业国向现代化的工业国快速转变。自2002年正发党上台以来，土耳其加大基础设施建设投入，不断改善投资环境以吸引外资，大力发展对外贸易，经济建设取得了较大成就（需要说明的是，土耳其人均GDP在发展中国家中是属于相对较高的，根据世界银行、国际劳工组织、联合国教科文组织等机构的统计，虽然2018年土耳其人均GDP为9370美元，还未达到当年中高收入国家平均水平，但2008~2017年绝大多数年份都超过了10000美元）。土耳其在20世纪90年代初的低端制造业投资指数仅为0.28，远远弱于中国，主要劣势为人口密度（1990年土耳其为70.1人/平方公里，中国则为120.9人/平方公里）与制造业平均工资（1990年土耳其为235.3美元/月，中国则为27.7美元/月）。但随着近二十年工业与城市的发展，2018年人口密度已经上升到107人/平方公里，中国同期则为148.4人/平方公里，差距已经不大。而土耳其制造业平均工资相对中国而言上涨并不算快，2018年仅为754.3美元/月，中国则已经到达900美元/月上下。这使土耳其低端制造业投资指数处于波动上涨趋势，2011年已经超过中国，随后至2018年保持了稳中有升的趋势。

表 5－11　1990～2018 年西亚、北非国家低端制造业投资指数变化趋势

年份	伊朗	伊拉克	土耳其	约旦	也门	阿塞拜疆	埃及	亚美尼亚	格鲁吉亚	突尼斯	苏丹	利比亚	摩洛哥	埃塞俄比亚	毛里塔尼亚	阿尔及利亚
1990	0.4191	N/A	0.2869	1.5930	0.4259	2.1411	1.5702	2.4713	2.5852	0.7330	0.7910	N/A	0.9549	0.4358	0.6574	0.1311
1991	1.1192	N/A	0.4823	1.9081	0.4576	2.2478	1.4890	2.6833	2.8599	0.8111	0.8738	N/A	0.9669	0.4303	0.6130	0.5062
1992	1.4020	N/A	0.6494	1.8719	0.4891	2.5904	1.6696	2.8548	3.4197	0.8562	0.9722	N/A	1.0295	0.4931	0.6143	0.6937
1993	1.5686	N/A	0.5991	1.8348	0.5666	2.3777	1.7743	2.6228	3.5699	0.9931	0.9831	N/A	1.1027	0.5129	0.6516	0.8071
1994	1.3560	N/A	1.2612	1.5133	0.6220	1.9681	1.6945	2.0784	3.1737	0.9489	0.8969	N/A	0.9760	0.5432	0.6472	0.7598
1995	1.1431	N/A	1.0743	1.3594	0.6202	1.7609	1.6325	1.8824	2.8612	0.9209	0.8167	N/A	0.9847	0.5505	0.6254	0.7603
1996	1.1325	N/A	1.1271	1.4152	0.5697	1.6537	1.6230	1.6862	2.4764	0.9464	0.7954	0.0975	0.9418	0.5418	0.6205	0.8655
1997	1.1086	N/A	1.1715	1.4883	0.5489	1.5539	1.6210	1.8382	2.4203	0.9671	0.7882	0.3132	0.9813	0.5470	0.6530	0.9224
1998	1.0978	N/A	0.7915	1.4756	0.6665	1.4930	1.6137	2.1091	2.1530	0.9935	0.7789	0.7548	0.8780	0.5539	0.6456	0.9368
1999	1.1161	N/A	0.8780	1.4569	0.7269	1.4478	1.6036	2.0626	1.9731	1.0093	0.7615	0.3966	0.8995	0.5555	0.6429	0.9546
2000	1.0659	N/A	0.8136	1.3563	0.6540	1.3543	1.4370	1.8889	1.8534	1.0230	0.7265	0.1229	0.8917	0.5508	0.6224	0.9336
2001	1.0032	N/A	0.9723	1.2161	0.6065	1.2479	1.2661	1.6213	1.6453	0.9924	0.7127	0.3228	0.8488	0.5436	0.6022	0.8697
2002	0.9131	N/A	0.8117	1.1060	0.5535	1.1575	1.1678	1.4850	1.4876	0.9574	0.6731	0.9408	0.8192	0.5278	0.5736	0.8382
2003	0.8628	N/A	0.6740	1.0633	0.5085	1.0919	1.0496	1.3654	1.3604	0.9394	0.6147	0.9040	0.7845	0.5119	0.5562	0.8049
2004	0.8606	0.8224	0.5516	1.0465	0.4782	1.0540	1.0302	1.2797	1.2502	0.9103	0.6005	0.9147	0.7521	0.4923	0.5363	0.7763
2005	0.8523	0.7690	0.4955	1.0230	0.4651	1.0050	1.0140	1.2231	1.2421	0.9203	0.5871	0.7528	0.7479	0.4774	0.5196	0.7626
2006	0.8602	0.7234	0.5783	1.0101	0.4651	0.9506	0.9891	1.2054	1.1128	0.9364	0.5755	0.6492	0.7574	0.4695	0.5095	0.7563
2007	0.8971	0.7006	0.6272	1.0367	0.4995	0.9061	0.9898	1.1927	1.0853	0.9709	0.5600	0.6363	0.7756	0.4697	0.5162	0.7850

续表

年份	伊朗	伊拉克	土耳其	约旦	也门	阿塞拜疆	埃及	亚美尼亚	格鲁吉亚	突尼斯	苏丹	利比亚	摩洛哥	埃塞俄比亚	毛里塔尼亚	阿尔及利亚
2008	0.9764	0.6592	0.7252	1.0787	0.5178	0.8792	0.9860	1.2119	1.0535	1.0080	0.5688	0.6648	0.8008	0.4752	0.5216	0.8247
2009	0.9663	0.6486	0.8970	1.0697	0.5436	0.9184	0.9635	1.2700	0.9748	1.0175	0.5665	0.7417	0.8130	0.4941	0.5291	0.8675
2010	1.0039	0.6479	0.9479	1.0287	0.5406	0.9073	0.9445	1.2617	0.9870	1.0251	0.5634	0.7825	0.8321	0.5239	0.5385	0.8694
2011	1.0400	0.6625	1.0436	1.0282	0.5544	0.9197	0.8607	1.2584	0.9819	1.0347	0.5546	1.1319	0.8566	0.5404	0.5463	0.8837
2012	1.0702	0.6415	1.0930	1.0587	0.5591	0.9069	0.8448	1.1686	0.9322	1.0251	0.5477	0.8714	0.8829	0.5477	0.5511	0.8663
2013	1.0715	0.6424	1.1371	1.0343	0.5610	0.9002	0.8405	1.1167	0.9467	1.0011	0.5745	0.8900	0.8963	0.5575	0.5556	0.8567
2014	1.0526	0.6553	1.0876	0.9863	0.5609	0.8734	0.8194	1.0883	0.9176	0.9595	0.5403	0.9128	0.8866	0.5624	0.5599	0.8203
2015	1.0674	0.6936	1.1195	0.9791	0.5756	0.9160	0.8400	1.0751	0.9408	0.9532	0.5429	0.9471	0.8979	0.5776	0.5717	0.8351
2016	1.0604	0.7120	1.1181	0.9825	0.6039	0.9596	0.8150	1.0817	0.9552	0.9426	0.5502	0.9707	0.9165	0.5935	0.5825	0.8647
2017	1.0608	0.7458	1.1410	0.9762	0.6269	0.9732	0.8573	1.0825	0.9716	0.9457	0.5590	0.9536	0.9293	0.6139	0.5938	0.8927
2018	1.0611	0.7611	1.1632	1.0018	0.6452	0.9801	0.8726	1.0888	0.9811	0.9486	0.5925	0.9394	0.9395	0.6360	0.6060	0.9038

注：N/A 表示数据缺失。

数据来源：笔者整理计算得到。

综上所述，由于2018年该地区的6个低端制造业投资指数大于1或接近1的国家中，除土耳其外，其余均与中国相差不大且呈显著下降趋势，我们将土耳其列为该地区投资低端制造业的重点投资候选国，其1990～2018年的5项指标与低端制造业投资指数相对中国的得分数据参见附表2［正数表示优于中国，负数表示劣于中国，参考式（5.2）］。

（三）南亚地区（排除了中高收入国家：马尔代夫）

从表5-12可见，南亚地区几个样本国家低端制造业投资指数水平波动很小，趋势均较为单一和稳定，从1990年至2018年，孟加拉国、斯里兰卡的低端投资指数一直高于中国，其相对中国发展低端制造业的主要优势，均在于相对较高的人口密度与较低的制造业工资成本。其中较为突出的是孟加拉国，其指数仍在持续增长。从人口密度来看，孟加拉国人口密度由1990年的792.6人/平方公里（已经相当密集了）上涨至2018年的1239.6人/平方公里，增加了56.4%。而中国同期则仅由120.9上涨至148.4，仅增加了22.7%。从制造业工资成本来看，1990年中国与孟加拉国的制造业月工资水平差距不大，分别为27.7美元/月与34.5美元/月，之后两国制造业工资虽然都在上升，但中国制造业工资成本上升速度远远高于孟加拉国，根据国际劳工组织的数据估算，2018年孟加拉国制造业月工资水平仅在150美元/月左右，而中国则已将近900美元/月，导致孟加拉国低端制造业投资指数不断上升（但另一方面孟加拉国的居民受教育水平、城镇化水平均弱于中国，尤其是居民受教育水平与中国的差距近年在显著拉大）。

表5-12　　　　　1990～2018年南亚国家低端制造业投资指数变化趋势

年份	斯里兰卡	孟加拉国	巴基斯坦	印度	不丹	阿富汗	尼泊尔
1990	1.3681	1.9768	0.8795	1.3701	0.4401	N/A	0.9794
1991	1.3694	2.0240	0.8354	1.4227	0.5118	N/A	1.0505
1992	1.3796	2.0768	0.8147	1.4449	0.5596	N/A	1.0442
1993	1.3620	2.0912	0.8061	1.4442	0.5816	N/A	1.0295
1994	1.3052	2.0925	0.8277	1.3658	0.5547	N/A	0.9455
1995	1.3053	2.0936	0.8290	1.3185	0.5465	N/A	0.8961
1996	1.3101	2.0830	0.8347	1.3285	0.5500	N/A	0.8982
1997	1.3163	2.0998	0.8486	1.3328	0.5549	N/A	0.8861
1998	1.3195	2.1131	0.8572	1.3547	0.5719	N/A	0.8760

续表

年份	斯里兰卡	孟加拉国	巴基斯坦	印度	不丹	阿富汗	尼泊尔
1999	1.3241	2.1323	0.8607	1.3688	0.5735	N/A	0.8615
2000	1.3014	2.1269	0.8418	1.3588	0.5537	N/A	0.8341
2001	1.2663	2.1393	0.8396	1.3091	0.5498	0.5117	0.8149
2002	1.2260	2.1227	0.8300	1.2757	0.5474	0.4796	0.8002
2003	1.1921	2.1152	0.8106	1.2467	0.5430	0.4577	0.7759
2004	1.1744	2.1139	0.8055	1.2265	0.5465	0.4402	0.7694
2005	1.1620	2.1312	0.8188	1.2103	0.5483	0.4329	0.7754
2006	1.1547	2.1554	0.8122	1.2133	0.5547	0.4215	0.7771
2007	1.1599	2.1795	0.8331	1.2311	0.5592	0.4132	0.8002
2008	1.1633	2.2067	0.8493	1.2602	0.5912	0.4134	0.8154
2009	1.1586	2.2312	0.8718	1.2672	0.6037	0.4101	0.8143
2010	1.1452	2.2501	0.8890	1.2834	0.6200	0.4074	0.8406
2011	1.1292	2.2810	0.9024	1.3247	0.6443	0.4182	0.8402
2012	1.1268	2.2915	0.9165	1.3323	0.6586	0.4409	0.8430
2013	1.1234	2.2997	0.9259	1.3268	0.6787	0.4656	0.8490
2014	1.0974	2.2983	0.9244	1.3138	0.6828	0.4845	0.8304
2015	1.0929	2.3203	0.9301	1.3218	0.6946	0.5071	0.8327
2016	1.0885	2.3423	0.9443	1.3264	0.7067	0.5287	0.8381
2017	1.0940	2.3698	0.9541	1.337	0.7197	0.5513	0.8572
2018	1.1064	2.4001	0.9709	1.348	0.7333	0.5739	0.8796

注: N/A 表示数据缺失。
数据来源: 笔者整理计算得到。

其他国家，例如不丹、阿富汗与尼泊尔发展低端制造业的各项指标几乎都弱于中国，2018 年也均未达到中国的水平。此外，巴基斯坦的表现很值得一提，虽然 1990～2018 年其低端制造业投资指数始终低于中国，但呈现稳步上升的趋势，2018 年指数值已经很接近 1，为 0.971。从具体指标中可以发现，近年巴基斯坦人口密度相对中国正在快速提高，1990 年其人口密度仅为 139.6 人/平方公里，2000 年增长到 179.70 人/平方公里，2018 年则已经达到 275.3 人/平方公里，几乎比 1990 年翻了一倍，远超中国同期的 148.4 人/平方公里，即人口增长较快。同时，其制造业平均工资增长相对中国较慢，2018 年刚刚超过 160 美元/

月，而中国制造业平均工资进入 21 世纪后迅速增长，2018 年已经接近 900 美元/月。再加上巴基斯坦与中国长期以来的友好合作战略伙伴关系，预计其低端制造业投资指数将很快超过中国。

另外，为了进行对比，我们特意将南亚人口与经济大国印度加入比较。由于意识形态等各方面原因，莫迪总理领导下的印度与中国签署的经贸合作协议非常有限，且近年与中国有频繁的边界冲突。但作为世界上经济发展最快、人口超过 13 亿人且十分密集的发展中国家，我们将其作为比较与参考。从表 5 – 12 可见，印度的低端制造业投资指数从 1990 年就已经十分稳定地高于中国，其主要优势为人口密度与制造业工资成本，且其针对中国的高人口密度与低工资优势正在不断拉大。可见印度相对中国具有发展低端制造业的较好条件，也有向其投资低端制造业的价值。

综上所述，我们将孟加拉国、巴基斯坦两个国家作为南亚地区的低端制造业"重点投资候选国"，其 1990～2018 年的 5 项指标与低端制造业投资指数相对中国的得分数据参见附表 2〔正数表示优于中国，负数表示劣于中国，参考式 (5.2)〕。

（四）中欧、东欧地区（排除了中高收入国家：俄罗斯、罗马尼亚、捷克、斯洛伐克、斯洛文尼亚、爱沙尼亚等 12 国）

与西亚、北非地区类似，俄罗斯与中欧、东欧地区国家样本中，相当多国家经济发展水平较高，2018 年人均 GDP 超过了世界银行规定的中高收入国家平均水平（9250 美元/年），并不适合发展低端制造业，包括俄罗斯、罗马尼亚、捷克、斯洛伐克、斯洛文尼亚、爱沙尼亚、拉脱维亚、波兰、克罗地亚、匈牙利、立陶宛与奥地利。除去这些国家后还剩塞尔维亚、波黑、乌克兰、摩尔多瓦、保加利亚、北马其顿、阿尔巴尼亚、白俄罗斯与黑山 9 个国家。

由表 5 – 13 可见，20 世纪 90 年代初，除了北马其顿与中国条件类似以外，这些中欧、东欧地区国家发展低端制造业的条件几乎全部高于中国同期，尤其是乌克兰、保加利亚、白俄罗斯 3 国，其主要优势在于显著高于中国的人口城镇化水平与居民受教育水平。举例而言，依据世界银行、国际劳工组织、联合国教科文组织的统计，1990 年以上 3 国高等教育毛入学率分别达到 48.7%、26.2%、49.5%，而中国同期仅为 2.97%，劳动力素质远高于中国；1990 年以上 3 国人口城镇化比重分别达到 66.8%、66.4%、66.0%，中国同期仅为 26.4%。但这两个指标正是中国自 20 世纪 90 年代以来增长最为迅速的指标，再加上人口密度（多为地广人稀的国家）与人口抚养率（老龄化程度相当严重）相对中国的劣势不断扩大，至 2018 年为止其低端制造业投资指数全部呈现较为显著的下降趋势，虽然 2018 年塞尔维亚、乌克兰、摩尔多瓦、保加利亚、阿尔巴尼亚、白俄罗斯 6

国指数均高于中国，但考虑到其难以根本改善的人口密度与老龄化问题，加之中国城镇化与居民受教育水平的持续提升，可以预计这6个国家的低端制造业投资指数很快将落至1以下，长期来看它们发展低端制造业前景均不看好。因此本地域不推荐"重点投资候选国"。

表5-13　　　1990~2018年中欧、东欧地区低端制造业投资指数变化趋势

年份	塞尔维亚	波黑	乌克兰	摩尔多瓦	保加利亚	北马其顿	阿尔巴尼亚	白俄罗斯	黑山
1990	N/A	N/A	3.3732	N/A	2.1592	0.5222	1.3073	3.2414	N/A
1991	N/A	N/A	3.4331	N/A	2.9354	0.4379	1.4834	3.4928	N/A
1992	N/A	N/A	3.5496	N/A	2.9967	1.4887	1.5850	3.4405	N/A
1993	N/A	N/A	3.3623	N/A	3.0083	1.3926	1.6233	3.3541	N/A
1994	N/A	2.0018	2.9152	N/A	2.7580	1.1626	1.3829	2.8405	N/A
1995	1.9816	1.7562	2.7322	2.2423	2.4008	1.0220	1.2572	2.5336	N/A
1996	1.7213	1.5812	2.5888	1.9417	2.5748	1.0703	1.1954	2.5303	N/A
1997	1.5416	1.4503	2.4817	1.8867	2.5383	1.2055	1.2947	2.4470	N/A
1998	1.6635	1.3561	2.4397	1.9144	2.3276	1.2133	1.2663	2.4226	N/A
1999	1.5706	1.2628	2.4257	1.9590	2.2915	1.2122	1.2292	2.4515	N/A
2000	1.7909	1.1248	2.2357	1.7835	2.0614	1.1717	1.1737	2.2568	0.9600
2001	1.4094	1.0485	1.9776	1.5609	1.7574	1.1087	1.0768	1.9963	0.8089
2002	1.1142	0.9130	1.7842	1.4083	1.4975	1.0209	1.0008	1.7361	0.6856
2003	0.9707	0.7846	1.6419	1.3104	1.3373	0.8891	0.9183	1.5565	0.5300
2004	0.9018	0.6984	1.5544	1.2433	1.2462	0.8409	0.8985	1.4299	0.4894
2005	0.9083	0.7128	1.4993	1.2269	1.2275	0.8437	0.9182	1.3507	0.5230
2006	0.9040	0.7195	1.4808	1.2359	1.2100	0.8444	0.9508	1.3110	0.5306
2007	0.8818	0.7443	1.4829	1.2405	1.2180	0.9116	0.9974	1.3263	0.5578
2008	0.9065	0.7872	1.4949	1.2123	1.2257	0.9757	1.0189	1.2956	0.6517
2009	0.9725	0.8192	1.5395	1.1869	1.2140	0.9892	1.0327	1.3496	0.7966
2010	1.0057	0.8454	1.4658	1.1485	1.2261	0.9888	1.1279	1.3448	0.8284
2011	1.0069	0.8599	1.4386	1.1409	1.2148	0.9969	1.1703	1.3891	0.8556
2012	1.0279	0.8681	1.3643	1.1210	1.1908	1.0040	1.2156	1.3622	0.8696
2013	1.0988	0.8594	1.2935	1.1048	1.1521	0.9652	1.2135	1.2869	0.9138

年份	塞尔维亚	波黑	乌克兰	摩尔多瓦	保加利亚	北马其顿	阿尔巴尼亚	白俄罗斯	黑山
2014	1.0337	0.8325	1.2278	1.0548	1.0713	0.9195	1.1341	1.1476	0.9016
2015	1.0256	0.8459	1.2218	1.0540	1.0693	0.9420	1.1113	1.1639	0.8968
2016	1.0272	0.8325	1.1987	1.0405	1.0448	0.9247	1.0853	1.1602	0.8898
2017	1.0376	0.8332	1.1765	1.0253	1.0282	0.9229	1.0824	1.1275	0.9031
2018	1.0288	0.8275	1.1548	1.0062	1.0120	0.9157	1.0653	1.1167	0.8825

注：N/A 表示数据缺失。

数据来源：笔者整理计算得到。

（五）拉丁美洲地区（排除了中高收入国家：乌拉圭、安提瓜和巴布达、巴拿马、特立尼达和多巴哥、智利、哥斯达黎加等9国）

拉丁美洲地区国家样本中，乌拉圭、安提瓜和巴布达、巴拿马、特立尼达和多巴哥、智利、委内瑞拉、哥斯达黎加、格林纳达、巴巴多斯9国2018年人均GDP超过了世界银行规定的中高收入国家平均水平（9250美元/年），不适合发展低端制造业（其中世界银行仅公布了委内瑞拉至2014年的人均GDP水平，已经达到16054美元/年）。除去这些国家还有圭亚那、苏里南、厄瓜多尔、秘鲁、萨尔瓦多、多米尼加、古巴、牙买加8国。其低端制造业投资指数变化趋势如表5-14所示。

表5-14　　　1990~2018年拉丁美洲地区低端制造业投资指数变化趋势

年份	圭亚那	苏里南	厄瓜多尔	秘鲁	萨尔瓦多	多米尼加	古巴	牙买加
1990	0.8979	0.9070	1.4710	2.5509	1.8329	2.4874	1.1610	-0.3108
1991	1.0264	1.1327	1.5166	2.5219	1.9347	2.4613	1.4516	0.0173
1992	1.0906	1.2663	1.5443	2.5202	2.0147	2.4882	1.6133	0.3846
1993	1.1135	1.3058	1.4900	2.2104	1.9630	2.4021	1.6129	-0.2387
1994	1.0172	1.1365	1.2150	1.7442	1.8702	2.1214	1.2500	0.0828
1995	0.8814	0.9975	1.0516	1.5212	1.7890	1.9337	0.9245	0.1321
1996	0.8594	0.9189	1.0507	1.3799	1.6837	1.8322	0.9161	0.1563
1997	0.9015	0.8865	1.0504	1.3400	1.6440	1.7586	1.0240	0.1068
1998	0.8565	0.8236	1.0962	1.5371	1.5837	1.7471	1.0856	0.1177
1999	0.8160	0.8444	1.2157	1.7028	1.5295	1.7458	1.2685	0.1656

年份	圭亚那	苏里南	厄瓜多尔	秘鲁	萨尔瓦多	多米尼加	古巴	牙买加
2000	0.7432	0.8105	1.2285	1.4295	1.4130	1.6611	1.1987	0.3721
2001	0.6736	0.8146	1.1358	1.1875	1.2786	1.5355	1.1282	0.4157
2002	0.6143	0.7231	1.0247	1.0590	1.1991	1.4191	1.0628	0.3771
2003	0.5698	0.6682	0.9309	0.9791	1.1497	1.3955	1.0638	0.4846
2004	0.5849	0.5968	0.8774	0.9537	1.1399	1.3613	1.2513	0.5121
2005	0.5794	0.5651	0.8666	0.9274	1.1325	1.3000	1.2892	0.5071
2006	0.5559	0.5287	0.8801	0.9253	1.1370	1.3092	1.4887	0.5782
2007	0.5461	0.5071	0.9224	0.9636	1.1799	1.3332	1.6865	0.7086
2008	0.5360	0.4941	0.9482	1.0000	1.2206	1.3661	1.8238	0.8310
2009	0.5389	0.5099	0.9464	1.0236	1.2259	1.3646	1.7488	0.9113
2010	0.5570	0.5243	0.9397	1.0315	1.2328	1.3612	1.5466	0.9646
2011	0.5610	0.5528	0.9329	1.0402	1.2549	1.3681	1.4084	1.0178
2012	0.5607	0.5647	0.9128	1.0212	1.2472	1.3447	1.2380	1.0500
2013	0.5620	0.5763	0.8956	1.0033	1.2479	1.3179	1.1092	1.0518
2014	0.5542	0.5747	0.8587	0.9478	1.2191	1.2553	1.0066	1.0432
2015	0.5602	0.5983	0.8680	0.9533	1.2163	1.2533	0.9651	1.0455
2016	0.5656	0.6531	0.8743	0.9781	1.2188	1.2563	0.9462	1.0485
2017	0.5734	0.6977	0.8819	0.9864	1.2249	1.2747	0.9628	1.0568
2018	0.5780	0.7122	0.8883	0.9865	1.2334	1.2760	0.9658	1.0673

数据来源：笔者整理计算得到。

由表5-14可见，20世纪90年代初，除了牙买加发展低端制造业条件显著低于中国，圭亚那与苏里南与中国条件类似以外，大部分拉美国家借由相对较高的城镇化水平与受教育水平，发展低端制造业的条件均不同程度优于中国。之后随中国城镇化水平与居民受教育水平快速提升，除牙买加外的拉丁美洲国家制造业投资指数均显著下降，圭亚那与苏里南的投资指数直接在21世纪之前掉到了1以下，而厄瓜多尔与秘鲁至2002年左右也落至1以下。仅有萨尔瓦多与多米尼加两个国家的低端制造业投资指数在进入21世纪后止住了下降趋势，其关键因素是相对于中国较为缓慢的制造业工资上升速度，以及多米尼加人口密度的快速增加。

值得一提的是牙买加。其低端制造业投资指数从 1990 年开始几乎持续上升，且在 2011 年超过中国并保持了稳中有升的趋势。究其原因，可以发现牙买加相对年轻的人口结构与相对上升较慢的制造业工资成本是其巨大的优势。由于历史上曾作为西班牙与英国的殖民地，大量年轻（甚至年幼的）黑奴被贩卖至牙买加进行种植园经济开发，因此牙买加人口中有 90% 以上均是非洲黑人或黑白混血，且人口相对其他拉美国家有显著年轻化的倾向，依据世界银行的数据，牙买加 1990 年的社会抚养率为 72.7%，此后几乎一直持续下降，2018 年已经下降到 48.3%，而中国 2010 年后老龄化趋势明显，社会抚养率由 36.5% 上升至 2018 年的 40.5%（见图 5-2），预计很快将超过牙买加。而从制造业工资来看，根据国际劳工组织公布的制造业工资数据及世界银行人均 GDP 增速估算，1990 年牙买加制造业工资远高于中国，而 2014 年已经被中国反超。

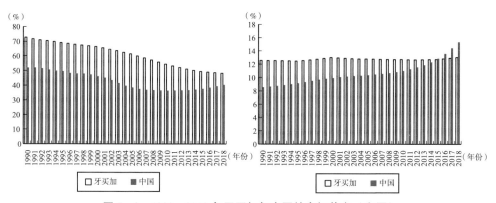

图 5-2　1990～2018 年牙买加与中国社会抚养率（左图）
与老年抚养率（右图）变化趋势对比

数据来源：世界银行。

综上所述，我们将萨尔瓦多、多米尼加、牙买加 3 个国家作为拉丁美洲地区的低端制造业"重点投资候选国"，其 1990～2018 年的 5 项指标与低端制造业投资指数相对中国的得分数据参见附表 2 [正数表示优于中国，负数表示劣于中国，参考式（5.2）]。

（六）撒哈拉以南非洲地区（排除了中高收入国家：塞舌尔、赤道几内亚）

撒哈拉以南非洲地区与中国有较多经贸合作协议的国家中，除了塞舌尔、赤道几内亚 2018 年人均 GDP 超过 9250 美元以外，其余均未达到中高收入国家平均水平，整体相对较为贫穷。1990～2018 年各国低端制造业投资指数变化趋势如表 5-15、表 5-16 所示。

表 5—15   1990~2018 年撒哈拉以南非洲地区国家低端制造业投资指数变化趋势（一）

年份	卢旺达	塞内加尔	马达加斯加	南非	塞拉利昂	科特迪瓦	喀麦隆	几内亚	加纳	赞比亚	莫桑比克	加蓬	安哥拉	吉布提	尼日利亚
1990	0.6061	0.4488	0.6787	-1.4834	0.7784	0.2941	0.2113	0.5175	0.6644	0.1673	N/A	-1.5821	-0.0144	0.5919	0.9173
1991	0.6924	0.4750	0.7100	-1.4320	0.7818	0.3700	0.2081	0.5104	0.6570	0.1921	0.4888	-1.5997	0.0846	0.6041	0.9761
1992	0.6764	0.5001	0.7257	-1.2727	0.8045	0.4120	0.3578	0.5015	0.7005	0.2944	0.5592	-1.2571	0.2860	0.6315	1.0153
1993	0.6638	0.5430	0.7180	-1.0486	0.7810	0.4803	0.1896	0.5140	0.7334	0.2899	0.5683	-0.7530	0.4395	0.6581	1.0881
1994	0.8398	0.6052	0.6788	-0.6175	0.7615	0.7054	0.5184	0.5022	0.7690	0.3200	0.5838	-0.4842	0.5507	0.6678	1.0403
1995	0.8189	0.6225	0.6436	-0.3943	0.7436	0.6618	0.6189	0.5169	0.7883	0.3905	0.5920	-0.2352	0.5546	0.7007	0.9978
1996	0.8320	0.6506	0.6075	-0.0648	0.7241	0.7003	0.6217	0.5181	0.8010	0.4410	0.5808	-0.0871	0.5191	0.7440	0.9546
1997	0.8319	0.6596	0.6073	0.0145	0.7244	0.7623	0.6357	0.5275	0.8202	0.4068	0.5739	0.0134	0.5341	0.7674	0.9357
1998	0.8572	0.6626	0.6085	0.2110	0.7282	0.7421	0.6523	0.5382	0.8265	0.4699	0.5615	0.1466	0.5700	0.7710	0.9248
1999	0.8926	0.6643	0.6009	0.2609	0.7269	0.7417	0.6488	0.5451	0.8336	0.4782	0.5527	0.3474	0.5808	0.7707	0.9096
2000	0.9231	0.6624	0.5855	0.3006	0.7138	0.7570	0.6522	0.5493	0.8601	0.4684	0.5480	0.4175	0.5358	0.7725	0.9038
2001	0.9491	0.6491	0.5565	0.4061	0.7034	0.7182	0.6302	0.5412	0.8426	0.4396	0.5358	0.3503	0.5435	0.7730	0.8689
2002	0.9562	0.6344	0.5391	0.4369	0.6713	0.6698	0.5995	0.5215	0.8166	0.4254	0.5234	0.3251	0.4571	0.7683	0.8250
2003	0.9521	0.6023	0.5103	0.1340	0.6404	0.6133	0.5507	0.5020	0.7905	0.3904	0.4991	0.3253	0.4563	0.7635	0.7966
2004	0.9506	0.5749	0.5117	-0.0013	0.6249	0.5953	0.5234	0.4809	0.7758	0.3518	0.4788	0.3270	0.4052	0.7609	0.7628
2005	0.9473	0.5632	0.4998	0.0211	0.6161	0.5928	0.5361	0.4779	0.7662	0.3071	0.4637	0.2482	0.3272	0.7656	0.7472
2006	0.9549	0.5615	0.4956	0.1366	0.6071	0.5952	0.5465	0.4862	0.7214	0.2347	0.4540	0.3029	0.2681	0.7714	0.7138

续表

年份	卢旺达	塞内加尔	马达加斯加	南非	塞拉利昂	科特迪瓦	喀麦隆	几内亚	加纳	赞比亚	莫桑比克	加蓬	安哥拉	吉布提	尼日利亚
2007	0.9655	0.5703	0.4897	0.2637	0.6010	0.6019	0.5578	0.5075	0.7372	0.2690	0.4549	0.3294	0.2834	0.7829	0.7074
2008	0.9789	0.5884	0.4925	0.4589	0.6012	0.6019	0.5721	0.5129	0.7679	0.2725	0.4572	0.3792	0.2788	0.7910	0.7055
2009	0.9956	0.5902	0.5036	0.4863	0.6045	0.6031	0.5884	0.5109	0.7809	0.3219	0.4571	0.4316	0.3704	0.8091	0.7131
2010	1.0153	0.5918	0.5126	0.4458	0.6108	0.6044	0.6145	0.5221	0.7904	0.3046	0.4646	0.4750	0.3766	0.8167	0.7198
2011	1.0374	0.6164	0.5236	0.4968	0.6152	0.5835	0.6251	0.5273	0.8026	0.3232	0.4674	0.5120	0.3681	0.8318	0.7352
2012	1.0457	0.6169	0.5326	0.5591	0.6178	0.6058	0.6326	0.5231	0.8028	0.3335	0.4687	0.5207	0.3746	0.8308	0.7351
2013	1.0640	0.6180	0.5436	0.6255	0.6217	0.6215	0.6416	0.5283	0.7959	0.3455	0.4712	0.5458	0.3970	0.8090	0.7362
2014	1.0738	0.6132	0.5540	0.6452	0.6293	0.6184	0.6330	0.5252	0.7881	0.3715	0.4749	0.5626	0.4018	0.8042	0.7319
2015	1.0917	0.6207	0.5667	0.6841	0.6456	0.6346	0.6481	0.5335	0.7885	0.4176	0.4880	0.6095	0.4529	0.8030	0.7484
2016	1.1124	0.6333	0.5804	0.7051	0.6612	0.6438	0.6368	0.5485	0.7897	0.4370	0.5068	0.6358	0.4863	0.8034	0.7739
2017	1.1349	0.6496	0.5969	0.6978	0.6762	0.6592	0.6515	0.5656	0.8050	0.4464	0.5244	0.6576	0.4903	0.8091	0.8022
2018	1.1584	0.6676	0.6121	0.6255	0.6935	0.6726	0.6655	0.5834	0.8167	0.4742	0.5429	0.6638	0.5314	0.8165	0.8272

注：N/A 表示数据缺失。

数据来源：笔者整理计算得到。

表 5－16　　1990～2018 年撒哈拉以南非洲地区国家低端制造业投资指数变化趋势（二）

年份	肯尼亚	乍得	刚果（布）	津巴布韦	坦桑尼亚	布隆迪	佛得角	乌干达	冈比亚	多哥	利比里亚	科摩罗	贝宁	马里	尼日尔
1990	0.5433	0.4439	0.6334	0.5049	0.4483	0.7027	0.6770	0.3026	0.7235	0.6489	N/A	-0.0202	0.6772	0.2620	-0.0846
1991	0.5785	0.4365	0.6456	0.5618	0.4327	0.7074	0.6871	0.4349	0.4176	0.6911	N/A	0.0728	0.7094	0.2782	0.0006
1992	0.6176	0.4239	0.6813	0.7532	0.4701	0.7273	0.6876	0.5016	0.4683	0.7267	N/A	0.1149	0.7267	0.3130	0.0602
1993	0.6540	0.4657	0.8605	0.7967	0.4900	0.7415	0.5837	0.4876	0.4582	0.7560	N/A	0.1705	0.7073	0.3309	0.2338
1994	0.6375	0.4676	0.8462	0.7553	0.5106	0.7409	0.6976	0.4819	0.5553	0.7811	N/A	0.5605	0.7152	0.4451	0.3010
1995	0.6269	0.4705	0.9012	0.7401	0.5247	0.7397	0.7039	0.4505	0.6196	0.7730	N/A	0.5861	0.6983	0.4370	0.3157
1996	0.6053	0.4662	0.8640	0.7227	0.5110	0.7378	0.7184	0.4681	0.6236	0.7626	N/A	0.6565	0.6991	0.4489	0.3260
1997	0.5984	0.4619	0.8157	0.7276	0.5044	0.7297	0.7401	0.4780	0.6552	0.7725	N/A	0.7327	0.7097	0.4780	0.3541
1998	0.5896	0.4599	0.7975	0.7404	0.4427	0.7337	0.7426	0.4806	0.6529	0.7770	N/A	0.7615	0.7194	0.4728	0.3447
1999	0.5904	0.4593	0.7990	0.7442	0.4484	0.7396	0.7308	0.5041	0.6651	0.7844	N/A	0.7795	0.7221	0.4689	0.3537
2000	0.5863	0.4501	0.8030	0.7324	0.4492	0.7358	0.7610	0.5175	0.6824	0.7826	1.2319	0.8243	0.7131	0.4856	0.3676
2001	0.5743	0.4299	0.7363	0.6891	0.4528	0.7395	0.7550	0.5235	0.7094	0.7654	1.0809	0.8348	0.7028	0.4627	0.3521
2002	0.5623	0.4072	0.6928	0.6645	0.4442	0.7519	0.7800	0.5145	0.7257	0.7360	0.9588	0.8268	0.6859	0.4356	0.3260
2003	0.5531	0.3792	0.6704	0.6445	0.4338	0.7537	0.7473	0.5021	0.7332	0.7048	0.8721	0.7909	0.6601	0.4090	0.2863
2004	0.5337	0.3445	0.6516	0.6219	0.4285	0.7556	0.7576	0.4746	0.6671	0.6902	0.8106	0.7880	0.6320	0.3941	0.2656
2005	0.5238	0.3174	0.6274	0.6054	0.4248	0.7602	0.7849	0.4664	0.6708	0.6844	0.7684	0.8144	0.6155	0.3854	0.2519
2006	0.5190	0.3026	0.6066	0.5971	0.4297	0.7680	0.8023	0.4666	0.6815	0.6797	0.7331	0.8386	0.6156	0.3821	0.2416

续表

年份	肯尼亚	乍得	刚果（布）	津巴布韦	坦桑尼亚	布隆迪	佛得角	乌干达	冈比亚	多哥	利比里亚	科摩罗	贝宁	马里	尼日尔
2007	0.5173	0.2959	0.6053	0.5941	0.4323	0.7846	0.8156	0.4722	0.6880	0.6844	0.7099	0.8670	0.6283	0.3855	0.2343
2008	0.5216	0.2977	0.5932	0.5971	0.4347	0.8046	0.8632	0.4883	0.6994	0.6951	0.6923	0.9018	0.6296	0.3925	0.2302
2009	0.5269	0.2964	0.5994	0.5828	0.4411	0.8218	0.9122	0.4881	0.7194	0.7036	0.6706	0.9316	0.6487	0.3963	0.2338
2010	0.5401	0.3002	0.6054	0.5646	0.4482	0.8408	0.9567	0.5110	0.7340	0.7140	0.6540	0.9567	0.6795	0.4021	0.2366
2011	0.5561	0.3093	0.6177	0.5487	0.4652	0.8532	0.9883	0.5412	0.7632	0.7237	0.6587	0.9931	0.6736	0.3934	0.2389
2012	0.5699	0.3170	0.6171	0.5381	0.4708	0.8703	0.9920	0.5555	0.7715	0.7237	0.6601	1.0150	0.6792	0.4087	0.2417
2013	0.5830	0.3277	0.6085	0.5308	0.4763	0.8872	1.0016	0.5727	0.7844	0.7250	0.6401	1.0262	0.6883	0.4054	0.2481
2014	0.5898	0.3373	0.6028	0.5288	0.4836	0.9002	0.9862	0.5874	0.7986	0.7170	0.6184	1.0370	0.6754	0.4121	0.2558
2015	0.6061	0.3520	0.6134	0.5358	0.4995	0.9190	0.9909	0.6095	0.8116	0.7259	0.6272	1.0654	0.6736	0.4221	0.2742
2016	0.6307	0.3700	0.6379	0.5393	0.5128	0.9431	0.9980	0.6376	0.8262	0.7425	0.6376	1.0818	0.6839	0.4337	0.2862
2017	0.6481	0.3890	0.6589	0.5469	0.5301	0.9691	1.0071	0.6658	0.8456	0.7593	0.6535	1.1034	0.6966	0.4493	0.3029
2018	0.6643	0.4064	0.6667	0.5507	0.5488	0.9969	1.0130	0.6959	0.8655	0.7815	0.6702	1.1257	0.7112	0.4660	0.3217

注：N/A 表示数据缺失。
数据来源：笔者整理计算得到。

由表 5 - 15、表 5 - 16 可见，尽管进入 21 世纪后，非洲大部分国家的低端制造业投资指数有所增长，但总体来看，绝大多数非洲国家发展低端制造业的条件均不如中国，除了制造业工资大多低于中国这个普遍优势以外，人口密度、劳动力受教育水平、年龄结构（主要是缺乏科学的生育计划导致少儿抚养率过高，相当多非洲国家例如肯尼亚、冈比亚、乍得等少儿抚养率高达 80% ~ 100%，而中国仅在 25% 左右）、城镇化水平均全面落后于中国，换句话说，非洲国家虽然劳动力便宜，但其劳动力素质、密度均较为低下，农村人口比重高，且人口结构中孩童比例过高，并不利于低端制造业发展。

但该区域有四个国家相对具有较好的发展低端制造业的条件，且低端制造业投资指数呈现良好的上升趋势。分别是卢旺达、科摩罗、佛得角、布隆迪。其中卢旺达、科摩罗、佛得角 2018 年低端制造业投资指数均高于中国，简单介绍如下。

卢旺达位于中东部非洲，历史上曾经经历了严重的内战与民族仇杀。自从 1990 年 10 月图西族难民组成的卢旺达爱国阵线与胡图族政府军爆发内战以来，至 2000 年 4 月保罗·卡加梅出任总统为止，整个 90 年代战火不断，导致国内人均收入、人口密度等指标不仅没有增长反而出现下降趋势。而进入 21 世纪以来，卡加梅政府致力于恢复与发展国民经济，卢旺达宏观经济包括人口密度、城镇化水平、受教育水平等各项指标均出现显著增长。依据世界银行、国际劳工组织、联合国教科文组织的统计，其 2000 年时人口密度为 321.6 人/平方公里，而 2018 年时已达到 498.7 人/平方公里，增长了 55%，大大超过同期中国。1990 年人口城镇化比重仅为 5.4%，2018 年已达到 17.2%。1990 年高等教育毛入学率仅为 0.6%，2018 年已经上升至 6.7%。加上相对中国更低且差距正在不断扩大的制造业工资水平，这些因素导致卢旺达在 2008 年低端制造业投资指数超过了中国，且增长趋势明显。但由于长期战乱，如同其他撒哈拉以南非洲地区国家一样，卢旺达的人口抚养率问题相当严重，老人与儿童比重高，1991 年达到了 104%，2018 年仍然达到 75.2%，但近年来随经济发展下降趋势明显。综合来看其仍然是个发展低端制造业的潜力国家。

而科摩罗是西印度洋的岛国，由大科摩罗、昂儒昂、莫埃利、马约特四岛组成，是世界最不发达国家之一，曾是法国殖民地，历史上曾饱受国内各岛政治军事争端之苦。农业占据主导地位，工业基础薄弱，对于外部资金援助依赖严重。但 2002 年阿扎利总统上任后出台多项惠民举措，降低食品、日用品、石油制品价格，重视基础设施建设，积极推动全国公路网改造、新火力发电厂等项目。2011 年伊基利卢担任总统后继续增加对农业、卫生与基础设施的投入，优化营商环境，广泛争取外援和投资，这使得科摩罗在 2013 年顺利完成 IMF 的"重债穷国倡议"减债计划。2017 年，科摩罗政府提出"2030 新兴国家"发展战略，拟重点推进水资源开发和道路、港口等基础设施建设，改善卫生和教育体系，发展数字化和创新技术，经济取得了一定增长。与中国相比，其主要优势体现在极高的人口密度以及相对较低的制造业工资成本（依据国际劳工组织的数据，2018年大约为201美元/月，中国同期已经接近900美元/月）。依据世界银行WDI数据库的数据，1990年科摩罗人口密度就已达到221.2人/平方公里，2018年已经增长到447.2人/平方公里，同期中国仅为148.4人/平方公里。其社会抚养率也从1990年的96.4%缓慢下降至2018年的74.1%。这些进步导致2012年科摩罗低端制造业投资指数即已经超过了中国。

佛得角同样是西非岛国，位于北大西洋的佛得角群岛上，曾为葡萄牙殖民地，1975年7月5日宣布独立，成立佛得角共和国。佛得角工业基础薄弱，粮食未能自给。20世纪90年代初开始改革经济体制，以私营经济为核心，开始调整经济结构，推行经济自由化，将旅游业、农业、教育、卫生及基础设施建设作为重点发展目标，经济取得了较快发展，并于2008年步入中等收入国家之列，经济增长势头良好。依据世界银行、国际劳工组织、联合国教科文组织的统计，其人均GDP由1990年的不到1000美元/年稳步上升至2018年的3635美元/年，发展低端制造业的各方面指标也稳步提升，例如，人口密度由1990年的83.9人/平方公里稳步上升至2018年的134.9人/平方公里，高校毛入学率由1990年的1.8%快速提升至2018年的24.4%，老人与幼儿抚养率从1990年的高达101.4%稳步下降至2018年的50.1%（已经在非洲国家中居于低位），而2018年制造业工资仍控制在不到180美元/月。这使得佛得角低端制造业投资指数稳步上升，至2017年开始超过中国。由于产业结构偏向服务业与农业，制造业在国内生产总值中的比重不高，存在大量发展空间。

布隆迪位于非洲中东部赤道南侧，其封建时代源于17世纪，1890年被并入德属东非。1922年属比利时委任统治，并在1946年被联合国正式交由比利时"托管"。1962年7月1日正式独立，之后国内政变与军事冲突不断，20世纪90年代以来，布隆迪战争频仍，局势动荡，经济上对国际外援依赖严重。2000年政府与各政治派别达成和平协议后经济出现恢复。2009年1月，经济顺利达到重债穷国减债倡议完成点，获得14亿美元的债务减免。2018年8月，布隆迪出台《国家发展规划（2018～2027）》，旨在为布隆迪未来10年的经济社会发展指明方向，力争到2027年实现10.7%的经济增长。在此基础上，布隆迪发展低端制造业的各项指标也取得了一定增长，例如，依据世界银行WDI数据库和国际劳工组织的数据，其相对中国最主要的优势是人口密度，1990年已经达到211.8人/平方公里，进入21世纪和平协议达成后人口密度增长迅速，2018年已经达到435.2人/平方公里，而2018年其制造业工资仅为26.6美元/月，远低于中国将近900美元/月的水平。与佛得角类似，布隆迪制造业基础也较为薄弱，制造业从业人数仅占劳动力人口的2%。2018年工业产值占比不到20%，主要有农产品加工、化工、纺织、烟酒和发电等，同样存在大量制造业投资空间。

综上所述，我们将卢旺达、科摩罗、佛得角、布隆迪4个国家作为撒哈拉以南非洲地区的低端制造业"重点投资候选国"，其1990~2018年的5项指标与低端制造业投资指数相对中国的得分数据参见附表2［正数表示优于中国，负数表示劣于中国，参考式（5.2）］。

（七）中亚地区

中亚地区与中国有较多相关经贸合作协议的国家包括乌兹别克斯坦、哈萨克斯坦、塔吉克斯坦、吉尔吉斯斯坦、土库曼斯坦5国，其中哈萨克斯坦2018年人均GDP超过了9250美元/年这一中高收入国家的平均水平。

由表5-17可见，中亚五国20世纪90年代初发展低端制造业的条件均好于同期的中国，主要优势均为相对较高的人口城镇化水平和受教育水平（依据世界银行和联合国教科文组织的统计，塔吉克斯坦、乌兹别克斯坦、哈萨克斯坦、吉尔吉斯斯坦与土库曼斯坦1990年人口城镇化水平已分别达到30.7%、41.4%、56.3%、37.8%、45.1%，中国同期仅为26.4%；其1990年高等教育毛入学率分别达到22.5%、17.4%、39.4%、26.8%、12.1%，中国同期仅为3.0%），以及相对较低的制造业工资成本。但如同中欧、东欧国家的情况一样，虽然其制造业相对中国的低成本优势仍在不断扩大，但中国迅速增长的人口城镇化水平与受教育水平使得其对中国的低端制造业优势迅速消失并被反超。至2018年已经全部低于中国，且仍处于下降趋势。除了制造业工资成本相对中国有优势外，其他指标全面落后。因此本地区不推荐低端制造业"重点投资候选国"。

表5-17　　　1990~2018年中亚地区低端制造业投资指数变化趋势

年份	乌兹别克斯坦	塔吉克斯坦	哈萨克斯坦	吉尔吉斯斯坦	土库曼斯坦
1990	0.9519	1.9613	2.9027	1.8423	N/A
1991	1.0279	2.0276	3.0297	1.8820	N/A
1992	1.7608	2.1280	3.0912	2.0045	N/A
1993	1.7036	2.0657	2.9534	1.9004	1.8380
1994	1.4769	1.7631	2.5044	1.6717	1.6043
1995	1.3199	1.5497	2.2391	1.4809	1.4405
1996	1.2449	1.4211	1.9005	1.4485	1.3515

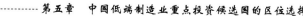

续表

年份	乌兹别克斯坦	塔吉克斯坦	哈萨克斯坦	吉尔吉斯斯坦	土库曼斯坦
1997	1.1966	1.3201	1.7074	1.4873	1.3065
1998	1.1416	1.2231	1.5476	1.5671	1.2350
1999	1.0902	1.1411	1.4770	1.5535	1.1622
2000	1.0416	1.0775	1.5404	1.5520	1.0753
2001	0.9937	0.9633	1.4067	1.4454	0.9621
2002	0.9626	0.8810	1.2917	1.3007	0.8635
2003	0.9314	0.8375	1.1905	1.1234	0.7786
2004	0.9089	0.8127	1.1065	1.0501	0.7179
2005	0.8519	0.8004	1.0634	1.0382	0.6873
2006	0.8488	0.7988	1.0147	1.0239	0.6661
2007	0.8468	0.8079	0.9657	1.0057	0.6587
2008	0.8489	0.8123	0.9370	1.0343	0.6459
2009	0.8447	0.7969	0.9545	0.9983	0.6387
2010	0.8378	0.7800	0.9069	0.9634	0.6320
2011	0.8296	0.7678	0.9139	0.9309	0.6228
2012	0.8149	0.7561	0.8827	0.9158	0.6063
2013	0.8110	0.7408	0.8374	0.9005	0.5845
2014	0.7996	0.7220	0.7826	0.8290	0.5649
2015	0.7993	0.7277	0.7824	0.8242	0.5748
2016	0.8005	0.7407	0.8143	0.8081	0.5827
2017	0.8133	0.7538	0.8111	0.7952	0.6027
2018	0.8275	0.6331	0.8200	0.7910	0.6110

注：N/A 表示数据缺失。
数据来源：笔者整理计算得到。

（八）大洋洲地区（排除了中高收入国家：新西兰）

大洋洲地区与中国有较多经贸合作协议的国家包括巴布亚新几内亚、新西兰、萨摩亚、密克罗尼西亚联邦、汤加、瓦努阿图、基里巴斯、所罗门群岛8国（但基里巴斯、所罗门群岛缺乏统计数据），均为岛国，其中，新西兰属于发达国家，依据世界银行 WDI 数据库的数据，2018 年人均 GDP 达到 41945 美元/年，不适合发展低端制造业。

　　由表5-18可见，20世纪90年代以来大洋洲诸国发展低端制造业的条件均弱于我国，而从具体指标来看，几乎各国的各大指标包括人口密度、受教育水平、年龄结构、城镇化水平几乎都低于中国，而其制造业工资水平大多并不比中国低太多（例如依据国际劳工组织的统计，2018年萨摩亚、汤加、瓦努阿图制造业月工资成本分别为785.8美元、749.2美元、463.2美元，中国同期为约900美元），这导致其低端制造业投资指数均低于中国。因此本地区不推荐低端制造业"重点投资候选国"。

表5-18　　　　1990～2018年大洋洲地区低端制造业投资指数变化趋势

年份	巴布亚新几内亚	萨摩亚	密克罗尼西亚联邦	汤加	瓦努阿图
1990	0.3574	0.3136	0.7896	-0.3587	-0.3587
1991	0.3585	0.3829	0.7715	-0.5222	-0.5222
1992	0.3801	0.4435	0.8612	-0.4331	-0.4331
1993	0.3320	0.4434	0.8143	-0.4258	-0.4258
1994	0.3164	0.0227	0.7177	-0.6592	-0.6592
1995	0.3726	0.1828	0.6668	-0.3810	-0.3810
1996	0.4276	0.1751	0.7432	-0.3153	-0.3153
1997	0.4485	0.1108	0.8346	-0.1714	-0.1714
1998	0.4632	0.1797	0.8133	-0.0011	-0.0011
1999	0.4863	0.3039	0.7805	-0.0013	-0.0013
2000	0.4939	0.1632	0.7143	0.0677	0.0677
2001	0.4953	0.1672	0.6417	0.1779	0.1779
2002	0.4880	0.1408	0.5995	0.2194	0.2194
2003	0.4791	0.0718	0.5773	0.2008	0.2008
2004	0.4621	0.0053	0.5858	0.1918	0.1918
2005	0.4460	0.0194	0.5933	0.1835	0.1835
2006	0.4325	0.0671	0.6256	0.2082	0.2082
2007	0.4178	0.1331	0.6677	0.3160	0.3160
2008	0.4104	0.2121	0.7073	0.3585	0.3585
2009	0.4172	0.2687	0.7151	0.4234	0.4234
2010	0.4193	0.2799	0.7310	0.4266	0.4266

年份	巴布亚新几内亚	萨摩亚	密克罗尼西亚联邦	汤加	瓦努阿图
2011	0.4300	0.3140	0.7433	0.4446	0.4446
2012	0.4289	0.3360	0.7556	0.4373	0.4373
2013	0.4366	0.3616	0.7664	0.4748	0.4748
2014	0.4362	0.3801	0.7656	0.4942	0.4942
2015	0.4513	0.3824	0.7656	0.5124	0.5124
2016	0.4694	0.3882	0.7780	0.5393	0.5393
2017	0.4869	0.4040	0.7888	0.5552	0.5552
2018	0.5032	0.4359	0.8030	0.5815	0.5815

数据来源：笔者整理计算得到。

本 章 小 结

综上所述，本章利用中国 2006~2018 年 31 省份的省际面板数据回归模型发现，近年我国低端制造业正处于由东部沿海向中西部省份转移的过程中，中国低端制造业企业选址考虑因素十分集中于当地劳动力因素，制造业平均工资水平、幼儿与老人抚养比（显著负向影响）；人口密度、城镇化水平、劳动力受教育水平（显著正向影响）。换句话说，某地区劳动力越便宜、越密集、越年轻、城镇人口越多、素质越高，越容易促进当地低端制造业发展。而以当地加工贸易比重作为低端制造业发展的代理变量时，其影响因素与用低端制造业就业人数作为代理变量时非常类似。

由此，我们以国内低端制造业发展的这 5 个影响因素为核心，构建了低端制造业投资指数体系，以此先从纯经济角度来初步筛选适合中国低端制造业对外投资的重点候选国。我们据此测算了截至 2020 年初与中国有较多相关经贸合作协议且数据较为充足的 131 个国家 1990~2018 年的低端制造业投资指数，综合各国 1990~2018 年低端制造业投资指数的动态变化趋势，从 2018 年指数大于 1 或接近 1 的 28 个国家中筛选出了菲律宾、越南、土耳其、孟加拉国、巴基斯坦、萨尔瓦多、多米尼加、牙买加、卢旺达、科摩罗、佛得角、布隆迪这 12 个国家作为近期中国低端制造业对外投资的"重点投资候选国"。这 12 国在人口密度、人口受教育水平、人口城镇化水平、制造业工资水平、人口抚养率方面的综合条件，均好于或非常接近于中国的水平，且未来发展趋势良好，可以作为中国低端

制造业相关子行业从业企业进行直接投资的重点考虑对象，具体信息总结如表
5—19所示。

表5—19　　　　　　　　12个低端制造业重点投资候选国信息
（按2018年低端制造业投资指数排名）

排名	国家	指数	相对中国的优势	相对中国的劣势	地区
1	孟加拉国	2.4001	人口密度、工资成本	受教育水平、城镇化水平、年龄结构	南亚
2	多米尼加	1.2760	人口密度、城镇化水平、受教育水平、工资成本	年龄结构	拉丁美洲
3	萨尔瓦多	1.2334	人口密度、城镇化水平、工资成本	受教育水平、年龄结构	拉丁美洲
4	菲律宾	1.2209	人口密度、工资成本	受教育水平、城镇化水平、年龄结构	东南亚
5	越南	1.1761	人口密度、工资成本	受教育水平、城镇化水平、年龄结构	东南亚
6	土耳其	1.1632	城镇化水平、受教育水平、工资成本	人口密度、年龄结构	西亚
7	卢旺达	1.1584	人口密度、工资成本	受教育水平、城镇化水平、年龄结构	撒哈拉以南非洲
8	科摩罗	1.1257	人口密度、工资成本	城镇化水平、受教育水平、年龄结构	撒哈拉以南非洲
9	牙买加	1.0673	人口密度、工资成本	受教育水平、城镇化水平、年龄结构	拉丁美洲
10	佛得角	1.0130	城镇化水平、工资成本	受教育水平、人口密度、年龄结构	撒哈拉以南非洲
11	布隆迪	0.9969	人口密度、工资成本	城镇化水平、受教育水平、年龄结构	撒哈拉以南非洲
12	巴基斯坦	0.9709	人口密度、工资成本	城镇化水平、受教育水平、年龄结构	南亚

对于此结论的理解，以下几个方面应当注意。

（一）实际投资时需要综合考虑各重点投资候选国各类非经济因素影响

再次强调，本章的研究对于中国低端制造业"重点投资候选国"的筛选，完全基于中国国内低端制造业发展的影响因素，即各国考察期内人均GDP、人口密度、工资成本等经济指标相对于中国的发展趋势，并未考虑投资国差异化极大的政治与治安、宗教、语言以及双边经济合作关系的影响（作为指标筛选基准的国内转移模型无法涵盖这些指标，一则难以量化，二则这些因素国内差异太小），而一些非经济因素可能对投资影响很大。举例来说，萨尔瓦多国内治安较差，有世界上最为猖獗的黑帮，是世界上最不安全的国家之一；布隆迪存在内战与民族争端，且一直未能将其有效控制，至今政局仍持续动荡，安全形势一直不稳定，同时与刚果（金）、卢旺达等邻国存在潜在武装冲突风险；等等。因此若中国与东道国建立行之有效的投资、税收合作协议，将更有利于中国对这些国家进行包括低端制造业在内的产能输出和合作，2013年与中国确立全面战略合作伙伴关系的巴基斯坦就是一个很好的例子。

（二）投资产业与效果预测

从预期投资前景与效果来看，尽管本书探讨的中国低端制造业对外直接投资问题也是在国际产能输出的范畴下进行的，但如前文可行性研究所述，低端制造业与钢铁、水泥等过剩产能行业产能输出相比有明显可行性优势，所受东道国阻力更小。向以上条件适宜的目标国投资低端制造业，对中国及被投资东道国均可能有益处。其一，我国外向型劳动密集制造业对外投资的原因并非产能过剩，而是国内生产条件，例如劳动力价格与人口结构等指标逐渐不适合造成的。与钢铁、水泥等产品不同，第一类低端制造业产品（外向型劳动密集制品），例如鞋帽服饰、日用杂品等，本身具有低值易耗品的属性，市场具有重复需求，如果直接投资于外国市场进行生产，则不但可能减少中国出口，还可能由国内市场的需求随之导致劳动密集制成品的进口需求，这对缓解贸易顺差和贸易摩擦的效果非常好。其二，如同中国国内经历的一样，劳动密集制造业更容易帮助资金不足的东道国政府解决当地劳动力就业和产业结构升级问题，同时其简单的生产方式并不涉及当地能源与矿产开采等敏感环节，环境污染强度低（马光明等，2019），因此受到东道国政府及民间的阻力很可能更小，不失为今后中国对外直接投资的良好产业选择。其三，低端制造业（尤其是第一类制造业）在生产过程中污染与能耗比其他制造业相对较小，对东道国的环境压力低，容易被东道国人民接受。中国制造业对外投资流量占比近年已在显著增长，2016年、2017年、2018年流量比重已上升至14.8%、18.6%、13.4%，增长趋势非常明显。但制造业内部各劳动密集制造业子行业对外投资比重很低，例如截至 2018 年末，中国制造业对外直接投资存量主要分布在汽车制造、计算机/通信及其他电子设备制造、化学原料及化学制品制造、专用设备制造、其他制造、医药制造、橡胶和塑料制品等"资本/技术密集型"制造业领域，其中仅装备制造业就占到 52.6%。本书筛选出的几类低端制造业（尤其是第一类制造业）对外投资占流量比重较低，可见中国低端制造业对外投资还有很大发展空间，在市场力量及政府的科学引导下，低端制造业对外直接投资在未来几十年内有望成为中国制造业走出去的重要力量。

全文总结与政策建议

本书围绕中国低端制造业的定义与筛选、国内低端制造业发展与区位转移状况及其影响因素、中国低端制造业通过直接投资进行对外产能输出的理论基础与可行性研究，以及对外投资的区位选择，进行了一系列具有理论与逻辑关联性的理论与实证研究，主要结论总结如下。

第一，本书对"低端制造业"进行了定义，并分析了中国低端制造业通过对外直接投资转移产能的现实背景与必要性。我们依据以往大量相关文献，整理总结出了"低端制造业"的主要特点，并将其分为两类：第一类低端制造业为外向型的"要素投入劳动密集制造业"，即要素投入中具有典型劳动密集特性，劳动投入相对资本、技术而言更多，例如纺织、服装、玩具、鞋类制造业等。第二类低端制造业则为外向型的"具有劳动密集环节的低国内增值率制造业"，即虽然产品本身投入资本与技术成分不少，其成品在一般意义上也属于技术或资本密集制成品，但其大量价值集中于进口成分，国内主要从事的是劳动密集环节，国内增值率低。并且这两类低端制造业在生产过程中都具有与加工贸易联系紧密、外向型的特点。在定义明确的基础上，本书讨论了中国低端制造业通过对外直接投资转移产能的现实背景与必要性。经济发展背景下，我国这两类低端制造业正面临着通过对外直接投资进行对外产能转移的压力和必要性。从内部压力来看，由于国内人民生活水平的提升，制造业劳动力工资、土地价格、能源与原材料价格等出现显著增长，不利于低端制造业的持续发展，外向型劳动密集制造业所依赖的劳动力成本优势开始逐渐丧失；国内人口增速降低、人口老龄化趋势等结构变化，也将显著负向冲击未来我国劳动密集制造业的劳动供给。从外部压力来看，国际市场针对低端制成品的反倾销措施，已经成为国际贸易保护主义的重要手段，中国低端制造业出口阻碍与日俱增。而美国特朗普政府 2018 年 9 月 24 日针对中国出口美国 2000 亿美元商品的增税名单中，已经涉及服装、鞋帽、器械零件等劳动密集制成品领域，更使得我国低端制造业企业亟须在全球范围内通过对外直接投资重新配置生产地点，合理规避贸易壁垒，进而实现成本利润最优化。同时，中国国内进行制造业产业升级，大力发展"先进制造业"，提升制造业产业链现代化水平已是大势所趋，我国仍大量存在的低端制造业，除了在国内尽快进行转型升级，或是在国内跨省区位转移至劳动力等成本较低的中西部省份以外，通过对外直接投资将产能输出至更为适合的国家便是重要发展途径。

第二，本书梳理了低端制造业对外直接投资的经典基础理论。我们从国际贸易与国际分工理论（包括静态与动态贸易与分工理论）、国际直接投资理论（包括垄断优势理论、内部化理论、国际生产折衷论、边际产业扩张论等）、产业集聚与产业转移理论（包括产业区理论、工业区理论、市场区位理论、增长极理论、新产业区理论、新经济地理学、波特钻石模型）等领域的经典理论中，收集整理了其各自内容中包含的关于支持低端制造业对外直接投资的观点，包括可行性、必要性、区位（包括国际与国内区位）选择、投资模式、空间分布等方面的观点，作为指导本书可行性分析与投资区位选择的理论基础。

第三，本书对中国近30个制造业子行业依据本书对低端制造业的定义进行了筛选，并展示了这些低端制造业子行业2006~2018年在全国范围内发展与跨区转移的趋势。根据定义的两大类低端制造业的特点，首先利用直接筛选法进行考察。利用2000~2017年中国制造业各子行业劳动、技术、资本要素投入数据计算其要素投入的劳动密集度，从而筛选出第一类低端制造业"要素投入劳动密集制造业"；利用WIOD提供的世界投入产出表来计算中国制造业各行业的国内增值率，从而筛选出第二类低端制造业，即"具有劳动密集环节的低国内增值率制造业"，并与世界其他主要国家进行了比较。在以上直接法筛选出的各类低端制造业中，再依据"各子行业出口交货值/子行业工业销售产值"计算出的行业外向程度再次进行筛选，最终得出：（1）计算机、通信和其他电子设备制造业；（2）纺织服装、服饰业；（3）皮革、毛皮、羽毛及其制品和制鞋业；（4）文教、工美、体育和娱乐用品制造业；（5）家具制造业；（6）其他制造业6个子行业为中国考察期内的低端制造业。其中（2）（3）（4）（5）（6）是要素投入劳动密集的第一类低端制造业，而（6）则是具有劳动密集环节的低国内增值率特点的第二类低端制造业，同时两类产品都具有较高的出口导向性。由于已有文献均认为低端制造业与加工贸易生产贸易方式联系紧密，为了稳健起见，再使用间接筛选法，即利用2006~2018年全国28个省制造业各子行业的就业人数占制造业总就业人数比重数据与当地加工贸易比重的相关性，发现直接筛选法得出的6个子行业就业人数占比，均与当地加工贸易比重显著正相关。由此，正式确认以上6个子行业为中国的低端制造业。

确定了6个低端制造业子行业后，接下来根据中国2000~2018年各省份6个子行业就业人数的变化，考察了中国低端制造业的发展与国内区位转移状况。研究发现，从总体看，2000~2018年我国城镇低端制造业就业人数占制造业就业人数比重一直在波动上升，由 2000 年的 13.58% 上升至 2018 年的 27.12%。其中，以纺织服装、服饰、皮革等为代表的第一类低端制造业就业人数占比基本变化不大，而全国以计算机、通信和其他电子设备制造业为代表的第二类低端制造业就业人数占比则出现明显上升；从区位转移趋势看，近十几年来东部省份低端制造业就业人数占全国比重已经出现明显下降，而中西部省份，尤其是中部省份低端制造业就业规模正在稳步上升。具体而言是从东部省份（主要是辽宁、北京、天津、山东、浙江、福建、上海 6 省份）向中西部省份（主要是中部的河南、湖南、安徽、江西、山西 5 省份，以及西部的四川、重庆、广西 3 省份转移，而中部省份相对西部省份低端制造业增长更快；分低端制造业类型来看，就较为低端的第一类低端制造业而言，我国基本已经完成了由东部至中部、西部的国内转移过程。而对于技术、资本与劳动力素质要求相对更高的第二类低端制造业，仍然处于全国范围内的发展与承接之中，东部省份也仍在发展该类制造业，而中西部省份发展相对于东部省份更快。

第四，本书从"投资行业可行性"和"投资主体可行性"两个层面，分析了中国低端制造业对外直接投资的可行性。就"投资行业可行性"而言，我们基于 OECD 提供的 2000～2018 年国家层面的宏观面板数据、中国工业企业数据库、中国对外直接投资企业统计数据库和海关数据库提供的微观企业层面数据，以及中国 2006～2018 年省级面板数据等，通过理论分析和多角度实证研究的方法发现低端制造业对外投资具有三个重要的经济效应，包括"向投资国转移贸易顺差""增加投资国低端制造业就业"和"降低投资国工业污染与能耗强度"三个作用，能导致低端制造业对外投资遭受的东道国阻力比其他制造业投资更小，从而增加投资成功率。就"投资主体可行性"而言，本书通过对近年中国与其他国家典型低端制造业制成品出口国际市场份额、RCA 指数与 TC 指数的计算，发现 21 世纪后中国低端制成品的出口及贸易竞争力上升明显，虽然近五年基于国内制造业转型升级过程而有所下降，但仍遥遥领先于美日欧世界主要发达国家以及主要发展中国家。其中第一类低端制成品出口与贸易基本一直保持相对于主要发达国家的绝对优势，而第二类低端制成品的国际竞争优势则是历经了 21 世纪初的高速赶超与增长过程，这体现了中国低端制造业对外投资整体的巨大宏观优势。这种生产与营业、贸易等管理经验的优势将体现在我国为数众多的低端制造业企业对外投资方面，即具有比任何其他国家都强大的投资主体优势。

第五，在分析了低端制造业发展影响因素的基础上，本书在各大洲与中国签署较多相关经贸合作协议的国家范围内进行了中国低端制造业对外投资的区位选择分析。

首先，由于中国低端制造业具有极强的代表性与国际竞争优势，作为区位选择的初步筛选依据，我们以中国省级面板数据的实证研究分析了影响低端制造业发展的主要经济因素。以各省城镇 6 类低端制造业就业人数（对数），作为衡量各地低端制造业发展的关键被解释变量，同时采用各地加工贸易比重替代其作为稳健性检验，利用 2006～2018 年 31 省份的成本因素、人口结构因素、基础设施因素、经济发展阶段等方面的省际面板数据，考察了影响中国低端制造业发展的因素，并将之作为国内实验，作为后文选择条件合适的经贸伙伴国家转移、发展低端制造业的初步依据。实证研究发现，影响考察期内中国低端制造业发展的因素高度集中于当地劳动力因素，包括当地工资成本（劳动力价格）、劳动力年龄结构、人口密度、人口城镇化水平、劳动力受教育水平。换句话说，某地区劳动力越便宜、越密集、越年轻、城镇人口越多、素质越高，越容易吸引低端制造业发展。相比之下，各类基础设施、环境与土地成本等对低端制造业影响要么不显著，要么还促成中高端制造业发展。另外，分不同低端制造业类别的异质性研究发现，水、电、燃料价格对第二类低端制造业产生显著负向影响，而对第一类低端制造业影响不显著；人口密度对第一类低端制造业正向影响较为显著，而对第二类低端制造业影响不显著。城镇化水平与受教育水平对第二类低端制造业的影响相对于第一类低端制造业而言程度更高。

其次，本书利用前文得出的 5 个影响低端制造业发展的经济因素，构建"低端制造业投资指数"，针对各主要经贸伙伴国家进行了重点投资候选国的初步筛选。我们据此测算并展示了与中国有较多相关经贸合作协议的沿线 131 个国家1990～2018 年的低端制造业投资指数，综合各国 2018 年投资数值的绝对值以及1990～2018 年低端制造业投资指数的动态变化趋势，从 2018 年指数大于 1 或接近 1 的 28 个国家中，初步筛选出了菲律宾、越南、土耳其、孟加拉国、巴基斯坦、萨尔瓦多、多米尼加、牙买加、卢旺达、科摩罗、佛得角和布隆迪这 12 个国家，作为近期中国低端制造业对外投资的"重点投资候选国"。这 12 国在人口密度、人口受教育水平、人口城镇化水平、制造业工资水平、人口抚养率方面的综合条件，均好于或非常接近于中国的水平，且未来发展趋势良好，可以作为中国低端制造业相关子行业从业企业进行直接投资的重点考虑对象。但其中不少目标国也存在各类基础设施、社会治安等投资缺陷与短板，需要仔细考察投资环境，避开风险点与地区。

基于以上研究成果，本书提出以下政策建议供政府与相关部门参考。

第一，在中国国内经济发展结构性转变与国际市场贸易保护主义抬头的背景下，中国以外向型、劳动密集或具有劳动密集环节为特征的低端制造业，确实已经面临面向国内中西部省份以及更为合适的其他国家进行区位转移，以获取最佳资源配置效率。在中国近年扩大制造业对外投资的背景下，以菲律宾、越南、孟加拉国、牙买加等为代表的许多发展中国家，在制造业工资成本、人口密度等经济指标方面，拥有比中国更为优越的综合静态与动态优势，也拥有相对较好的政治与治安环境、基础设施与配套产业、政府外资优惠与双边合作等承接条件，是中国低端制造业企业进行直接投资较为合适的参考目标区位。政府未来应有步骤、有计划地指导、鼓励中国低端制造业企业向这些国家进行直接投资，签署贸易、投资、税收、人员流动、货币金融、基础设施建设等方面的国际合作协议。同时，政府应当为中国低端制造业企业尽可能提供这些国家详细的投资指南等信息指引［例如商务部在进行的每年更新的对外投资合作国别（地区）指南］，引导中国投资企业避开各国具有潜在风险的投资雷区，顺利转移国内低端制造业产能，促进国内制造业转型升级与先进制造业的快速发展。

第二，从中国对外投资实践来看，中国制造业对外投资流量占比近年已在显著增长，但制造业内部各低端制造业子行业对外投资比重很低，低端制造业对外投资还有很大发展空间，在市场力量及政府的科学引导下，低端制造业对外直接投资，在未来几十年内有望成为中国制造业走出去的重要力量，需要政府积极推动与支持。

第三，在未来对外国进行低端制造业对外投资时，由于其生产过程具有显著低技术与资本投入、低能耗的特征，同时涉及大量劳动力，也需要注意低端制造业对外投资对国内环境污染强度与就业的影响。一方面，国内在对外转出大量低端制造业产能、对内产业升级的同时，要注重国内企业在转型过程中对于节能排污技术的升级；另一方面则不可操之过急，不可快速地将低端制造业过早、过多地转移至国外，以防止出现国内大量低端制造业劳动人口的失业问题以及产业空心化、国家经济与产业链安全与完整性问题，应着重于投资建设本国高新技术行业，为从低端制造业流出的失业人员提供岗位技能培训等内容，帮助其更快适应新行业的工作，降低低端制造业流出对于本国就业的负向冲击程度。

第四，即使在本书筛选出的 12 个较为适合承接中国低端制造业的国家中，不少国家也存在铁路、公路、港口、通信与互联网设施、电力等基础设施落后或老化等问题，未来中国对这些国家转移低端制造业产能时，应考虑同时向这些国家投资交通运输、网络通信等基础设施项目建设，既能有助于促进这些国家低端制造业的承接与长期发展，又能进一步帮助其发展经济，密切与中国的双边经贸关系。

主要参考文献

［1］巴顿. 城市经济理论与政策［M］. 北京：商务印书馆，1984.

［2］白永秀，王颂吉. 丝绸之路经济带的纵深背景与地缘战略［J］. 改革，2014（3）.

［3］蔡昉. 中国劳动力市场发育与就业变化［J］. 经济研究，2007（7）.

［4］蔡昉，王德文，曲玥. 中国产业升级的大国雁阵模型分析［J］. 经济研究，2009（9）.

［5］陈虹. 国际劳工标准对中国劳动密集型产品出口影响的实证研究［J］. 经济问题，2009（10）.

［6］陈金贤. 我国发达地区产业转型升级亟需摆脱"粘性"［J］. 学理论，2010（11）.

［7］陈景新，王云峰. 我国劳动密集型产业集聚与扩散的时空分析［J］. 统计研究，2014（2）.

［8］陈竹，左晶晶. "一带一路"背景下中国制造业创新驱动战略研究［J］. 经济问题，2018（4）.

［9］程俊杰. 基于产业政策视角的中国产能过剩发生机制研究［J］. 财经科学，2016（5）.

［10］程俊杰. 中国转型时期产业政策与产能过剩［J］. 财经研究，2015（8）.

［11］程俊杰，刘志彪. 产能过剩、要素扭曲与经济波动：来自制造业的经验证据［J］. 经济学家，2015（11）.

［12］楚永生，于贞，王云云. 人口老龄化"倒逼"产业结构升级的动态效应［J］. 产经评论，2017（11）.

［13］邓健，张玉新. 结构性调整视域下高能耗产业的跨地区转移［J］. 内蒙古社会科学，2016（9）.

［14］段小薇，苗长虹，赵建吉. 河南承接制造业转移的时空格局研究［J］. 地理科学，2017（1）.

［15］范剑勇. 市场一体化、地区专业化与产业集聚趋势［J］. 中国社会科

学，2004（6）.

　　［16］范剑勇，谢强强．地区间产业分布的本地市场效应及其对区域协调发展的启示［J］．经济研究，2010（4）.

　　［17］范晓屏．工业园区与区域经济发展［M］．北京：航空工业出版社，2005.

　　［18］房裕．中国对外直接投资的产业升级效应研究［D］．兰州：兰州大学，2015.

　　［19］韩云．区域低端制造业模式的"锁定"风险与突破路径［J］．江苏商论，2008（12）.

　　［20］韩云．低端制造业增长模式转型研究——基于苏州的实证分析［M］．长春：吉林人民出版社，2009.

　　［21］韩云，孙林岩．我国低端制造业的形成路径、内在矛盾与提升方向［J］．预测，2010（2）.

　　［22］何国华，叶敏文，常鑫鑫．代工低端制造业升级与产业政策匹配［J］．重庆社会科学，2012（12）.

　　［23］冯春晓．我国对外直接投资与产业结构优化的实证研究［J］．国际贸易问题，2009（8）.

　　［24］冯根福，刘志勇，蒋文定．我国东中西部地区间工业产业转移的趋势、特征及形成原因分析［J］．当代经济科学，2010（2）.

　　［25］冯俊华，唐萌．改革开放以来我国传统制造业的持续转型升级［J］．企业经济，2018（8）.

　　［26］高海红，余永定．人民币国际化的含义与条件［J］．国际经济评论，2010（1）.

　　［27］葛顺奇，罗伟．中国制造业企业对外直接投资和母公司竞争优势［J］．管理世界，2013（6）.

　　［28］关爱萍，曹亚南．中国制造业产业转移变动趋势：2001—2014年［J］．经济与管理，2016（10）.

　　［29］郭进，徐盈之，顾紫荆．我国产业发展的低端锁定困境与破解路径［J］．财经研究，2018（6）.

　　［30］贺灿飞，谢秀珍，潘峰华．中国制造业省区分布以及影响因素［J］．地理研究，2008（5）.

　　［31］贺聪，尤瑞章，莫万贵．制造业劳动力成本国际比较［J］．金融研究，2009（7）.

　　［32］胡大立，殷霄雯，胡京波．战略俘获、能力丧失与代工企业低端锁定

[J]. 当代财经, 2020 (1).

[33] 胡剑波, 郭风. 中国进出口产品中的隐含碳污染贸易条件变化研究 [J]. 国际贸易问题, 2017 (10).

[34] 胡凯, 吴清, 朱敏慎. 地区产业配套能力测度及其影响因素 [J]. 产业经济研究, 2017 (2).

[35] 胡国良, 李洁. 全球经济"再平衡"与中国制造业竞争力再造 [J]. 江海学刊, 2017 (6).

[36] 黄晓玲, 刘会政. 中国对外直接投资的就业效应分析 [J]. 管理现代化, 2007 (1).

[37] 蒋冠宏. 我国企业对外直接投资的"就业效应"[J]. 统计研究, 2016 (8).

[38] 蒋兰陵. 江苏省外商直接投资对配套产业链升级的技术溢出研究 [J]. 华东经济管理, 2010 (2).

[39] 焦继军. 人民币跻身于国际货币之列的效应分析 [J]. 财经问题, 2005 (1).

[40] 焦剑, 韩云. FDI 研发本地化对苏州低端制造业转型的动力分析 [J]. 中国科技论坛, 2010 (7).

[41] 克鲁格曼, 奥伯斯菲尔德. 国际经济学: 理论与政策 (第十版) [M]. 北京: 中国人民大学出版社, 2016.

[42] 李锋. "一带一路"沿线国家的投资风险与应对策略 [J]. 中国流通经济, 2016 (2).

[43] 李钢, 沈可挺, 郭朝先. 中国劳动密集型产业竞争力提升出路何在 [J]. 中国工业经济, 2009 (9).

[44] 李国平, 范红忠. 生产集中、人口分布与地区经济差异 [J]. 经济研究, 2003 (11).

[45] 李婧. "一带一路"背景下中国对俄投资促进战略研究 [J]. 国际贸易, 2015 (8).

[46] 刘巧玲, 王奇. 我国省际贸易隐含污染核算方法的比较研究 [J]. 统计研究, 2016 (10).

[47] 刘巧玲, 王奇, 刘勇. 经济增长、国际贸易与污染排放的关系研究 [J]. 中国人口·资源与环境, 2012 (5).

[48] 李宏兵, 郭界秀, 翟瑞瑞. 中国企业对外直接投资影响了劳动力市场的就业极化吗? [J]. 财经研究, 2017 (6).

[49] 李涛, 石磊, 马中. 环境税开征背景下我国污水排污费政策分析与评

估 [J]. 中央财经大学学报, 2016 (9).

[50] 李伟, 贺灿飞. 劳动力成本上升与中国制造业空间转移 [J]. 地理科学, 2017 (9).

[51] 李晓. "一带一路"战略实施中的"印度困局" [J]. 国际经济评论, 2015 (5).

[52] 李夏玲, 王志华. 对外直接投资对技术效率增进的影响 [J]. 甘肃社会科学, 2016 (5).

[53] 李新功. 人民币升值与我国制造业升级实证研究 [J]. 中国软科学, 2017 (5).

[54] 李秀香, 张婷. 出口增长对我国环境影响的实证分析: 以 CO_2 排放量为例 [J]. 国际贸易问题, 2004 (7).

[55] 李燕, 贺灿飞, 朱彦刚. 我国劳动密集型产业地理分布研究 [J]. 地理与地理信息科学, 2010 (1).

[56] 李艳丽. 汇率变化对中国劳动密集型产品出口的影响 [J]. 世界经济研究, 2011 (4).

[57] 李志鹏. 中国产业对外转移特征、趋势及对策 [J]. 国际经济合作, 2013 (11).

[58] 黎国林, 江华. 我国加工贸易区位分布及其优化的研究 [J]. 国际贸易问题, 2008 (4).

[59] 梁国勇. 从政府的伦理角度分析"保增长"与"促转型" [J]. 产业经济, 2010 (7).

[60] 林理升, 王晔倩. 运输成本、劳动力流动与制造业区域分布 [J]. 经济研究, 2006 (3).

[61] 刘海云, 廖庆梅. 中国对外直接投资对国内制造业就业的贡献 [J]. 世界经济研究, 2017 (3).

[62] 刘海云, 聂飞. 中国制造业对外直接投资的空心化效应研究 [J]. 中国工业经济, 2015 (4).

[63] 刘辉群, 王洋. 中国对外直接投资的国内就业效应 [J]. 国际商务 (对外经济贸易大学学报), 2011 (4).

[64] 刘满凤, 刘熙, 徐野, 邓云霞. 资源错配、政府干预与新兴产业产能过剩 [J]. 经济地理, 2019 (8).

[65] 刘鹏. 中国制造业企业 OFDI 会造成国内"产业空心化"吗? [J]. 财经论丛, 2017 (10).

[66] 刘修岩, 董会敏. 出口贸易加重还是缓解中国的空气污染 [J]. 财贸

研究，2017（1）.

[67] 刘永. 区域经济发展和地区主导产业 [M]. 北京：商务印书馆，2006.

[68] 刘竹青，盛丹. 人民币汇率、成本加成率分布与我国制造业的资源配置 [J]. 金融研究，2017（7）.

[69] 廖庆梅，刘海云. 基于二元梯度和边际的中国制造业 OFDI 母国就业效应 [J]. 国际贸易问题，2018（6）.

[70] 卢飞，刘明辉. 广义人口红利、制造业结构调整与经济增长 [J]. 财经论丛，2018（1）.

[71] 罗军，冯章伟. 制造业对外直接投资与全球价值链地位升级 [J]. 中国科技论坛，2018（8）.

[72] 罗良文. 对外直接投资的就业效应：理论及中国实证研究 [J]. 中南财经政法大学学报，2007（5）.

[73] 罗堃. 我国污染密集型工业品贸易的环境效应研究 [J]. 国际贸易问题，2007（10）.

[74] 吕越，陈帅，盛斌. 嵌入全球价值链会导致中国制造的"低端锁定"吗？[J]. 管理世界，2018（8）.

[75] 马光明，刘春生. 中国贸易方式转型与制造业就业结构关联性研究 [J]. 财经研究，2016（3）.

[76] 马光明. 中国贸易方式结构变迁与城镇女性就业 [J]. 财贸经济，2015（6）.

[77] 马光明. 成本冲击与中国区域非对称贸易方式转型 [J]. 中央财经大学学报，2017（9）.

[78] 马光明，郭东方. 制造业对外直接投资的母国就业效应研究 [J]. 宏观经济研究，2020（3）.

[79] 马光明，唐宜红，郭东方. 中国贸易方式转型的环境效应研究 [J]. 国际贸易问题，2019（4）.

[80] 马光明，杨武，赵峰. 人民币国际化的汇率缓冲效应研究 [J]. 南开经济研究，2020（2）.

[81] 马岩. "一带一路"国家主要特点及发展前景展望 [J]. 国际经济合作，2015（5）.

[82] 马宇. 人民币汇率对出口价格传递率的实证分析 [J]. 经济科学，2007（1）.

[83] 迈克尔·波特. 国家竞争优势（中译本）[M]. 李明轩，邱如美，译.

北京：中信出版社，2012.

[84] 聂飞. 中国制造业对外直接投资的空心化效应研究 [J]. 中国工业经济，2015（4）.

[85] 牛海霞，罗希晨. 我国加工贸易污染排放实证分析 [J]. 国际贸易问题，2009（2）.

[86] 牛建国，张世贤. 全球价值链视角下的中国传统制造业国际竞争力与要素价格影响的非线性效应研究 [J]. 经济问题探索，2019（8）.

[87] 钮文新. 我们有什么权利放弃中低端制造业 [J]. 华东科技，2013（3）.

[88] 庞军，石媛昌，李梓瑄，张浚哲. 基于 MRIO 模型的京津冀地区贸易隐含污染转移 [J]. 中国环境科学，2017（8）.

[89] 彭蕙，亢升. "一命一路"建设与中印制造业共赢合作 [J]. 宏观经济研究，2017（7）.

[90] 彭水军，张文城. 贸易差额、污染贸易条件如何影响中国贸易内涵碳顺差 [J]. 国际商务研究，2016（1）.

[91] 彭韶辉，王建. 中国制造业技术获取型对外直接投资的母国就业效应 [J]. 北京理工大学学报（社会科学版），2016（4）.

[92] 秦炳涛，葛力铭. 相对环境规制、高污染产业转移与污染集聚 [J]. 中国人口·资源与环境，2018（12）.

[93] 曲玥. 制造业产业结构变迁的路径分析 [J]. 世界经济文汇，2010（6）.

[94] 沈利生，唐志. 对外贸易对我国污染排放的影响：以二氧化硫排放为例 [J]. 管理世界，2008（6）.

[95] 石昶，陈荣. 中国排污费制度监管环节博弈分析 [J]. 生态经济，2012（6）.

[96] 苏杭. "一带一路"战略下我国制造业海外转移问题研究 [J]. 国际贸易，2015（3）.

[97] 孙志毅. 我国制造业企业对外投资模式选择 [J]. 福建论坛，2008（10）.

[98] 唐德才，李长顺，华兴夏. 我国传统制造业低碳化驱动因素研究 [J]. 华东经济管理，2012（9）.

[99] 田巍，余森杰. 企业生产率和企业"走出去"对外直接投资 [J]. 经济学（季刊），2012（2）.

[100] 田彦. 跨境贸易人民币结算对我国外贸的影响分析 [J]. 中国商贸，2010（10）.

[101] 王建，栾大鹏．成本、禀赋与中国制造业对外直接投资［J］．世界经济研究，2013（1）.

[102] 王磊，魏龙．"低端锁定"还是"挤出效应"［J］．国际贸易问题，2017（8）.

[103] 王萌．我国排污费制度的局限性及其改革［J］．税务研究，2009（7）.

[104] 王荣，李宁，王冉．ODI 对江苏省装备制造产业的空心化影响研究［J］．对外经贸，2017（9）.

[105] 王燕武，李文溥，李晓静．基于单位劳动力成本的中国制造业国际竞争力研究［J］．统计研究，2011（10）.

[106] 王忠明．低端制造业不宜过早转型［J］．山东经济战略研究，2007（5）.

[107] 吴静．区际产业转移对西部制造业转型升级的影响［J］．软科学，2017（5）.

[108] 小岛清．对外贸易论［M］．周宝廉，译．天津：南开大学出版社，1987.

[109] 谢丹．对外直接投资对母国国内就业、产业结构调整之影响［J］．湖北社会科学，2007（6）.

[110] 徐康宁．产业聚集形成的源泉［M］．北京：人民出版社，2006.

[111] 徐庆丰，张芳．加工贸易向中西部地区的梯度转移［J］．商业经济评论，2011（2）.

[112] 许召元，胡翠，来有为．产业配套能力对中国制造业生产率的贡献［J］．经济与管理研究，2014（7）.

[113] 徐业坤，马光源．地方官员变更与企业产能过剩［J］．经济研究，2019（5）.

[114] 徐圆．经济增长、国际贸易对制造业污染排放强度的影响［J］．经济科学，2010（3）.

[115] 宣烨．要素价格扭曲、制造业产能过剩与生产性服务业发展滞后［J］．经济学动态，2019（3）.

[116] 薛漫天．长江经济带外向型制造业转移研究［J］．华东经济管理，2016（11）.

[117] 寻舸．促进国内就业的新途径：扩大对外直接投资［J］．财经研究，2002（8）.

[118] 闫志俊，于津平．政府补贴与企业全要素生产率［J］．产业经济研究，2017（1）.

［119］杨成林，乔晓楠. 发达国家非工业化进程举证：一个文献述评［J］. 改革，2012（9）.

［120］杨丹辉，渠慎宁，李鹏飞. 中国利用外资区位条件的变化［J］. 国际贸易，2017（9）.

［121］杨恺钧，唐玲玲，陆云磊. 经济增长、国际贸易与环境污染的关系研究［J］. 统计与决策，2017（7）.

［122］杨立勋. 中国产能过剩防范的逻辑分析与路径选择［J］. 青海社会科学，2019（5）.

［123］杨先明，袁帆. 为什么FDI没有西进—从产业层面分析［J］. 经济学家，2009（3）.

［124］杨亚平，吴祝红. 中国制造业企业OFDI带来"去制造业"吗［J］. 国际贸易问题，2016（8）.

［125］姚圣，程娜. 政治关联影响企业上交的排污费吗［J］. 经济与管理，2014（1）.

［126］叶继革，余道先. 我国出口贸易与环境污染的实证分析［J］. 国际贸易问题，2007（5）.

［127］余北迪. 我国国际贸易的环境经济学分析［J］. 国际经贸探索，2005（3）.

［128］余官胜，王玮怡. 对外投资与母国国内就业［J］. 北京工商大学学报（社会科学版），2013（3）.

［129］于明远，范爱军. 人口红利与中国制造业国际竞争力［J］. 经济与管理研究，2016（2）.

［130］原磊，王加胜. 传统产业改造和先进制造业发展［J］. 宏观经济研究，2011（9）.

［131］曾贵. 我国本土加工贸易企业转型升级的意愿探讨［J］. 国际经贸探索，2011（7）.

［132］张宝兵，袁华萍. 多重压力下的中国低端制造业发展路径研究［J］. 大庆师范学院学报，2020（9）.

［133］张兵. 中国制造业对外投资类型影响因素分析［J］. 国际经济合作，2013（1）.

［134］张海波. 对外直接投资对母国就业效应的实证研究［J］. 工业技术经济，2010（5）.

［135］张杰，何晔. 人口老龄化削弱了中国制造业低成本优势吗［J］. 南京大学学报，2014（3）.

[136] 张连众，朱坦，李慕菡，张伯伟. 贸易自由化对我国环境污染的影响分析 [J]. 南开经济研究，2003（3）.

[137] 张庆昌，王跃生. 中美印制造业成本比较 [J]. 宏观经济研究，2018（6）.

[138] 张舒. 传统制造业转型升级述评 [J]. 财经问题研究，2015（10）.

[139] 张先锋，蒋慕超，刘有璐，吴飞飞. 化解过剩产能的路径：出口抑或对外直接投资 [J]. 财贸经济，2017（9）.

[140] 张小蒂，罗堃. 中国高能耗、高污染产业节能减排的可持续性 [J]. 学术月刊，2008（11）.

[141] 赵晓晨. 加工贸易转型升级效果评价 [J]. 当代财经，2011（9）.

[142] 赵玉敏. 加工贸易是否导致中国陷入低端制造业陷阱研究 [J]. 国际贸易，2012（10）.

[143] 郑海平，刘春香. 中小企业参与产业配套研究：以宁波市为例 [J]. 科技进步与对策，2006（6）.

[144] 郑蕾，刘志高. 中国对"一带一路"沿线直接投资空间格局 [J]. 地理科学进展，2015（5）.

[145] 仲鑫，马光明. 对外直接投资缓解贸易失衡的实证研究 [J]. 统计研究，2010（5）.

[146] 周春山，李福映，张国俊. 基于全球价值链视角的传统制造业升级研究 [J]. 地域研究与开发，2014（2）.

[147] 周五七. "一带一路"沿线直接投资分布与挑战应对 [J]. 改革，2018（8）.

[148] 周默涵. 企业异质性、贸易自由化与环境污染 [J]. 中南财经政法大学学报，2017（4）.

[149] 朱金生，解青云. OFDI 对中国就业影响的产业异质性研究 [J]. 商业研究，2016（8）.

[150] 朱轶. 我国劳动密集型制造业是否仍然"劳动密集" [J]. 山西财经大学学报，2016（10）.

[151] Adam Smith. An Inquiry into the Nature and Causes of the Wealth of Nations [M]. New York：Penguin Random House，1994.

[152] Andre D，Daniel C E. Sustaining the asia pacific miracle：Environmental protection and economic integration [M]. Washington：Peterson Institute Press，1997.

[153] Antweiler W，Copeland B R，Taylor M S. Is free trade good for the environment? [J]. The American Economic Review，2001，91（4）：877－908.

［154］ Baconier H, Ekholm K. Foreign Direct Investment in Central and Eastern Europe: Employment Effects in the EU ［J］. Social Science Electronic Publishing, 2001: 561 – 562.

［155］ Bai C E, Du Y, Tao Z, Tong S Y. Local Protectionism and Regional Specialization: Evidence from China's Industries ［J］. Journal of International Economics, 2004, 63 (2): 397 – 417.

［156］ Bhagwati J N, Brecher R A, Dinopoulos E, et al. Quid Pro Quo Foreign Investment and Welfare: A Political Economy Theoretical Model ［J］. Journal of Development Economics, 1987, 27 (1 – 2): 127 – 138.

［157］ Bhagwati, Dinopoulos, Kar-yu Wong. Quid Pro Quo Foreign Investment ［J］. American Economic Review, 1992, 82 (2): 186 – 190.

［158］ Blomstrom M, Kokko A. Home Country Effects of Foreign Direct Investment: Evidence from Sweden ［J］. CPER Discussion Papers, 1994.

［159］ Blonigen A. A Review of the Empirical Literature on FDI Determinants ［J］. Atlantic Economic Journal, 2005, 33: 383 – 403.

［160］ Buckley P J, M Casson. The Future of the Multinational Enterprise ［M］. London: MacMillan, 1976.

［161］ Cole M A, Rayner A J, Bates J M. Trade liberalization and environment: The case of the Uruguay Round ［J］. The World Economy, 1998, 21 (3): 337 – 347.

［162］ Copeland B R, Taylor M S. North—south trade and the environment ［J］. Quarterly Journal of Economics, 1994, 109 (3): 755 – 787.

［163］ Daniel Trefler. Does Canada Need A Productivity Budget? ［J］. Options Politiques, 1999: 66 – 71.

［164］ Debaere P, Lee H, Lee J. It matters where you go: Outward foreign direct investment and multinational employment growth at home ［J］. Journal of Development Economics, 2010, 91 (2): 301 – 309.

［165］ Fors G, Kokko A. Home – Country Effects of FDI: Foreign Production and Structural Change in Home – Country Operations ［J］. NBER Chapters, 2001: 137 – 162.

［166］ Friedrich C J. Alfred Weber's Theory of the Location of Industries ［M］. Chigago: The University of Chigago Press, 1929.

［167］ Fujita M, Krugman A J, Venables. The Spatial Economy ［M］. Massachusetts: The MIT Press, 1999.

［168］ Gordon Mathew. Chunking Mansions: A Centre of Low-end Globalization

[J]. Ethnology, 2007, 46 (2): 169 – 183.

[169] Grossman G M, Krueger A B. Environmental Impacts of a North American Free Trade Agreement [J]. Social Science Electronic Publishing, 1992, 8 (2): 223 – 250.

[170] Grossman G M, Krueger A B. Economic growth and the environment [J]. Quarterly Journal of Economics, 1995, 110 (2): 357 – 377.

[171] Harrison A E, M S McMillan. Outsourcing jobs? Multinationals and US employment [J]. NBER Working Papers, 2006.

[172] Hawkins R G. Job displacement and the multinational firm: A methodological review [R]. Center for Multinational Studies, 1972.

[173] Heckscher E. The Effect of Foreign Trade on the Distribution of National Income [J]. Ekonomisk Tidskrift, 1919, 1 (1).

[174] Hymer S. The Efficiency (Contradictions) of Multinational Corporations [J]. The American Economic Review, 1970, 60 (2): 441 – 448.

[175] Imbriani C, Pittiglio R, Reganati F. Outward Foreign Direct Investment and Domestic Performance: The Italian Manufacturing and Services Sectors [J]. Atlantic Economic Journal, 2011, 39 (4): 369 – 381.

[176] Jasay A E. The Social Choice between Home and Overseas Investment [J]. The Economic Journal, 1960, 70 (277): 105 – 113.

[177] Kakali M. Impact of liberalized trade on energy use and environment in India [J]. Env Ecol Manag, 2004, 1 (1): 75 – 104.

[178] Kojima K. Direct Foreign Investment: A Japanese Model of Multinational Business Operation [M]. New York: Praeger Publishers, 1978.

[179] Krugman P. Increasing Returns and Economic Geography [J]. Journal of Political Economy, 1991, 99 (3): 483 – 499.

[180] Lall S. The Rise of Multinationals from the Third World [J]. Third World Quarterly, 1983, 5 (3): 618 – 626.

[181] Lardy N R. China: The Great New Economic Challenge? [J]. The United States and the World Economy, 2005.

[182] Lenzen M. Primary energy and greenhouse gases embodies in Australian final consumption: An Input-output analysis [J]. Energy Policy, 1998, 26 (6): 495 – 506.

[183] Leontief W. Domestic Production and Foreign Trade; The American Capital Position Re-Examined [J]. Proceedings of the American Philosophical Society, 1953,

97 (4): 332 - 349.

[184] Lipsey. Outward Direct Investment and the Japanese Employment in Manufacture Industry [J]. NBER Working Paper, 2003.

[185] Machado G, Schaeffer R, Worrell E. Energy and carbon embodied in the international trade of Brazil [J]. Ecological Economics, 2001, 39 (3): 409 - 424.

[186] Manova K, Zhihong Yu. Firms and credit constraints along the value-added chain: Processing trade in China [J]. Ssrn Electronic Journal, 2013, 15 (1): 8 - 11.

[187] Mundell R. International Trade and Factor Mobility [J]. American Economic Review, 1957, 47 (3): 321 - 335.

[188] Özlem O. The Effect of Foreign Affiliate Employment on Wages, Employment, and the Wage Share in Austria [J]. Review of Political Economy, 2012, 24 (2): 251 - 271.

[189] Panayotou T. Globalization and Environment [J]. CID Working Paper Series, 2000 (53).

[190] Posner M V. International Trade and Technical Change [J]. Oxford Economic Papers, 1961, 13 (3): 323 - 341.

[191] Rajah Rasiah. Expansion and Slowdown in Southeast Asian Electronics Manufacturing [J]. Journal of the Asia Pacific Economy, 2009, 14 (2): 123 - 137.

[192] Rybczynski T M. Factor Endowment and Relative Commodity Prices [J]. Economica, 1955, 22 (88): 336 - 341

[193] Tobey J A. The effects of domestic environmental policies on patterns of world trade [J]. Kyklos, 1990, 43 (2): 191 - 209.

[194] Vernon R. International Investment and International Trade in the Product Cycle [J]. Quarterly Journal of Economics, 1966, 80 (2): 190 - 207.

[195] Wells L T. Third World Multinationals: The Rise of Foreign Investments from Developing Countries [M]. Cambridge: The MIT Press, 1983.

[196] Wen M. Relocation and Agglomeration of Chinese Industry [J]. Journal of Development Economics, 2004, 73 (1): 329 - 347.

[197] Yan Li, Huiying Sun, Jincheng Huang and Qingbo Huang. Low-End Lock-In of Chinese Equipment Manufacturing Industry and the Global Value Chain [J]. Sustainability, 2020, 12 (7): 1 - 25.

[198] Yan Liang. China's Technological Emergence and the Loss of Skilled Jobs in the United States: Missing Link Found? [J]. Journal of Economic Issues, 2007, 41 (2): 399 - 408.

附　　录

附表1　　2017 年中国制造业 28 子行业劳动密集度与 2016 年外向度排名

劳动密集度排名	劳动密集度	子行业名	外向度排名	外向度	子行业名
1	25.26	皮革、毛皮、羽毛及其制品制造业	1	47.82	计算机、通信和其他电子设备制造业
2	23.34	家具制造业	2	26.03	文教、工美、体育和娱乐用品制造业
3	23.01	其他制造业	3	22.27	皮革、毛皮、羽毛及其制品和制鞋业
4	22.35	纺织服装、服饰业	4	20.24	家具制造业
5	21.83	木材加工和木、竹、藤、棕、草制品业	5	20.06	纺织服装、服饰业
6	21.67	印刷和记录媒介复制业	6	16.42	其他制造业
7	21.61	文教、工美、体育和娱乐用品制造业	7	14.39	仪器仪表制造业
8	19.13	烟草制品业	8	13.61	电气机械和器材制造业
9	18.29	酒、饮料和精制茶制造业	9	11.42	橡胶和塑料制品业
10	17.79	食品制造业	10	10.20	通用设备制造业
11	17.53	纺织业	11	9.23	金属制品业
12	16.76	仪器仪表制造业	12	8.74	纺织业
13	16.37	农副食品加工业	13	8.03	专用设备制造业
14	16.31	橡胶和塑料制品业	14	7.11	化学纤维制造业
15	16.14	金属制品业	15	6.55	交通运输设备制造业

续表

劳动密集度排名	劳动密集度	子行业名	外向度排名	外向度	子行业名
16	16.12	造纸和纸制品业	16	5.90	木材加工和木、竹、藤、棕、草制品业
17	15.61	非金属矿物制品业	17	5.89	印刷和记录媒介复制业
18	14.97	化学纤维制造业	18	5.14	医药制造业
19	14.50	通用设备制造业	19	4.99	化学原料和化学制品制造业
20	14.30	专用设备制造业	20	4.73	食品制造业
21	13.84	医药制造业	21	4.12	农副食品加工业
22	13.78	石油加工、炼焦和核燃料加工业	22	3.84	黑色金属冶炼和压延加工业
23	13.74	电气机械和器材制造业	23	3.84	造纸和纸制品业
24	13.37	有色金属冶炼和压延加工业	24	2.82	非金属矿物制品业
25	13.29	计算机、通信和其他电子设备制造业	25	2.30	有色金属冶炼和压延加工业
26	12.68	交通运输设备制造业	26	1.79	石油加工、炼焦和核燃料加工业
27	12.56	黑色金属冶炼和压延加工业	27	1.35	酒、饮料和精制茶制造业
28	12.46	化学原料和化学制品制造业	28	0.47	烟草制品业

附表2　1990～2018年12个"重点投资候选国"各相关对比指标得分及总体投资指数变化趋势

国家	年份	人口密度得分	城镇化水平得分	受教育水平得分	人口抚养率得分	工资成本得分	总体投资指数
菲律宾	1990	0.7168	0.7769	7.0800	-0.5152	-2.6771	2.0763
	1991	0.7362	0.7172	8.3935	-0.5024	-2.5079	2.3673
	1992	0.7573	0.6601	8.2046	-0.5047	-2.6301	2.2974
	1993	0.7793	0.6057	8.1069	-0.5136	-2.5321	2.2892
	1994	0.8012	0.5536	6.4231	-0.5175	-2.2411	2.0039

续表

国家	年份	人口密度得分	城镇化水平得分	受教育水平得分	人口抚养率得分	工资成本得分	总体投资指数
菲律宾	1995	0.8237	0.5038	5.2223	−0.5118	−1.8445	1.8387
	1996	0.8465	0.4562	4.8618	−0.5351	−1.6705	1.7918
	1997	0.8694	0.4108	4.2624	−0.5345	−1.3549	1.7306
	1998	0.8931	0.3673	3.6890	−0.5248	−0.9055	1.7038
	1999	0.9184	0.3257	3.4970	−0.5271	−1.0330	1.6362
	2000	0.9449	0.2859	2.8911	−0.5506	−0.7681	1.5606
	2001	0.9724	0.2415	2.1004	−0.5701	−0.4840	1.4520
	2002	1.0008	0.1962	1.3898	−0.6149	−0.3507	1.3242
	2003	1.0296	0.1535	0.8814	−0.6762	−0.1949	1.2387
	2004	1.0579	0.1130	0.6031	−0.7325	0.0174	1.2118
	2005	1.0849	0.0750	0.4417	−0.7683	0.1087	1.1884
	2006	1.1108	0.0401	0.3770	−0.7854	0.1460	1.1777
	2007	1.1360	0.0075	0.3900	−0.7810	0.2219	1.1949
	2008	1.1607	−0.0233	0.4097	−0.7560	0.3833	1.2349
	2009	1.1857	−0.0524	0.2694	−0.7221	0.4294	1.2220
	2010	1.2117	−0.0791	0.2217	−0.6888	0.4731	1.2277
	2011	1.2387	−0.0988	0.2007	−0.6660	0.5500	1.2449
	2012	1.2661	−0.1169	0.0864	−0.6436	0.5665	1.2317
	2013	1.2934	−0.1341	0.0336	−0.6200	0.6040	1.2354
	2014	1.3198	−0.1505	−0.1604	−0.5896	0.6575	1.2154
	2015	1.3447	−0.1661	−0.2273	−0.5495	0.6761	1.2156
	2016	1.3675	−0.1809	−0.2602	−0.5050	0.6720	1.2187
	2017	1.3886	−0.1946	−0.2771	−0.4516	0.7055	1.2341
	2018	1.4111	−0.2070	−0.2990	−0.3959	0.5951	1.2209

国家	年份	人口密度得分	城镇化水平得分	受教育水平得分	人口抚养率得分	工资成本得分	总体投资指数
	1990	0.7275	− 0.2339	− 0.0703	− 0.4502	0.6932	1.1333
	1991	0.7404	− 0.2447	− 0.3460	− 0.4333	0.5742	1.0581
	1992	0.7550	− 0.2551	− 0.4536	− 0.4342	0.6108	1.0446
	1993	0.7696	− 0.2651	− 0.3319	− 0.4420	0.5051	1.0471
	1994	0.7824	− 0.2748	− 0.3944	− 0.4410	0.5215	1.0388
	1995	0.7933	− 0.2841	− 0.3632	− 0.4240	0.5348	1.0514
	1996	0.8020	− 0.2931	− 0.1757	− 0.4320	0.5319	1.0866
	1997	0.8087	− 0.3016	0.2833	− 0.4065	0.5439	1.1856
	1998	0.8142	− 0.3099	0.6504	− 0.3659	0.5693	1.2716
	1999	0.8197	− 0.3169	0.6637	− 0.3358	0.5742	1.2810
	2000	0.9101	− 0.3206	0.2469	− 0.3262	0.5834	1.2187
	2001	0.9159	− 0.3277	− 0.0265	− 0.2984	0.6062	1.1739
	2002	0.9251	− 0.3361	− 0.2245	− 0.2993	0.6164	1.1363
	2003	0.9341	− 0.3440	− 0.3409	− 0.3157	0.6179	1.1103
越南	2004	0.9404	− 0.3515	− 0.2554	− 0.3247	0.6286	1.1275
	2005	0.9469	− 0.3584	− 0.1534	− 0.3146	0.5983	1.1438
	2006	0.9542	− 0.3643	− 0.1700	− 0.3051	0.6172	1.1464
	2007	0.9625	− 0.3694	− 0.0993	− 0.2781	0.6553	1.1742
	2008	0.9713	− 0.3741	− 0.0783	− 0.2406	0.6836	1.1924
	2009	0.9808	− 0.3784	− 0.0986	− 0.2061	0.6695	1.1934
	2010	0.9911	− 0.3821	− 0.0569	− 0.1811	0.6846	1.2111
	2011	1.0019	− 0.3847	− 0.0273	− 0.1615	0.6938	1.2245
	2012	1.0130	− 0.3866	− 0.1232	− 0.1476	0.6821	1.2076
	2013	1.0243	− 0.3883	− 0.2233	− 0.1381	0.7011	1.1952
	2014	1.0355	− 0.3897	− 0.2761	− 0.1294	0.7050	1.1891
	2015	1.0464	− 0.3908	− 0.3685	− 0.1196	0.6743	1.1684
	2016	1.0565	− 0.3917	− 0.4055	− 0.1059	0.6554	1.1617
	2017	1.0659	− 0.3925	− 0.4183	− 0.0934	0.7014	1.1726
	2018	1.0770	− 0.3928	− 0.4359	− 0.0824	0.7145	1.1761

国家	年份	人口密度得分	城镇化水平得分	受教育水平得分	人口抚养率得分	工资成本得分	总体投资指数
孟加拉国	1990	5.5549	−0.2508	0.4159	−0.5879	−0.2481	1.9768
	1991	5.6182	−0.2583	0.4654	−0.5652	−0.1400	2.0240
	1992	5.6852	−0.2691	0.5640	−0.5582	−0.0381	2.0768
	1993	5.7537	−0.2796	0.5707	−0.5572	−0.0317	2.0912
	1994	5.8222	−0.2896	0.2986	−0.5491	0.1805	2.0925
	1995	5.8941	−0.2993	0.1026	−0.5293	0.3000	2.0936
	1996	5.9691	−0.3087	0.0154	−0.5402	0.2792	2.0830
	1997	6.0454	−0.3176	−0.0389	−0.5243	0.3347	2.0998
	1998	6.1246	−0.3262	−0.0974	−0.4983	0.3630	2.1131
	1999	6.2075	−0.3345	−0.1190	−0.4847	0.3925	2.1323
	2000	6.2919	−0.3425	−0.2581	−0.4924	0.4355	2.1269
	2001	6.3769	−0.3504	−0.3205	−0.4992	0.4895	2.1393
	2002	6.4623	−0.3557	−0.4976	−0.5292	0.5341	2.1227
	2003	6.5454	−0.3607	−0.5864	−0.5736	0.5513	2.1152
	2004	6.6229	−0.3653	−0.6671	−0.6129	0.5919	2.1139
	2005	6.6915	−0.3695	−0.6622	−0.6345	0.6310	2.1312
	2006	6.7524	−0.3727	−0.6359	−0.6525	0.6855	2.1554
	2007	6.8072	−0.3753	−0.6134	−0.6529	0.7316	2.1795
	2008	6.8568	−0.3776	−0.5705	−0.6380	0.7628	2.2067
	2009	6.9057	−0.3795	−0.5162	−0.6165	0.7626	2.2312
	2010	6.9566	−0.3812	−0.5096	−0.5929	0.7776	2.2501
	2011	7.0097	−0.3818	−0.4662	−0.5580	0.8013	2.2810
	2012	7.0633	−0.3820	−0.5196	−0.5230	0.8189	2.2915
	2013	7.1170	−0.3820	−0.5735	−0.4855	0.8228	2.2997
	2014	7.1688	−0.3819	−0.6732	−0.4412	0.8190	2.2983
	2015	7.2187	−0.3818	−0.6559	−0.3893	0.8099	2.3203
	2016	7.2640	−0.3816	−0.6278	−0.3315	0.7882	2.3423
	2017	7.3063	−0.3813	−0.6301	−0.2702	0.8245	2.3698
	2018	7.3558	−0.3807	−0.5936	−0.2103	0.8292	2.4001

续表

国家	年份	人口密度 得分	城镇化水平 得分	受教育水平 得分	人口抚养率 得分	工资成本 得分	总体投资 指数
巴基斯坦	1990	0.1549	0.1563	0.0365	− 0.6982	− 0.2522	0.8795
	1991	0.1724	0.1287	− 0.0976	− 0.7075	− 0.3190	0.8354
	1992	0.1908	0.1020	− 0.2382	− 0.7332	− 0.2478	0.8147
	1993	0.2100	0.0765	− 0.2432	− 0.7651	− 0.2477	0.8061
	1994	0.2299	0.0519	− 0.3796	− 0.7884	0.0248	0.8277
	1995	0.2511	0.0283	− 0.4774	− 0.7965	0.1394	0.8290
	1996	0.2738	0.0055	− 0.5223	− 0.8327	0.2494	0.8347
	1997	0.2976	− 0.0163	− 0.5511	− 0.8346	0.3474	0.8486
	1998	0.3223	− 0.0379	− 0.5813	− 0.8212	0.4038	0.8572
	1999	0.3477	− 0.0597	− 0.6076	− 0.8197	0.4429	0.8607
	2000	0.3729	− 0.0807	− 0.6624	− 0.8409	0.4200	0.8418
	2001	0.3978	− 0.1055	− 0.7327	− 0.8578	0.4962	0.8396
	2002	0.4224	− 0.1313	− 0.7886	− 0.9016	0.5491	0.8300
	2003	0.4471	− 0.1558	− 0.8252	− 0.9613	0.5481	0.8106
	2004	0.4721	− 0.1790	− 0.8084	− 1.0135	0.5560	0.8055
	2005	0.4975	− 0.2008	− 0.7421	− 1.0431	0.5828	0.8188
	2006	0.5237	− 0.2208	− 0.7534	− 1.0615	0.5730	0.8122
	2007	0.5507	− 0.2392	− 0.7264	− 1.0585	0.6390	0.8331
	2008	0.5781	− 0.2568	− 0.7314	− 1.0373	0.6940	0.8493
	2009	0.6057	− 0.2733	− 0.6971	− 1.0088	0.7323	0.8718
	2010	0.6335	− 0.2891	− 0.6881	− 0.9790	0.7676	0.8890
	2011	0.6612	− 0.3031	− 0.6766	− 0.9473	0.7779	0.9024
	2012	0.6886	− 0.3160	− 0.6729	− 0.9141	0.7969	0.9165
	2013	0.7160	− 0.3282	− 0.7000	− 0.8778	0.8196	0.9259
	2014	0.7435	− 0.3399	− 0.7723	− 0.8353	0.8261	0.9244
	2015	0.7712	− 0.3509	− 0.7996	− 0.7859	0.8155	0.9301
	2016	0.7988	− 0.3614	− 0.8119	− 0.7326	0.8284	0.9443
	2017	0.8262	− 0.3713	− 0.8095	− 0.6759	0.8008	0.9541
	2018	0.8557	− 0.3801	− 0.8206	− 0.6198	0.8193	0.9709

续表

国家	年份	人口密度得分	城镇化水平得分	受教育水平得分	人口抚养率得分	工资成本得分	总体投资指数
土耳其	1990	− 0.4206	1.2390	3.4230	− 0.3030	− 7.5040	0.2869
	1991	− 0.4187	1.1960	3.8564	− 0.2778	− 6.9443	0.4823
	1992	− 0.4163	1.1460	4.2893	− 0.2686	− 6.5036	0.6494
	1993	− 0.4136	1.0979	4.7301	− 0.2669	− 7.1522	0.5991
	1994	− 0.4108	1.0514	4.5653	− 0.2614	− 3.6387	1.2612
	1995	− 0.4079	1.0065	3.6196	− 0.2483	− 3.5984	1.0743
	1996	− 0.4047	0.9631	3.5030	− 0.2611	− 3.1646	1.1271
	1997	− 0.4013	0.9213	3.4834	− 0.2548	− 2.8912	1.1715
	1998	− 0.3976	0.8810	2.9657	− 0.2417	− 4.2499	0.7915
	1999	− 0.3935	0.8420	2.7319	− 0.2394	− 3.5509	0.8780
	2000	− 0.3890	0.8045	2.2598	− 0.2547	− 3.3528	0.8136
	2001	− 0.3843	0.7615	1.6175	− 0.2677	− 1.8657	0.9723
	2002	− 0.3794	0.7170	1.1028	− 0.2991	− 2.0829	0.8117
	2003	− 0.3743	0.6744	0.9550	− 0.3428	− 2.5421	0.6740
	2004	− 0.3693	0.6339	0.7513	− 0.3842	− 2.8735	0.5516
	2005	− 0.3647	0.5954	0.7340	− 0.4131	− 3.0741	0.4955
	2006	− 0.3603	0.5604	0.8261	− 0.4319	− 2.7031	0.5783
	2007	− 0.3560	0.5278	0.8909	− 0.4393	− 2.4876	0.6272
	2008	− 0.3515	0.4966	0.9444	− 0.4359	− 2.0276	0.7252
	2009	− 0.3465	0.4670	1.0737	− 0.4278	− 1.2817	0.8970
	2010	− 0.3405	0.4388	1.3292	− 0.4189	− 1.2689	0.9479
	2011	− 0.3335	0.4136	1.3829	− 0.4066	− 0.8384	1.0436
	2012	− 0.3258	0.3904	1.4293	− 0.3936	− 0.6351	1.0930
	2013	− 0.3177	0.3682	1.4541	− 0.3787	− 0.4402	1.1371
	2014	− 0.3094	0.3468	1.0508	− 0.3593	− 0.2912	1.0876
	2015	− 0.3014	0.3263	1.0728	− 0.3339	− 0.1663	1.1195
	2016	− 0.2937	0.3066	0.9874	− 0.3011	− 0.1088	1.1181
	2017	− 0.2864	0.2879	0.9447	− 0.2636	0.0223	1.1410
	2018	− 0.2790	0.2703	0.8859	− 0.2251	0.1638	1.1632

续表

国家	年份	人口密度得分	城镇化水平得分	受教育水平得分	人口抚养率得分	工资成本得分	总体投资指数
	1990	1.1035	0.8635	4.3957	− 0.5311	− 1.6671	1.8329
	1991	1.1034	0.8232	4.9857	− 0.5017	− 1.7372	1.9347
	1992	1.1066	0.7842	5.3932	− 0.4940	− 1.7165	2.0147
	1993	1.1110	0.7667	5.4254	− 0.4982	− 1.9902	1.9630
	1994	1.1145	0.7554	4.6869	− 0.5013	− 1.7045	1.8702
	1995	1.1167	0.7437	3.9937	− 0.4975	− 1.4114	1.7890
	1996	1.1175	0.7317	3.2995	− 0.5272	− 1.2027	1.6837
	1997	1.1167	0.7193	3.0271	− 0.5327	− 1.1105	1.6440
	1998	1.1152	0.7067	2.7380	− 0.5298	− 1.1115	1.5837
	1999	1.1140	0.6738	2.4511	− 0.5409	− 1.0504	1.5295
	2000	1.1129	0.6421	1.8200	− 0.5750	− 0.9350	1.4130
	2001	1.1115	0.6031	1.1024	− 0.5989	− 0.8251	1.2786
	2002	1.1098	0.5618	0.6874	− 0.6482	− 0.7153	1.1991
	2003	1.1080	0.5226	0.4212	− 0.7129	− 0.5902	1.1497
萨尔瓦多	2004	1.1059	0.4852	0.2802	− 0.7711	− 0.4007	1.1399
	2005	1.1034	0.4498	0.2024	− 0.8084	− 0.2846	1.1325
	2006	1.1011	0.4176	0.1473	− 0.8182	− 0.1628	1.1370
	2007	1.0992	0.3888	0.1835	− 0.8129	0.0408	1.1799
	2008	1.0974	0.3683	0.2142	− 0.7926	0.2156	1.2206
	2009	1.0958	0.3486	0.1410	− 0.7639	0.3082	1.2259
	2010	1.0946	0.3296	0.0792	− 0.7312	0.3920	1.2328
	2011	1.0935	0.3131	0.0600	− 0.6900	0.4979	1.2549
	2012	1.0925	0.2979	− 0.0245	− 0.6438	0.5137	1.2472
	2013	1.0916	0.2834	− 0.1258	− 0.5951	0.5854	1.2479
	2014	1.0907	0.2694	− 0.3432	− 0.5466	0.6254	1.2191
	2015	1.0900	0.2559	− 0.3925	− 0.4998	0.6278	1.2163
	2016	1.0889	0.2426	− 0.4186	− 0.4471	0.6279	1.2188
	2017	1.0878	0.2297	− 0.4175	− 0.3987	0.6234	1.2249
	2018	1.0889	0.2176	− 0.4351	− 0.3560	0.6517	1.2334

续表

国家	年份	人口密度得分	城镇化水平得分	受教育水平得分	人口抚养率得分	工资成本得分	总体投资指数
	1990	0.2212	1.0886	6.6079	-0.4035	-0.0774	2.4874
	1991	0.2278	1.0320	6.8213	-0.3863	-0.3881	2.4613
	1992	0.2358	0.9776	7.0605	-0.3883	-0.4447	2.4882
	1993	0.2445	0.9255	6.8261	-0.3994	-0.5864	2.4021
	1994	0.2529	0.8902	5.2621	-0.4058	-0.3921	2.1214
	1995	0.2612	0.8603	4.1513	-0.4018	-0.2026	1.9337
	1996	0.2693	0.8311	3.6009	-0.4235	-0.1167	1.8322
	1997	0.2772	0.8026	3.2270	-0.4199	-0.0940	1.7586
	1998	0.2854	0.7748	3.1818	-0.4065	-0.0998	1.7471
	1999	0.2943	0.7477	3.1420	-0.4056	-0.0494	1.7458
	2000	0.3038	0.7212	2.7396	-0.4262	-0.0329	1.6611
	2001	0.3138	0.6867	2.0926	-0.4394	0.0236	1.5355
	2002	0.3242	0.6492	1.5433	-0.4782	0.0569	1.4191
	2003	0.3349	0.6242	1.2066	-0.5327	0.3446	1.3955
多米尼加	2004	0.3456	0.6042	1.0175	-0.5818	0.4211	1.3613
	2005	0.3560	0.5844	0.9534	-0.6120	0.2179	1.3000
	2006	0.3665	0.5663	0.9230	-0.6297	0.3197	1.3092
	2007	0.3771	0.5491	0.9726	-0.6291	0.3964	1.3332
	2008	0.3875	0.5320	1.0306	-0.6132	0.4933	1.3661
	2009	0.3980	0.5151	0.9568	-0.5925	0.5458	1.3646
	2010	0.4084	0.4983	0.8938	-0.5727	0.5783	1.3612
	2011	0.4188	0.4814	0.8540	-0.5500	0.6365	1.3681
	2012	0.4288	0.4643	0.6929	-0.5285	0.6660	1.3447
	2013	0.4386	0.4477	0.5099	-0.5065	0.6998	1.3179
	2014	0.4480	0.4315	0.1623	-0.4804	0.7149	1.2553
	2015	0.4571	0.4156	0.1239	-0.4491	0.7190	1.2533
	2016	0.4656	0.4001	0.1349	-0.4124	0.6931	1.2563
	2017	0.4736	0.3850	0.2209	-0.3733	0.6670	1.2747
	2018	0.4828	0.3706	0.1840	-0.3348	0.6776	1.2760

国家	年份	人口密度得分	城镇化水平得分	受教育水平得分	人口抚养率得分	工资成本得分	总体投资指数
	1990	0.8479	0.8699	1.1978	−0.3981	−9.0715	−0.3108
	1991	0.8375	0.8181	1.2594	−0.3767	−7.4520	0.0173
	1992	0.8313	0.7694	1.3056	−0.3784	−5.6050	0.3846
	1993	0.8277	0.7227	1.3729	−0.3916	−8.7252	−0.2387
	1994	0.8249	0.6778	1.0062	−0.3993	−6.6957	0.0828
	1995	0.8230	0.6348	0.7387	−0.3944	−6.1416	0.1321
	1996	0.8217	0.5934	0.6319	−0.4175	−5.8482	0.1563
	1997	0.8210	0.5538	0.5719	−0.4176	−5.9949	0.1068
	1998	0.8210	0.5158	0.5004	−0.4095	−5.8393	0.1177
	1999	0.8218	0.4792	0.4366	−0.4145	−5.4954	0.1656
	2000	0.8226	0.4442	0.9865	−0.4407	−4.9521	0.3721
	2001	0.8230	0.4033	0.8005	−0.4514	−4.4972	0.4157
	2002	0.8231	0.3598	0.4736	−0.4831	−4.2881	0.3771
	2003	0.8230	0.3183	0.3515	−0.5279	−3.5418	0.4846
牙买加	2004	0.8226	0.2790	0.1927	−0.5682	−3.1657	0.5121
	2005	0.8219	0.2420	−0.0014	−0.5926	−2.9345	0.5071
	2006	0.8213	0.2081	−0.0700	−0.5957	−2.4727	0.5782
	2007	0.8209	0.1767	0.0319	−0.5842	−1.9020	0.7086
	2008	0.8205	0.1468	0.1384	−0.5585	−1.3921	0.8310
	2009	0.8206	0.1186	0.0432	−0.5258	−0.9002	0.9113
	2010	0.8213	0.0918	0.1082	−0.4921	−0.7060	0.9646
	2011	0.8225	0.0677	0.0206	−0.4566	−0.3650	1.0178
	2012	0.8241	0.0457	0.0012	−0.4223	−0.1989	1.0500
	2013	0.8257	0.0252	−0.1611	−0.3881	−0.0425	1.0518
	2014	0.8269	0.0060	−0.3597	−0.3518	0.0948	1.0432
	2015	0.8277	−0.0120	−0.4107	−0.3125	0.1350	1.0455
	2016	0.8274	−0.0289	−0.4350	−0.2738	0.1527	1.0485
	2017	0.8263	−0.0445	−0.4471	−0.2325	0.1820	1.0568
	2018	0.8267	−0.0588	−0.4639	−0.1930	0.2255	1.0673

国家	年份	人口密度得分	城镇化水平得分	受教育水平得分	人口抚养率得分	工资成本得分	总体投资指数
	1990	1.4435	−0.7952	−0.8013	−1.0487	−0.7679	0.6061
	1991	1.3426	−0.7990	−0.7842	−0.9963	−0.3011	0.6924
	1992	1.1894	−0.7770	−0.7683	−0.9354	−0.3270	0.6764
	1993	1.0228	−0.7487	−0.7660	−0.8492	−0.3397	0.6638
	1994	0.8955	−0.7172	−0.8055	−0.7430	0.5693	0.8398
	1995	0.8435	−0.6823	−0.8341	−0.6489	0.4161	0.8189
	1996	0.8794	−0.6436	−0.8465	−0.7088	0.4795	0.8320
	1997	0.9861	−0.6209	−0.8541	−0.7591	0.4074	0.8319
	1998	1.1335	−0.6089	−0.8625	−0.8224	0.4461	0.8572
	1999	1.2787	−0.5966	−0.8670	−0.9064	0.5543	0.8926
	2000	1.3912	−0.5840	−0.8264	−0.9990	0.6339	0.9231
	2001	1.4629	−0.5733	−0.8258	−1.0080	0.6897	0.9491
	2002	1.5046	−0.5634	−0.8427	−1.0389	0.7216	0.9562
	2003	1.5275	−0.5750	−0.8442	−1.0787	0.7311	0.9521
卢旺达	2004	1.5488	−0.5891	−0.8388	−1.1116	0.7438	0.9506
	2005	1.5804	−0.6023	−0.8416	−1.1326	0.7325	0.9473
	2006	1.6250	−0.6144	−0.8071	−1.1590	0.7297	0.9549
	2007	1.6779	−0.6256	−0.8019	−1.1738	0.7508	0.9655
	2008	1.7362	−0.6363	−0.7885	−1.1773	0.7605	0.9789
	2009	1.7965	−0.6464	−0.7652	−1.1732	0.7665	0.9956
	2010	1.8560	−0.6560	−0.7549	−1.1629	0.7943	1.0153
	2011	1.9143	−0.6647	−0.7279	−1.1499	0.8154	1.0374
	2012	1.9723	−0.6727	−0.7638	−1.1285	0.8210	1.0457
	2013	2.0311	−0.6803	−0.7734	−1.0996	0.8422	1.0640
	2014	2.0917	−0.6873	−0.8259	−1.0642	0.8549	1.0738
	2015	2.1552	−0.6936	−0.8347	−1.0233	0.8550	1.0917
	2016	2.2209	−0.6994	−0.8403	−0.9667	0.8476	1.1124
	2017	2.2886	−0.7045	−0.8497	−0.9118	0.8517	1.1349
	2018	2.3614	−0.7090	−0.8671	−0.8586	0.8653	1.1584

续表

国家	年份	人口密度得分	城镇化水平得分	受教育水平得分	人口抚养率得分	工资成本得分	总体投资指数
布隆迪	1990	0.7516	−0.7628	−0.7637	−0.9744	0.2630	0.7027
	1991	0.7679	−0.7637	−0.7277	−1.0310	0.2913	0.7074
	1992	0.7842	−0.7646	−0.6964	−1.1018	0.4150	0.7273
	1993	0.7987	−0.7656	−0.6680	−1.1749	0.5172	0.7415
	1994	0.8095	−0.7664	−0.7347	−1.2311	0.6273	0.7409
	1995	0.8166	−0.7671	−0.7826	−1.2598	0.6915	0.7397
	1996	0.8196	−0.7678	−0.8065	−1.3291	0.7725	0.7378
	1997	0.8195	−0.7683	−0.8230	−1.3510	0.7712	0.7297
	1998	0.8208	−0.7688	−0.8387	−1.3484	0.8037	0.7337
	1999	0.8289	−0.7695	−0.8366	−1.3586	0.8338	0.7396
	2000	0.8469	−0.7702	−0.8388	−1.3991	0.8399	0.7358
	2001	0.8757	−0.7719	−0.8776	−1.3852	0.8564	0.7395
	2002	0.9142	−0.7741	−0.8509	−1.4092	0.8794	0.7519
	2003	0.9605	−0.7760	−0.8599	−1.4570	0.9008	0.7537
	2004	1.0116	−0.7779	−0.8618	−1.4985	0.9043	0.7556
	2005	1.0652	−0.7795	−0.8709	−1.5163	0.9026	0.7602
	2006	1.1215	−0.7808	−0.8786	−1.5325	0.9103	0.7680
	2007	1.1810	−0.7818	−0.8787	−1.5254	0.9279	0.7846
	2008	1.2427	−0.7826	−0.8710	−1.5016	0.9356	0.8046
	2009	1.3061	−0.7833	−0.8743	−1.4771	0.9377	0.8218
	2010	1.3710	−0.7838	−0.8655	−1.4598	0.9421	0.8408
	2011	1.4366	−0.7839	−0.8803	−1.4564	0.9500	0.8532
	2012	1.5026	−0.7838	−0.8685	−1.4541	0.9550	0.8703
	2013	1.5695	−0.7834	−0.8598	−1.4497	0.9597	0.8872
	2014	1.6380	−0.7830	−0.8790	−1.4363	0.9614	0.9002
	2015	1.7088	−0.7824	−0.8806	−1.4102	0.9596	0.9190
	2016	1.7811	−0.7817	−0.8784	−1.3687	0.9629	0.9431
	2017	1.8550	−0.7808	−0.8767	−1.3167	0.9645	0.9691
	2018	1.9335	−0.7797	−0.8804	−1.2594	0.9705	0.9969

国家	年份	人口密度得分	城镇化水平得分	受教育水平得分	人口抚养率得分	工资成本得分	总体投资指数
	1990	0.8291	0.0540	− 0.7678	− 0.8537	− 4.3624	− 0.0202
	1991	0.8581	0.0386	− 0.7755	− 0.8526	− 3.9048	0.0728
	1992	0.8900	0.0083	− 0.7835	− 0.8700	− 3.6702	0.1149
	1993	0.9233	− 0.0245	− 0.7899	− 0.8941	− 3.3621	0.1705
	1994	0.9567	− 0.0559	− 0.8098	− 0.9073	− 1.3815	0.5605
	1995	0.9905	− 0.0859	− 0.8263	− 0.9026	− 1.2452	0.5861
	1996	1.0245	− 0.1146	− 0.8284	− 0.9329	− 0.8659	0.6565
	1997	1.0586	− 0.1420	− 0.8083	− 0.9278	− 0.5167	0.7327
	1998	1.0935	− 0.1683	− 0.7949	− 0.9076	− 0.4154	0.7615
	1999	1.1297	− 0.1933	− 0.7855	− 0.9011	− 0.3524	0.7795
	2000	1.1669	− 0.2173	− 0.8084	− 0.9204	− 0.0993	0.8243
	2001	1.2049	− 0.2442	− 0.7955	− 0.9364	− 0.0550	0.8348
	2002	1.2437	− 0.2715	− 0.7978	− 0.9820	− 0.0586	0.8268
	2003	1.2836	− 0.2974	− 0.7994	− 1.0465	− 0.1857	0.7909
科摩罗	2004	1.3246	− 0.3218	− 0.8105	− 1.1057	− 0.1465	0.7880
	2005	1.3667	− 0.3445	− 0.8109	− 1.1443	0.0047	0.8144
	2006	1.4104	− 0.3648	− 0.8095	− 1.1767	0.1334	0.8386
	2007	1.4560	− 0.3835	− 0.7983	− 1.1884	0.2492	0.8670
	2008	1.5029	− 0.4008	− 0.7577	− 1.1821	0.3466	0.9018
	2009	1.5512	− 0.4169	− 0.7372	− 1.1683	0.4292	0.9316
	2010	1.6009	− 0.4317	− 0.7610	− 1.1527	0.5280	0.9567
	2011	1.6519	− 0.4449	− 0.6878	− 1.1336	0.5797	0.9931
	2012	1.7036	− 0.4567	− 0.6975	− 1.1115	0.6373	1.0150
	2013	1.7558	− 0.4676	− 0.7300	− 1.0846	0.6575	1.0262
	2014	1.8080	− 0.4777	− 0.7880	− 1.0489	0.6917	1.0370
	2015	1.8601	− 0.4870	− 0.8046	− 1.0032	0.7615	1.0654
	2016	1.9112	− 0.4956	− 0.8127	− 0.9516	0.7576	1.0818
	2017	1.9615	− 0.5034	− 0.8167	− 0.8924	0.7679	1.1034
	2018	2.0148	− 0.5103	− 0.8223	− 0.8309	0.7770	1.1257

国家	年份	人口密度 得分	城镇化水平 得分	受教育水平 得分	人口抚养率 得分	工资成本 得分	总体投资 指数
佛得角	1990	-0.3065	0.6686	-0.4103	-0.9482	-0.6187	0.6770
	1991	-0.2991	0.6492	-0.3937	-0.9495	-0.5712	0.6871
	1992	-0.2886	0.6302	-0.3752	-0.9761	-0.5523	0.6876
	1993	-0.2764	0.6116	-0.3933	-1.0120	-1.0116	0.5837
	1994	-0.2643	0.5932	-0.5146	-1.0337	-0.2926	0.6976
	1995	-0.2531	0.5751	-0.6007	-1.0298	-0.1721	0.7039
	1996	-0.2432	0.5573	-0.6434	-1.0653	-0.0137	0.7184
	1997	-0.2344	0.5399	-0.6723	-1.0528	0.1203	0.7401
	1998	-0.2262	0.5228	-0.7010	-1.0170	0.1348	0.7426
	1999	-0.2181	0.5060	-0.7258	-0.9935	0.0858	0.7308
	2000	-0.2100	0.4894	-0.7345	-0.9962	0.2562	0.7610
	2001	-0.2019	0.4636	-0.8251	-0.9661	0.3047	0.7550
	2002	-0.1941	0.4352	-0.6773	-0.9721	0.3083	0.7800
	2003	-0.1865	0.4078	-0.6938	-0.9955	0.2045	0.7473
	2004	-0.1793	0.3816	-0.6503	-1.0039	0.2397	0.7576
	2005	-0.1726	0.3567	-0.6005	-0.9807	0.3216	0.7849
	2006	-0.1663	0.3342	-0.5773	-0.9419	0.3626	0.8023
	2007	-0.1603	0.3134	-0.5271	-0.8776	0.3297	0.8156
	2008	-0.1544	0.2934	-0.4177	-0.7976	0.3920	0.8632
	2009	-0.1484	0.2744	-0.3248	-0.7201	0.4799	0.9122
	2010	-0.1421	0.2559	-0.2557	-0.6541	0.5793	0.9567
	2011	-0.1354	0.2338	-0.1924	-0.5875	0.6227	0.9883
	2012	-0.1286	0.2136	-0.2830	-0.5329	0.6908	0.9920
	2013	-0.1217	0.1944	-0.2925	-0.4864	0.7145	1.0016
	2014	-0.1150	0.1760	-0.4351	-0.4411	0.7460	0.9862
	2015	-0.1085	0.1586	-0.4991	-0.3936	0.7973	0.9909
	2016	-0.1025	0.1418	-0.5001	-0.3423	0.7930	0.9980
	2017	-0.0968	0.1260	-0.5028	-0.2898	0.7992	1.0071
	2018	-0.0905	0.1112	-0.5179	-0.2392	0.8013	1.0130

注：各分项指标正号表示发展外向型劳动密集制造业相关的该项指标条件优于中国，负号表示劣于中国；承接指数大于1表示综合条件优于中国，指数小于1则表示综合条件劣于中国。